De las autoras de **MONTESSORÍ***zate*

BEATRIZ M. MUÑOZ
Y NITDIA AZNÁREZ

CRIAR *desde*
el CORAZÓN

Soluciones honestas
de la infancia a la adolescencia

Grijalbo

Papel certificado por el Forest Stewardship Council®

MIXTO
Papel procedente de
fuentes responsables
FSC® C117695
FSC
www.fsc.org

Penguin
Random House
Grupo Editorial

Primera edición: abril de 2021

©2021, Beatriz M. Muñoz y Nitdia Aznárez
© 2021, Penguin Random House Grupo Editorial, S. A. U.
Travessera de Gràcia, 47-49. 08021 Barcelona

Printed in Spain – Impreso en España

ISBN: 978-84-18007-17-0
Depósito legal: B-765-2021

Compuesto en M. I. Maquetación, S. L.

Impreso en Gómez Aparicio
Casarrubuelos, Madrid

DO 07170

A nuestras niñas interiores,
a todos los que nos hemos cruzado en el camino
y con los que compartimos la vida. Os vemos.

Índice

PRÓLOGO

Criar desde el corazón es un título tan obvio que pudiera parecer que no precisa decir nada más. No hay nada como la realidad de la interacción con la infancia para darse cuenta de cuántas letras le faltan todavía a nuestra manera, la de los adultos, para considerar a niños y niñas, para que este enunciado refleje la atmósfera armónica de hogares y centros escolares.

De generación en generación, desde tiempos inmemoriales, en nuestras familias hemos echado mano de praxis que nos han alejado de la capacidad de disfrutar y conservar relaciones más humanizadas, más compasivas con nuestros hijos.

En cada educador ha habido un vehículo de transmisión de todo aquello que, en educación, hoy se muestra al menos como susceptible de revisión. Desde el amor.

Aunque todos queramos dejar atrás castigos, humillaciones y vergüenzas, en cada hogar se reactivan movilizando sensaciones físicas y emocionales que precipitan a nuestro cerebro a una construcción reactiva.

El reto es explorar lo que se ha revelado como beneficioso para las personas y cambiar lo que nos aleja de la mente infantil.

¿Es posible adueñarse de lo ineludible en crianza para «ser una influencia positiva» en otro ser humano?

Querer cambiar es solo el primer paso. Sin embargo, no sería posible sin contar con la información suficiente sobre los procesos básicos que subyacen en las plantillas que forma todo ser humano para manejarse en la vida.

Sin la aceptación de que es necesario el mayor conocimiento sobre la naturaleza de la infancia, es difícil que lleguemos a la conclusión de que su comportamiento, el que tanto nos solivianta, no es el resultado de su mal carácter ni de la mala intención, sino consecuencia natural de su momento madurativo y señal clara de cómo se sienten vistos, cuidados y queridos.

Ahora somos más conscientes de nuestra huella, podemos aceptar nuestra parte de influencia, libres de prejuicios y creencias que nos alejan de esta concepción de infancia en busca de educadores solidarios.

Existen publicaciones, grupos de apoyo; contamos con información para darnos a nosotros mismos otras oportunidades para llevar a cabo la misión de criar y educar desde el corazón. Beatriz y Nitdia nos dedican su saber, sus reflexiones y, por encima de todo, las realidades de los hogares, que a fin de cuentas son la mejor prueba de que no es solo la teoría sino la práctica la que nos pone en la vía de un tratamiento digno de la infancia.

La primera vez en mis memorias sobre Beatriz sentí la fuerza que traslada una persona que cree en lo que hace y que atiende a su brújula interna, aunque hacerlo ponga sus velas contra viento y marea.

Montessori y la disciplina positiva eran su mapa, la hoja de ruta. Lo siguen siendo, no hay ánimo de revelarse como experta y no cabe duda de que lo es. Repetidamente ha abierto senderos, cuenta en su haber de madre con sabiduría intrínseca y también con la que aporta no resignarse con las creencias; al contrario, aflorarlas y someterlas a estudio.

Ella y Nitdia han usado su predisposición natural hacia la conexión con la infancia, le han sacado el mejor partido para ser contribución a tantas personas que gozamos de su cercanía en escritos y aportaciones de toda índole.

Se pueden lograr cambios profundos en la interacción con nuestros hijos e hijas.

El reto está pendiente: mejorar la humanización de la crianza y la educación. Este libro es guía, es invitación, y somos nosotros los que habremos de decidir cuál queremos que sea nuestro compromiso con niños y niñas y, de alguna manera, con la humanidad.

Gracias por esta publicación, gracias por compartir esta explosión de conocimiento.

MARISA MOYA

INTRODUCCIÓN

Creemos que realmente no crías y educas con lo que sabes, sino con quien eres, con tus luces y con tus sombras. A menudo, muchas madres y padres nos sorprendemos viviendo la crianza como un sufrimiento en lugar de como el disfrute que debería ser, y es que hay una manera de criar de forma sostenible, aquella que nos nutre a todos en vez de agotarnos.

Coincidimos con Maria Montessori cuando decía que los grandes peligros del educador son el orgullo y la cólera. Nosotras creemos que los antídotos para esos grandes peligros son la humildad y la calma. No obstante, para pasar del orgullo a la humildad necesitamos tener mucha información: primero para entender a los niños en un mundo que no comprende a la infancia; segundo para entendernos a nosotros mismos, pues un mayor autoconocimiento nos impelerá a tratar de entender qué nos duele y por qué, así como la causa de que «reaccionemos» ante las situaciones en vez de «ocuparnos» de ellas. Todo eso hará que seamos más comprensivos y, por lo tanto, más compasivos, lo que nos permitirá fluir más y controlar menos.

Para pasar de la cólera a la compasión también necesitamos serenidad. Os proponemos dos formas para lograrla: a través del autocuidado y mediante el desarrollo personal. Pensamos que el autocuidado no es un elemento más en la lista de cosas que hacer de tu agenda, sino todo aquello que te haga la vida más fácil. Es decir, es esencialmente aprender a amarte y a respetarte a ti misma. No tiene por qué ser una visita al spa a solas, puede consistir en observar y disfrutar de tus hijos mientras ellos juegan y tú te tomas una infusión sin tener que preocuparte de nada más. Autocuidado es aquello que hace que no vivamos todo el tiempo en modo supervivencia, lo que nos da permiso para estar tranquilas y en calma, lo que nos hace sentir plenas. Porque cuando tenemos sentimientos desagradables y no encontramos la causa que los motivó, seguramente se deban más a algo que viene de nuestro sistema de creencias y no tanto al momento presente. Por eso la otra forma de lograr la serenidad es el trabajo de desarrollo personal, principalmente revisar y pulir nuestras creencias y volver a maternar a nuestra «niña interior». Porque nos desconectamos de nuestros hijos cuando nos desconectamos de ella y dejamos de cuidarla, muchas veces debido a una vida hiperacelerada e hiperexigente. Esa niña interior, ahora desatendida y desalentada, no cuidada en definitiva, intenta avisarte de mil formas, y no le prestas atención. No nos boicotea, como algunas personas piensan, sino que se anula para poder sobrevivir, porque es lo que aprendió a hacer; sin embargo, tarde o temprano este modo de supervivencia nos pasará factura. Así que piensa en ello: ser mejores madres para nuestras hijas e hijos es ser mejores madres para nosotras mismas, porque, al revisar las creencias, damos sentido a nuestras experiencias y, con ello, somos capaces de volver a maternarnos.

Por ello, pensamos que un compendio de herramientas para lidiar con situaciones de conflicto no es suficiente, pues resulta necesario también trabajar desde la consciencia, conocernos a nosotros mismos en lo más profundo. En otras palabras, entendernos, comprendernos y, poco a poco, empezar a pulir esas creencias limitantes que nos impiden llegar a ser una mejor versión de nosotros mismos.

Quizá durante la lectura de este libro te sientas culpable y tal vez pienses: «Ojalá lo hubiera sabido antes». Déjanos decirte que nunca es tarde, ni siquiera si tus hijos son ya mayores o incluso ya adultos: nunca es demasiado tarde, porque el poder de una disculpa sincera y honesta es lo más poderoso que existe. A veces tenemos abuelas en nuestros cursos y es maravilloso charlar con ellas, percibir sus ganas, su esfuerzo, su honestidad. Cuando nos dicen: «Ojalá hubiera sabido eso antes», por un lado, nos parten el corazón y, por el otro, nos conminan a admirar su ímpetu en el proceso de cambio. Y todo por sus nietos y nietas, y por entender mejor a sus hijos e hijas. Siempre les decimos que los médicos, cuando hay una nueva directriz que propone un cambio de pauta o de tratamiento ante la enfermedad de un paciente, no empiezan a darse latigazos pensando en lo que han podido hacer «mal». Con toda su responsabilidad, tienen en consideración las nuevas pautas, sin culpa ninguna. La información es extremadamente necesaria para tomar buenas decisiones, y no podemos olvidar que hacemos lo que podemos con la información con la que contamos en el preciso momento en el que nos hallamos.

En este libro queremos transmitirte información contrastada junto con nuestra experiencia. El resto, lo que necesitas aprender de verdad o, mejor dicho, recordar, porque ya lo sabías, te lo van a mostrar los niños. Ellos te enseñan quién eres en realidad, con tus luces y tus sombras, tus fortalezas y tus debilidades.

Ningún libro te va a transformar en la madre o padre perfecto. La lectura, a nosotras personalmente, nos hace concentrarnos en escuchar menos el ruido ensordecedor, ese murmullo de «pero es que siempre se ha hecho así y no estamos tan mal», y nos invita a mirar hacia el interior. Nos ayuda a conectar con el adulto que nos prometimos ser, porque la información nos hace tener menos miedo y expectativas, y más comprensión. La comprensión, como sabrás, genera más empatía, y la empatía, menos orgullo. A su vez, menos orgullo implica una menor ira y la ira, bueno, ya sabéis, si habéis crecido con *Star Wars*, que la ira lleva al lado oscuro.

Eso es realmente lo que para nosotras significa criar desde el corazón, desde la honestidad. No necesitas ningún libro, todas las respuestas las tienes dentro de ti, en la niña que fuiste y serás, y en los niños que tienes delante si los observas y los miras como a los maestros y maestras que son: ellos, nuestros gurús. Con solo acallar un poco la mente (las creencias y los pensamientos) y abrir las puertas del corazón, la mayor parte de las respuestas llegarán solas.

Pero, ¡qué complicado resulta crear nuevas rutas cerebrales cuando los ejemplos escasean! Y de esa necesidad surge este texto. Para que te sirva como apoyo, y no como manual, en tu proceso de cambio hacia unas relaciones más honestas, respetuosas y horizontales. Es vuestro proceso, y nadie sabe mejor que vosotros lo que es preciso y necesario. Nuestro deseo es que este ejemplar te regale mucha luz. Si alguna vez estás inmersa en la oscuridad y ves algo de luz en lo que estamos contando, será porque la llevas dentro de ti. Tan solo queremos ayudarte a reencontrarla. Quizá el libro no te sea útil, y eso no significa que no haya luz en tu interior, solo que tu camino es otro. Y está bien que así sea. En todo caso, si alguna vez os perdéis, tenéis el mejor faro en vuestra casa. Nuestros hijos e hijas son nuestros maestros. Y jugad con ellos: es una forma de invitar a volver a casa a la niña que fuimos, somos y seremos.

EJERCICIO:
Visualización para volver a tu centro

En este ejercicio vamos a hacer una pequeña visualización que nos ayudará a tomar perspectiva. Puedes hacerlo todos los días o en momentos puntuales en los que pienses que te encuentras más en la queja que en el agradecimiento:

- Cierra los ojos.
- Respira profundamente.
- Coloca la mano derecha sobre el corazón.
- Sigue respirando.
- Coloca la mano izquierda en la tripa.
- Respira.
- Trata de sentir el aire en las dos manos.
- Respira.
- Si te cuesta sentir el aire en la mano izquierda, cuenta hasta seis.
- Respira.
- Recuerda la última vez que viste dormir a tu peque, quizá haya sido hace pocas horas, quizá más tiempo, quizá leas este libro con un bebé en el pecho. ¿Qué necesita para sentirse así de seguro? ¿Recuerdas la expresión de su cara?
- Ahora piensa en el último conflicto que tuviste o, quizá no el último, pero sí ese en el que te sentiste profundamente retada o dolida.
- Cierra los ojos, han pasado treinta años desde el día de hoy y estás montada en el coche junto con tu hijo. ¿Cómo te lo imaginas? ¿Quién conduce? ¿Cómo te gustaría que fuera vuestra relación?

PRIMERA PARTE: FUNDAMENTOS DE NUESTRO ENFOQUE

¿Qué necesitan los niños? Unir Montessori y la disciplina positiva

El amor incondicional

Nos gustaría partir de la idea de que la vida siempre puede disfrutarse, de que la crianza existe para gozarla, no para sufrirla. Queremos que esa idea pase del intelecto a la realidad y sabemos que puede lograrse, porque son las creencias, las expectativas y los patrones de pensamiento propios los que moldean nuestras experiencias. Y somos conscientes de que la sociedad actual nos envía un mensaje absolutamente opuesto, pues nos dice que la vida y la crianza son experiencias de sacrificio. Nos sentimos estresadas gran parte del día y estamos convencidas de que la responsable de esa situación es la condicionalidad. Creemos que para sentirnos bien necesitamos hijos e hijas que nos hagan caso, que el suelo de casa sea siempre una superficie lisa y no un campo de minas-juguetes, que no existan los atascos de tráfico y otras condiciones varias. Pero ¿y si nos atreviéramos a soltar condiciones, a dejar de luchar por intentar controlar situaciones y abrazar la incondicionalidad? Incondicionalidad entendida como un estado mental en el que nos permitimos sentirnos en paz sean cuales sean las condiciones externas. Se trata de una elección consciente. La incondicionalidad es la base del amor incondicional y probablemente no te sorprenda si te decimos que, en realidad, no hay diferencia entre amarte incondicionalmente a ti misma y amar a tus hijos de forma incondicional. En ambos casos se trata de hacer las paces con la realidad. Pero ojo, aceptar la realidad no quiere decir que no hagamos nada por cambiarla. No se trata de resignarnos, sino de todo lo contrario, de empoderarnos. La aceptación no es para nada pasiva, requiere que nos impliquemos de corazón y de mente. La aceptación no significa tampoco que siempre tengamos que sentirnos bien y que debamos eliminar las emociones «negativas» (entre comillas porque para nosotras, todas son positivas aunque algunas sean más agradables que otras) de nuestra vida. Hay momentos en que sentiremos dolor o tristeza. La incondicionalidad no es comerse ese dolor y disfrazarlo de alegría, es aceptarlo. Lo curioso es que, cuando nos permitimos sentirlo, podemos transitarlo y de repente nos resulta más fácil soltarlo.

Todo lo que necesitas es amor. Nos lo cantaron los Beatles a finales de los sesenta y nos lo recordó Jesús Puente en los noventa con su programa de televisión, y es que el amor lo cura todo, ¿no? La verdad es que a menudo tenemos una visión del amor muy simplista y acabamos sufriendo mal de amores porque la realidad es que existen diferentes formas de expresar el amor (diversos lenguajes) y distintas formas de amar. Para nosotras, más que la cantidad (cuánto amamos), lo importante es cómo amamos y cómo hacemos llegar el mensaje. A veces amamos infinito, pero no de la forma que nuestros hijos necesitan. Si nos centramos en la crianza, probablemente el adjetivo más utilizado para describir el amor materno sea «incondicional». Amor incondicional es amar a nuestros hijos independientemente de las condiciones externas, sin tener en cuenta lo que hagan. Amar a nuestros hijos sin razón alguna, solo por quienes son; para poder lograrlo, primero hace falta que te ames a ti misma de forma incondicional. Por lo general nos adentramos en el camino de la crianza consciente por nuestros hijos, pero en realidad ellos son simplemente el motor, la chispa que nos pone en marcha. Se trata de un viaje para nosotras mismas, pues amarnos y aprender a vivir en presente es lo que nos permitirá lograr cambios en la crianza.

Amar a nuestros hijos sin condiciones tiene un gran efecto: el niño se ama a sí mismo sin condiciones; incluso cuando yerra, el niño sabe que es una buena persona, siente su valor. Sentirse querido, valorado y aceptado por quienes son (no por lo que hacen) ofrecerá a nuestros hijos el marco de seguridad necesario para que puedan desarrollarse plenamente en todos los niveles: emocional, intelectual, físico... Y hasta aquí perfecto, pero ¿los amamos en verdad de forma incondicional? Como hemos explicado, el amor incondicional (sin condiciones) puede entenderse como un estado mental. En realidad, se trata de un trabajo interior para poder sentir el amor por nuestros hijos en todo momento, pero ¿qué pasa cuando tu hijo hace algo que te disgusta/frustra/molesta? ¿Sigues mostrándole tu amor o lo retiras de forma temporal hasta que puedes hacer las paces con la situación? No te sientas mal si te das cuenta de que la expresión de tu amor resulta ser más condicional de lo que pensabas. Si sientes que te es fácil demostrar amor cuando tu hijo hace algo que te gusta, pero no tanto cuando hace algo que te molesta o te frustra, no te sientas culpable. Recuerda, el amor incondicional se aplica también hacia una misma. Se trata de tomar las riendas y abrazar el presente para lograr el cambio. Sea cual sea la situación/conflicto con tu hijo, siempre se pueden hallar pensamientos que nos ayuden a encontrar la paz o que nos reconforten en cierta medida, así como estrategias y herramientas específicas que proporcionen soluciones (en la última sección del libro te explicamos unas cuantas en detalle). Ahora nos centraremos en la teoría para que todos partamos de una misma base.

A la mayoría de los padres y madres de esta generación nos han criado y amado de forma condicional. El amor era algo que nos teníamos que ganar (portándonos bien, sacando buenas notas, etc.), algo con lo que se comerciaba. A comienzos del siglo xx (escrito así suena a lejano, pero nos atreveríamos a decir que es el siglo en que nacisteis la mayoría de los que nos leéis), el estadounidense John B. Watson fue uno de los primeros psicólogos en centrar su estudio en la conducta, la rama de la psicología conocida como «conductismo». Un par de décadas más tarde, esta rama tomó gran fuerza gracias a los estudios de Skinner. El conductismo se basa en el estudio y la modificación del comportamiento y sostiene que los refuerzos o castigos (positivos o negativos) son los que harán que el comportamiento se repita o no. Si nuestro hijo hace algo que no nos gusta y lo castigamos, no volverá a repetirlo; si nuestro hijo hace algo que nos agrada y lo premiamos, seguirá haciéndolo. Si lo que buscamos es que nuestros hijos hagan lo que nosotros queremos, el conductismo puede funcionar a corto plazo, pero vale la pena preguntarse por qué funciona (cuando lo hace).

Los castigos toman muchas formas: castigos corporales, humillación (malas palabras o malos tonos), chantajes, retirada temporal de nuestro afecto, aislamientos forzados (silla de pensar, a la habitación...), privaciones (te quedas sin...), pero, en definitiva, no son más que hacerles algo desagradable a nuestros hijos con la esperanza de evitar que repitan un comportamiento que no nos gusta. Hacerles sufrir para que aprendan, vamos. Usar el dolor (físico o emocional) como forma de control, un dolor que acaba invitando a la culpa, a la ver-

güenza, a la duda, al miedo, al resentimiento, al sentimiento de abandono o a la desconexión. Cuando se usan castigos de forma sistemática, puede que nuestros hijos obedezcan y hagan lo que nosotros queremos, pero se trata de una obediencia que no sale del interior, sino que se ve forzada por la situación exterior (los castigos). No se trata de obediencia, sino de sumisión y tiene un gran coste para la vinculación sana y para el desarrollo de la persona. En muchas ocasiones, los castigos acaban agravando la situación, pues el niño alberga resentimiento, se siente víctima o culpable y avergonzado, y, o bien se rebela abiertamente, o bien se venga o bien busca nuevas estrategias para hacer lo que quiere a espaldas de los adultos, sin que lo pillen.

Queremos hablar también de otro tipo de castigos, castigos encubiertos con un cambio de nombre: las consecuencias. En la sección de herramientas entraremos en detalle, pero creemos que es importante introducirlas, porque puede que estés pensando que los actos tienen consecuencias y, con este cambio de paradigma (educar sin castigos), no ves claro cómo y cuándo tendrá el niño la oportunidad de experimentar las consecuencias de sus actos y aprender de ellas. Cuando decidimos que la consecuencia de no acabarse la cena es quedarse sin postre, esto NO es una consecuencia natural, sino un castigo arbitrario, decidido por el adulto. La consecuencia natural de no acabarse la cena sería sentir hambre más tarde y, una vez que el niño reconoce esta sensación, la experimenta en sus propias carnes, negarle el acceso a la comida es otro castigo. Se trata de una privación innecesaria porque el niño ya ha entendido que si no come, luego tiene hambre. Trataremos el tema de la comida en breve, pero nos parecía importante remarcar que prescindir de los castigos no implica negar las consecuencias naturales de nuestros actos.

Uno de los grandes problemas es que, durante unas pocas generaciones, la disciplina y los castigos han ido de la mano, pero nosotras proponemos un cambio de enfoque, de mirada. Y empezaremos por redefinir la disciplina y la obediencia.

«Disciplina» es un sustantivo que proviene del latín *discere* («aprender») + *ina* (sufijo de pertenencia) y, según la definición de la RAE, es una «doctrina, instrucción de la persona, especialmente en lo moral».

Un *discipulus* era una persona a la que se estaba educando, un alumno, un pupilo. Como hemos dicho, muchas personas relacionan la palabra «disciplina» con castigos, pero no tiene por qué ser así. Un discípulo no es el destinatario del castigo, sino aquel que aprende a través de lo que le enseñamos, que hoy además sabemos que es principalmente nuestro ejemplo. Nuestras acciones siempre pesan más que nuestras palabras.

El castigo tiene por finalidad acabar con una conducta a corto plazo, pero no enseña habilidades para la vida. El castigo no es, pues, sinónimo de disciplina, sino más bien un parche cuando no tenemos otros recursos (o nuestra necesidad de venganza disfrazada de correctivo educativo cuando nuestros hijos nos superan).

Ahora nos gustaría que reflexionáramos sobre qué tipo de obediencia nos gustaría que desarrollaran nuestros hijos. Habrá a quien le parezca bien la obediencia basada en el miedo (a los castigos en la edad temprana o a las leyes en la edad adulta), la obediencia por motivaciones externas. De hecho, probablemente mucha gente viva en este paradigma, de ahí la necesidad del sistema judicial actual. Nosotras creemos en la obediencia que sale de dentro (no en vano proviene del latín *ob* más *audire*, que significa «saber escuchar»). Vemos la obediencia como parte del desarrollo de una moral y una ética propias. Queremos que nuestros hijos desarrollen su espíritu crítico y que puedan tomar decisiones por ellos mismos, que decidan obedecernos por respeto, no por miedo. Porque nos respetan igual que nosotras los respetamos a ellos. Para nosotras, la obediencia puede considerarse una forma más de mostrar amor incondicional. En un momento dado, dejamos de lado nuestros deseos para cumplir con los de otra persona y lo hacemos porque confiamos en ella. Sabemos que nos lo pide porque le resulta necesario y no lo sentimos como «ceder», sino como respetar; no lo sentimos como represión, sino como confianza. En nuestros hijos, esta madurez tarda unos años en llegar, primero toca tener mucha comprensión y compasión.

Puede que entiendas la lógica que hay tras nuestras palabras, pero te preguntes: «¿Y qué hay de malo en los premios?». Pues bien, para nosotras, los premios son la otra cara de la moneda junto con los castigos. Al tratar la obediencia, hemos hablado sobre cómo nos gustaría que nuestros hijos aprendieran a tomar decisiones por sí mismos. El problema con los premios es que también alteran la motivación que los lleva a actuar de una forma determinada. Sus acciones no salen de su sistema de valores, sino que nacen de la expectativa de una recompensa. A veces, la recompensa no es más que un «¡Muy bien!» (un elogio) por nuestra parte, pero corremos el riesgo de que nuestros hijos se vuelvan dependientes en el sentido de que necesiten de la aprobación externa, es decir, que su propio juicio no les sea suficiente. Lo que hace que nuestros hijos se sientan valiosos y capaces no es nuestra aprobación, sino tener la oportunidad de tomar decisiones.

De nuevo, sabemos que mucha gente vive bajo el paradigma de las recompensas (muchos no moverán un dedo si no reciben nada a cambio), pero creemos que si de veras queremos cambiar la sociedad futura para que sea más ecuánime y compasiva, hace falta cambiar de paradigma y aprender a relacionarnos de forma horizontal (y no jerárquica), de manera incondicional. Y no estamos solas. Durante la segunda mitad del siglo xx empezó lo que conocemos como «revolución cognitiva» (el estudio interdisciplinario de la mente y sus procesos), que nos invita a dar un paso más e intentar ver más allá de los comportamientos.

Ahora sabemos que hablar de inteligencia emocional está a la orden del día y que el comportamiento es solo la punta del iceberg: lo que vemos. Pero detrás se esconden pensamientos, creencias, emociones... Por eso, nuestro abordaje de la disciplina se centra en entender las razones que llevan a nuestros hijos a actuar de determinadas formas. Somos muy reacias a hablar de «malos comportamientos» porque lo habitual es que detrás de lo que muchos definimos como mal comportamiento no haya más que una inhabilidad, una falta de herramientas o una falta de madurez. Nuestros hijos lo hacen lo mejor que pueden, pero a veces las situaciones los superan, igual que nos pasa a los adultos. En ocasiones, nuestras expectativas son simplemente demasiado altas. Querríamos que nunca perdieran los estribos, que nunca tuvieran una «rabieta», que contasen con una entereza y un autocontrol mejores que los nuestros, vamos. Porque nosotras no somos perfectas y nos atreveríamos a decir que nadie lo es. Nos gustaría tener el coraje de aceptar nuestra imperfección y, por extensión, la de los demás; de amarnos de forma incondicional.

A menudo, cuando se propone la eliminación de los castigos, los chantajes y los premios de nuestro repertorio de herramientas de crianza, la respuesta es: «Y, entonces, ¿les dejamos hacer lo que quieran?». Nada más lejos de la realidad. Somos seres sociales, vivimos en sociedad y queremos que el día de mañana nuestros hijos puedan participar en esta de forma constructiva. Darles libertad no implica que no haya límites: los límites están ahí, en el mundo físico y en la sociedad. Si saltas por la ventana de un cuarto piso, morirás; si tiras el león de madera a la cabeza de tu compañero de juego, le harás daño; si haces ruido en la biblioteca, interrumpirás la concentración de los demás. Se trata de ayudar a nuestros hijos a desarrollar un sistema de valores propio que los ayude a tomar decisiones adecuadas sin perderles el respeto por el camino, sin perder la conexión con ellos. Porque los vínculos que desarrollen con nosotros y con el resto de las personas que cuiden de ellos de forma regular serán los cimientos sobre los que construirán sus identidades, y queremos que nuestros hijos puedan seguir siendo los seres extraordinarios que ya son.

En cierta forma, se trata de escoger entre dos modos de entender la naturaleza humana: agresiva y competitiva o compasiva y cooperativa; de escoger entre criar centrándonos en el comportamiento o verlo como una expresión externa de nuestras emociones y pensamientos.

	AMOR CONDICIONAL	AMOR INCONDICIONAL
Depende de	condiciones externas	trabajo interior
Naturaleza humana	negativa	equilibrada/positiva
La vida como	destino	viaje/proceso
Crianza centrada en	comportamientos	vínculo/razones tras el comportamiento
Escogemos	estar en control	estar en paz

Estrategias de crianza	refuerzo negativo/ positivo y castigo positivo/negativo (castigos/premios)	buscar soluciones compartidas
Amor maternal y paternal como	algo que ganarse	un regalo que recibimos solo por existir
Origen de la obediencia	externo	interno
Objetivos	a corto plazo	a largo plazo
Perspectiva ante los retos	competición	cooperación
Estilo ante la vida	luchar	fluir
Relación con los demás	control	cooperación

A estas alturas, la pregunta será: ¿cómo logramos amar de forma incondicional?, ¿cómo se siente? Muy a menudo, cuando nos encontramos ante una situación de conflicto, nuestra respuesta como madres se ha desatado por una pequeña acción de nuestros hijos, y, al mismo tiempo, los sentimientos que emergen tienen que ver más con esa mochila que todos llevamos a cuestas que con la acción concreta de nuestros hijos. De la mochila (que depende de la forma en que nos criaron) podemos encargarnos más adelante, cuando nos sintamos preparados, pero de momento podemos elegir no dejarnos arrastrar por esos sentimientos desagradables y revisar nuestros pensamientos. A veces no es nuestro juicio interno el que nos juega una mala pasada, sino el miedo a que nos juzguen desde fuera.

Cuando nos dejamos llevar por la condicionalidad, ante un conflicto podemos tener pensamientos del tipo:

- Mi hijo no me hace caso.
- Mi hija no me respeta.
- ¿Qué van a pensar el resto de los padres y madres/la familia/el panadero?

- ¿Cómo va a desenvolverse mi hijo en el mundo si no es capaz de obedecerme?
- Soy un mal padre/una mala madre.

Esta cadena de pensamientos puede extenderse de forma sorprendente y a veces un pequeño desacuerdo puede llevarnos a imaginarnos situaciones extremas, visualiza si no la escena: intentando cruzar por un paso de peatones con tu hija de 2 años, le pides que te dé la mano, pero se niega y, sin darte cuenta, te sientes como si tu hija fuera a morir atropellada en cualquier momento. En situaciones de este tipo, nos gustaría que recordaras que el modo en el que te sientes no depende de las circunstancias externas. Sean cuales sean estas, tú siempre puedes escoger sentirte bien, en calma. Aceptas la situación actual (tu hija no quiere darte la mano) y, sin faltaros al respeto, buscáis una solución juntas. Para hacer las paces con la situación presente puedes recordarte que:

- Tu bienestar emocional no depende de la situación en que te encuentras. Puedes escoger sentirte en paz.
- Te quieres a ti misma, con tus luces y tus sombras.
- Quieres a tu hija por quien es, no por lo que hace.
- Tu hija está aprendiendo. Lo hace lo mejor que puede.
- Tú estás aprendiendo. Lo haces lo mejor que puedes.

- Te alegras de que tu hija tenga claro lo que quiere.

Si logramos dejar de lado nuestra primera respuesta emocional (cuando nos hemos sentido frustradas o enfadadas) y aceptamos que podemos mostrar nuestro amor sin condiciones, probablemente la situación virará y nos será más fácil trabajar junto con nuestros hijos para encontrar una solución sin perderles el respeto en momento alguno.

Si, por el contrario, nuestros hijos sienten nuestra angustia, es posible que la situación irá escalando hasta resultar insostenible. La clave está en ser proactivas en lugar de reactivas.

Si nuestro amor incondicional se encuentra únicamente en nuestra cabeza (en la teoría), pero no logramos demostrarlo, nuestros hijos no podrán sentirlo. Recuerda que es justo en los momentos en que adoptan comportamientos que nos resultan difíciles cuando más necesitan nuestro apoyo, aliento y respeto. No podemos olvidar que los «malos» comportamientos no son más que el reflejo de la falta de herramientas o de desarrollo/madurez de nuestros hijos. El comportamiento disruptivo es un código que hay que descifrar, esconde algo más profundo detrás. No podemos retirarles nuestro afecto (ni siquiera de forma temporal) cuando más lo necesitan.

Queremos remarcar que amar de forma incondicional no quiere decir darlo todo sin pedir nada a cambio. Amar incondicionalmente no significa anular las necesidades propias para servir a otra persona. Cuando no entendemos este punto y damos y damos y damos y un día nos sentimos frustrados porque no se nos valora o porque el amor «incondicional» no es recíproco, no estamos amando incondicionalmente. Como hemos dicho, el amor incondicional es aplicable a nuestros hijos y a nosotras mismas, y no es más que una elección personal. Elegimos sentirnos en paz y tratarnos con compasión en cualquier circunstancia. A nuestros hijos y a nosotras mismas. Amor incondicional es dejar de lado la resistencia, aceptar la situación presente, aunque no sea ideal para ti y quieras cambiarla. Podemos aceptar la «rabieta» de nuestro hijo (y, una vez superada, buscar juntos una solución). Podemos recordarnos que nuestro amor por nuestro hijo no depende de la situación que estamos viviendo en el presente o aceptar que en este momento él no sabe manejarla de otra forma. Podemos incluso tener el coraje de plantearnos que si nuestro hijo no es capaz de hacer lo que le pedimos, puede que el problema no esté en el niño, sino en nuestra petición. Ante un conflicto, si mostramos compasión en lugar de rencor, nuestro hijo no solo se sentirá aceptado y querido y aprenderá cómo afrontar problemas de forma constructiva, sino que absorberá también nuestra naturaleza compasiva.

La palabra *encouragement*, que en inglés significa «alentar o sostener», tiene su raíz en *coeur* («corazón», en francés) y contiene además la palabra *courage* («coraje, valentía»). Y es que hace falta ser valientes para reconocer la crianza de nuestros hijos como una gran oportunidad de transformación personal. Cuando hablamos de criar desde el corazón, nos referimos a criar desde ese lugar en el que simplemente somos y estamos. Ese lugar guiado por el sentir. Desde el amar. Pero no te confundas, despertar nuestro corazón no implica prescindir de nuestra mente, de nuestro intelecto. Cuando logramos conectar con nuestro corazón, cuando logramos poner el amor por delante, nos damos cuenta también de que ambos, corazón y mente, pueden hablar un mismo idioma, aunque lo hagan con distintos dialectos. Corazón y mente entablan conversación.

Volviendo al amor, en realidad, la incondicionalidad se podría interpretar también como algo «egoísta» en el sentido de que pones tu bienestar (sentirte en paz) por delante. Pero ya sabes que el bienestar de tus hijos está atado al tuyo, ¿no? Así, demostrando amor incondicional, todos salimos ganando.

Libertad y límites. Seguridad y exploración. Vínculo y autonomía

En resumen, los niños y las niñas nacen con todas sus potencialidades y para poder desarrollar (desplegar) las que crean más necesarias necesitan explorar. Explorar su entorno, explorar sus relaciones sociales, explorar sus emociones. Vivir experiencias, en definitiva. La tarea que tenemos sus adultos de referencia es su cuidado, lo que se traduce en satisfacer todo lo posible su necesidad de explorar al tiempo que garantizamos su integridad física y emocional. La forma de lograrlo es a través de los límites.

Una de nuestras peques dijo una vez que «los límites sirven para cuidar» y nosotras no podemos estar más de acuerdo. Los límites cuidan, protegen. Los límites son un marco de referencia, tanto físico como emocional (simbólico), una atmósfera que permitirá que nuestros hijos crezcan con seguridad, por lo que siempre se establecen a favor de su desarrollo, no en contra. Se crean entendiendo todas sus necesidades.

Nuestra hija argumentaba también que, aunque no le gustaba que le pusieran límites (los amigos, los hermanos o nosotras), entendía que lo hacíamos por un motivo y no se resistía. Es decir, al criar desde el corazón, ofreciendo toda la autonomía y libertad posible, así como pautas y un ambiente donde el niño se siente seguro, lo que florece en ellos es la confianza. Entienden los límites como algo positivo, no como una restricción. Sienten que sus necesidades están atendidas.

Como hemos dicho, los límites tienen que ver con mantener la integridad física y emocional de la persona, del resto de los individuos y del ambiente que los rodea (por eso no te dejo que pongas los dedos en un enchufe, no te dejo que pegues a otra persona y no te dejo que inundes el baño), y es muy importante cómo se comunican. No solo se les puede informar desde la negación, también podemos hacerlo desde lo que sí pueden hacer: «Veo que tienes mucha curiosidad por el enchufe, voy a prepararte un material seguro», «Veo que te ha molestado lo que ha ocurrido con tu amigo, ¿quieres contármelo? Te escucho» o «Veo que tienes muchas ganas de jugar con el agua, puedes hacerlo dentro de la bañera o en tu cocinita de exterior». Algunas personas prefieren hablar de principios, porque cuando hablamos de principios es mucho más fácil ver la horizontalidad, la flexibilidad y el cuidado. Otras personas prefieren hablar de normas, que derivan a su vez de los límites y que se pueden consensuar en familia. Hablar de edades siempre es complejo, pero en torno a los 3 años pueden empezar a ser conscientes, gracias a su cerebro más maduro, de que podemos llegar a acuerdos sobre las normas de nuestro ambiente. Antes (y durante los años que tarden en poder entender realmente los riesgos) nos aseguraremos de que el propio ambiente sea un límite en sí mismo. Está claro que no podemos tapar todos los enchufes del mundo, pero sí los de nuestro hogar.

En definitiva, no es el qué, sino el cómo lo realmente importante. No importan los límites específicos (serán diferentes para cada familia y cada situación), sino cómo los aplicamos, siempre a favor de las necesidades del niño. Si nuestro hijo necesita juego y movimiento y se pone a jugar al fútbol en nuestro comedor y le decimos que no puede jugar porque puede romper algo (estamos protegiendo el entorno), pero nos olvidamos de su propia necesidad, no le estaremos protegiendo. En su lugar, le podemos ofrecer salir a jugar, jugar con un globo o una pelota blanda (con la que no rompemos nada) o buscar otro juego que satisfaga su necesidad de movimiento. Así, el límite deja de ser algo limitante para ser realmente una protección.

Muchas personas identifican la crianza respetuosa con permisividad, pero para nosotras no es cierto. Para que la crianza sea respetuosa de verdad tiene que serlo no solo con los hijos, sino también con el resto de las personas y con las situaciones. Los límites existen en la crianza respetuosa, igual que deberían existir en las relaciones con adultos. Lo que en realidad importa es de qué manera se permiten las emociones cuando se comunican los límites. Respetar, validar y acompañar las emociones de nuestros peques no es ni permisividad ni libertinaje. Los límites nos protegen, así que lo que os proponemos es dejar de enjuiciar los comportamientos y limitarnos

a observar y proteger. Ese es el objetivo de los límites, nos dan seguridad. Y hay un límite, un mantra, un dogma: tratar a los demás de la misma forma que nos gustaría que nos trataran a nosotros. Esto implica tratar a los demás con el mayor respeto posible más que dar a los demás lo que yo necesito exactamente, pues esto puede no coincidir con lo que requiere el niño que tengo delante. Por ejemplo, a una persona le puede gustar que le dejen hablar de lo ocurrido durante horas, mientras que otra solo necesitará presencia y que no la enjuicien por haber expresado sus emociones de la forma que necesitaba.

Al informar de un límite, es lógico que muestren sus emociones de forma intensa si este implica que no pueden hacer lo que les gustaría. Es natural y ciertamente esperable, en el sentido de habitual y en el de deseable, porque todos creemos que una persona que lucha por sus ideales es alguien admirable. Bueno, lo creemos siempre y cuando no nos resulte incómodo. Seamos sinceras: los peques pueden resultarnos muy incómodos en sus intensas expresiones emocionales, pero en esta situación lo que revisaremos será nuestra reacción.

La relación entre adulto-niño es asimétrica: Los adultos cuidamos y damos seguridad, los niños exploran. En ocasiones, si venimos de apegos no seguros (lo explicaremos en breve) puede ocurrir que se inviertan los papeles:

ante una reacción intensa del niño o niña, nosotros no podemos mantener la calma y acabamos reaccionando y es el niño el que tiene que compensar y darnos seguridad. Si estamos reaccionando en vez de dar seguridad ante una emoción difícil de nuestros hijos, seguramente estemos conectando con emociones de nuestra infancia o adolescencia a las que todavía no hemos dado sentido. Por supuesto, nuestra idea no es que os sintáis culpables, sino que os responsabilicéis de la parte que os toca: dar seguridad. Y dar seguridad toma muchas formas: hacer masajitos hasta que se duermen, darles la mano cuando les van a poner una vacuna o validar su emoción aunque, por ejemplo, nos esté insultando porque no le hemos dejado hacer algo que quería (y que nosotras consideramos peligroso o dañino). Criar de forma más consciente es satisfacer sus necesidades, no sus deseos. Darles seguridad implica que sepan que siempre seremos un refugio para ellos.

Incondicionalidad y aliento

Esta incondicionalidad puede mostrarse con palabras o acciones de aliento y confianza, sea cual sea la circunstancia en la que nos encontremos. Un niño con un comportamiento disruptivo es un niño desalentado, así que las palabras o gestos de aliento pueden cambiarlo todo. Cuando los niños se sienten alentados y comprendidos, este comportamiento desaparece por sí solo. El aliento es algo fundamental tanto para Montessori como para la disciplina positiva. La palabra *encouragement* (encorajar, alentar), como decíamos, viene del francés *coeur* («corazón»), y es que es de ahí de donde nace y es algo fundamental para ayudar a los niños y las niñas a construirse en sus fortalezas. Queremos criar desde el corazón.

El deseo de desarrollar una habilidad determinada (dentro de un período sensible) es la guía que tiene el niño para lograr un trabajo concreto, mucho más poderoso que cualquier refuerzo, sea un premio o un halago. La diferencia entre alentar y alabar es, fundamentalmente, que en el primero no ofrecemos nuestro juicio y en el segundo sí. Según la RAE, estas son las definiciones de alentar y alabar:

- Alentar: animar, infundir aliento o esfuerzo, dar vigor a alguien o algo.
- Alabar: manifestar el aprecio o la admiración por algo o por alguien, poniendo de relieve sus cualidades o méritos.

Cuando alentamos, nos enfocamos en aspectos como son:

- Esfuerzo: «Veo que has hecho un gran esfuerzo por completar esta tarea».
- Mejora: «Veo que cada vez manchas menos a la hora de cocinar».
- Cooperación: «Trabajasteis juntas y llegasteis a un acuerdo».

- Confianza: «Puedes estar muy orgullosa».

Las palabras de aliento se centran en el esfuerzo y en el progreso, no en la perfección ni en el resultado. De esta forma, el locus de control será interno y no externo. Es decir, los niños aprenderán a autoevaluarse y no a esperar que los evalúen los demás. Y, lo más importante, tenemos que ponerlo en perspectiva, pensando en el futuro:

«He visto lo mucho que te has esforzado y estoy segura de que has aprendido tanto que podrás enfrentarte a los retos que te propongas con total confianza».

Además, aunque la alabanza funcione muy bien a corto plazo (las frases nos hacen sentir queridos), a largo plazo no invita a los niños a ser competentes, autónomos y desarrollar su motivación intrínseca, a autoevaluarse ni a confiar en sus habilidades o ver los errores como oportunidades.

EJERCICIO:
Creencias erróneas

En nuestro día a día nos encontramos con pensamientos que nos obstaculizan, creencias que, en lugar de permitirnos avanzar, nos frenan. Queremos proponerte un ejercicio diseñado por Byron Katie para dar la vuelta a las creencias limitantes. Te ofrecemos nuestra síntesis, pero, si te interesa, puedes encontrar más información en *thework.com*.

1. Las cuatro preguntas. Toma un pensamiento/creencia y responde las siguientes preguntas. Por ejemplo: «Mi hijo nunca me hace caso».

a. ¿Es verdad? Responde sí o no. Si respondes que sí, salta a la siguiente pregunta. Si respondes que no, reflexiona sobre lo que esto significa y pasa a la tercera pregunta. Ejemplo: «No. Sé que a veces mi hijo sí me hace caso».

b. ¿Sabes con total certeza que es verdad?

c. ¿Cómo reaccionas cuando te crees este pensamiento? ¿Qué pasa? Reflexiona sobre cómo tratas a la gente, a ti, cómo te hace actuar... Ejemplo: «Me pongo nerviosa y me es más fácil perder los nervios o tratar a mi hijo sin el respeto que se merece. Me aleja de la madre que quiero ser».

d. ¿Cómo sería tu vida si no tuvieras este pensamiento? Cierra los ojos e imagina tu vida si este pensamiento no existiera. ¿Cómo te sentirías? Ejemplo:

«Me sentiría mejor madre y tendría una mejor relación con mi hijo».

2. Ahora vamos a darle la vuelta a nuestro pensamiento. ¿Puede ser verdad justo lo contrario? Hay varias formas de darles la vuelta a nuestros pensamientos: cambiando los sujetos de orden, buscando el contrario... Busca darle tantas vueltas como puedas (sin crear frases sin sentido para ti). Por ejemplo: «Yo nunca hago caso a mi hijo», «Yo nunca me hago caso a mí misma», «Mi hijo me hace caso».

3. Ahora busca ejemplos en los que las frases anteriores se cumplan. Por ejemplo: «Cuando tengo la cabeza en las nubes, no hago caso a mi hijo. O cuando estoy agotada o desbordada», «Cuando hago lo que se espera de mí en lugar de lo que quiero, no me estoy haciendo caso», «Cuando le he pedido a mi hijo que recogiera la mesa esta mañana, me ha hecho caso. Ayer, cuando le pedí que se diera prisa porque llegábamos tarde al médico, también me hizo caso». Esperamos que este ejercicio te permita despedirte de los pensamientos que te están frenando.

Los cuatro planos del desarrollo y las tendencias humanas

Maria Montessori nació en Italia en 1870. Fue una de las primeras mujeres en estudiar Medicina en su país y es la creadora del método Montessori, aunque no le gustaba esa denominación, pues el enfoque Montessori es «una ayuda hasta que la personalidad humana pueda conquistar su independencia»; tiene más que ver con cambiar nuestra mirada.

Parece que Montessori es una moda, pero hay una parte mucho más profunda en su filosofía, que es lo que queremos dar a conocer en este capítulo y que se aleja del Montessori directivo y costoso. Nuestra visión es totalmente distinta, no es un método que usar, es una filosofía de vida. Y las observaciones de la doctora pueden arrojar mucha luz sobre lo que necesitan los niños y las niñas.

Hay dos conceptos en la filosofía montessoriana que nos parecen claves para entender a los niños y a las niñas, y en eso nos gustaría centrarnos.

Los cuatro planos del desarrollo

La doctora Montessori dividió los primeros veinticuatro años de la vida de una persona en cuatro fases (de seis años cada una), a las que llamó los «cuatro planos del desarrollo»: infancia, niñez, adolescencia y edad adulta.

Según este planteamiento, el desarrollo del niño no sigue una estructura lineal, sino que en cada uno de los planos las necesidades son distintas. En el primer plano (de 0 a 6 años) y en el tercero (de 12 a 18 años), es decir, en la primera infancia y en la adolescencia, se producen muchos y vertiginosos cambios, mientras que la niñez (de 6 a 12 años) y la edad adulta (de 18 a 24 años) son épocas más tranquilas y calmadas, en las que la persona asienta los conocimientos de las etapas anteriores.

Cada uno de estos planos tiene unos períodos sensibles determinados, ventanas de oportunidad que llevan al niño a hacer algo de forma constante y repetida, con mucho entusiasmo y sin fatiga, sin apenas esfuerzo y con gran creatividad. Estos períodos sensibles impulsan el desarrollo físico y mental de los niños durante un período determinado, que puede ser diferente para cada infante, pero de forma universal en todos los niños del mundo.

Maria Montessori estudió especialmente los períodos sensibles del primer plano del desarrollo, de los 0 a los 6 años. Son los siguientes: orden, lenguaje, refinamiento del movimiento y refinamiento de las perfecciones sensoriales.

El período sensible del orden no tiene tanto que ver con que los peques recojan los juguetes, que es más bien una necesidad adulta, sino con que a esta edad están intentando ordenar su mundo; por eso necesitarán que las cosas permanezcan constantes, pues están buscando seguridad. A veces calificamos como caprichos ciertas actitudes de las criaturas porque no estamos teniendo en cuenta este período sensible: en esta etapa, un plátano por la mitad no es un plátano, una galleta rota no es una galleta y la camiseta que es de mi papá no la puede llevar mi mamá.

El período sensible del lenguaje es algo que todas las personas tenemos clarísimo, en especial cuando hemos vivido en entornos bilingües. Sin apenas esfuerzo aparente, un niño pequeño aprenderá un idioma a una velocidad increíble, un argumento que en ocasiones se ha utilizado para promover el bilingüismo, que sin duda es un regalo para toda la vida. Sin embargo, es necesario garantizar primero la seguridad y la pertenencia de un peque: hay que alentarlos en sus procesos, por ejemplo, repitiendo correctamente las palabras que aún no pronuncian bien (de forma casual, no criticando), y darles mucha presencia (porque a veces nos dicen más con los ojos que con las palabras).

El período sensible del movimiento también es muy fácil de entender si dedicamos unos minutos a observar a niños y niñas. Aprenden moviéndose, con el cuerpo, con las manos. No hay otra manera de hacerlo en la primera infancia. Adecuar las expectativas adultas a lo que necesita un niño o niña puede ayudarnos también a tener una vida más armoniosa.

Finalmente, el período sensible de refinamiento de las percepciones sensoriales explica cómo aprenden los niños en la primera infancia, con sus sentidos, a través de la exploración. Su exploración a veces choca con nuestro autocuidado, ¡es un conflicto de intereses! Preparar el ambiente para que satisfaga las necesidades de ambos a un tiempo puede ser una muy buena idea. Para profundizar más en los períodos sensibles podéis consultar el primer libro de Bei, *Montessorízate. Criar siguiendo los principios Montessori*. Podéis encontrarlo en muchas bibliotecas (y si no está, podéis solicitar que lo añadan a su catálogo).

Primer plano: infancia

Este es el plano en el que la mente del niño se describe como absorbente porque puede impregnarse de todas las características de su ambiente e interiorizarlas. En esta etapa la doctora Montessori distinguió dos períodos embrionarios:

- Físico, que transcurre dentro del cuerpo de la madre (durante el embarazo).
- Psíquico, que es exterior y se divide a su vez en dos fases:
  - La primera fase es la etapa del embrión espiritual, en la que todo se asimila de manera inconsciente.
  - La segunda es la etapa del embrión social, en la que esta información se vuelve consciente para el niño. Es un momento clave en su desarrollo porque va a permitir la adaptación del niño a la familia y, por

ende, al grupo cultural al que pertenece.

Para Maria Montessori, «el pequeño fuera del cuerpo materno todavía no está separado de él», es decir, aunque al nacer se corte el cordón umbilical, el bebé sigue atado a su madre en el plano emocional, por eso consideraba especialmente importante la etapa de los 0 a los 3 años, aunque no le dio tiempo a estudiarla tan a fondo como la de los 3 a los 6 años.

El primer plano del desarrollo, la infancia, es la etapa clave, la más importante, en la que todo aquello que les suceda a los niños los va a condicionar para que sean las personas que van a ser el resto de su vida. Y de todas las tareas que tienen en la primera infancia, la primordial es vincularse adecuadamente.

Antes de seguir hablando de los planos del desarrollo, vamos a parar un momento. Quizá te haya removido lo que acabamos de contarte. Es cierto que la primera infancia es la etapa más importante, y te vamos a pedir que te olvides de esto durante un momento. Tal vez estés teniendo pensamientos del tipo «pero es que…», «si tan solo hubiera…». Quizá hayas vuelto una y otra vez a aquel día que no fuiste en absoluto tu mejor versión… Cuando tenemos este tipo de pensamientos estamos viviendo a través de nuestro sistema de creencias, a través de la vergüenza, del miedo o de la culpa, a través de nuestras heridas de infancia, pero nos gustaría que intentaras trabajar desde el aquí y ahora, desde la aceptación, la gratitud y el amor.

Seguramente haya culpa, quizá pienses que no lo has hecho todo lo bien que hubiera merecido tu peque. La realidad es que lo has hecho todo lo bien que has podido y eso es un primer paso gigante. Nuestro objetivo con este libro no es buscar la culpa, sino buscar soluciones. Y centrarnos en el presente. Pretendemos dar información y plantear reflexiones: ¿cuáles son los problemas que tienes a diario con tus seres queridos? ¿Cómo te gustaría que fueran en el futuro? ¿Estás siendo coherente? Si no lo estás siendo, ¿qué necesitas para serlo? ¿Ves estas cuestiones como problemas o como oportunidades de evolucionar tú como persona y de modelar habilidades de vida para tus seres queridos?

Piensa en el adulto que prometiste ser en tu infancia: ¿qué hubieras necesitado de niño? Luego revisa tu forma de actuar, tu comportamiento: ¿te conecta o te desconecta de tu hijo? Nos gustaría que al acabar de leer el libro pudieras compartir con tus hijos la mejor versión de ti misma, ese modelo óptimo para tus criaturas, una versión que seguirá en constante evolución.

Los niños y las niñas no se portan bien o mal, los adultos tampoco, aunque es cierto que nosotros sí somos responsables de nuestros hijos e hijas y no al revés. Hay retos, oportunidades, situaciones en las que podemos tomar

dos caminos: la conexión o la desconexión, el amor o el desamor, y después de ese reto, habrá otro y otro y otro más. Tú eliges tu propia aventura, como aquellos libros que teníamos de peques. Un camino largo lleno de pequeños pasitos. Pero no te desanimes, porque los pequeños pasos-cambios pueden ser también muy poderosos.

La mente absorbente es una etapa increíble del desarrollo humano. Es verdad, los niños nacen como esponjas, lo absorben todo y lo interiorizan como normal y esperable, «bueno» o «malo» según su lógica particular. En tus manos está que valoren el proceso o el resultado. En tus manos está que sean culposos y juzgadores o empáticos y compasivos. En tus manos está que cuando sean mayores no busquen tanto la aprobación de los demás como conectarse con lo que ellos necesitan, con ese cerebro que está en la tripa y que nunca se equivoca.

Por supuesto, nuestra influencia es limitada, no tenemos varitas mágicas ni podemos meter a los niños en una burbuja, ni tampoco es nuestra función moldearlos según nuestros deseos. Y sí podemos, como decía la doctora Montessori, «dar un rayo de luz y seguir nuestro camino».

Quizá en tu infancia te dieron poca luz, quizá hubo mucha oscuridad. Todo eso te ha creado como eres. Ahora tú puedes elegir qué tipo de influencia vas a ofrecer a tus hijos: la del error como motor del aprendizaje y sinónimo de búsqueda de soluciones o la de la culpa. ¿Seguimos?

Segundo plano: niñez

En este segundo plano del desarrollo, el niño adquiere el pensamiento abstracto y, mediante la imaginación y el pensamiento racional, logrará explicarse el mundo que le rodea.

De los 6 a los 12 años el infante tiene una mente razonadora que le permite imaginar, pues ya tiene clara la realidad; pensar de forma abstracta; adquirir la cultura y, por supuesto, el sentido de la moral.

«Ayúdame a pensar por mí mismo» sería la misión de los adultos que acompañamos este período del desarrollo humano. Para que este proceso pueda producirse, antes de nada, nos parece importante que exista seguridad en nuestro hogar:

- ¿Nuestro hijo/a es libre para expresar sus opiniones, deseos y creencias libremente?
- ¿Puede expresar sus emociones?
- ¿Lo escuchamos de forma activa?
- ¿Encuentra acompañamiento emocional?
- ¿Le llega el mensaje de amor incondicional?
- ¿Tenemos momentos de conexión a lo largo del día?
- ¿Se siente valioso, tenido en cuenta, visto?
- ¿Tiene responsabilidades adecuadas a sus capacidades e intereses?
- ¿Tiene autonomía y tiene un ambiente preparado para expresar su poder personal de forma constructiva?

Como los seres humanos somos seres sociales, pensar no es suficiente. Necesitamos orientarnos a la comunidad, pertenecer, ser parte y poder contribuir, sentir que podemos aportar cosas y que somos importantes y valiosos. En un entorno seguro —libre de miedo, vergüenza y culpa—, el error se ve como una oportunidad y no como un fracaso; la creatividad no solo se permite, sino que se alienta; los niños pueden participar de todas las tomas de decisiones que les competen, también de los límites y normas de la familia.

Necesitan también adultos coherentes que sean ejemplo de todo esto, que faciliten ese ambiente en nuestra casa. No podemos olvidar que el adulto es quien prepara el ambiente, físico y emocional, y este último empieza en nosotros mismos.

Es necesario tener muy presente que la conexión y el contacto son igual de importantes que en la etapa anterior. Al ver a los niños pequeños más vulnerables, parece que es más difícil entrar en luchas de poder (nos resulta más fácil hacer lo que ellos quieren/necesitan), pero en esta segunda etapa es igual de importante comprender sus comportamientos. Cuando son más mayores es más fácil olvidarnos de que son niños todavía, cosa que nos puede llevar a reaccionar en lugar de gestionar los conflictos de forma más asertiva.

Una vez que la conexión está asegurada, teniendo en cuenta que los niños y las niñas en este plano están en un período sensible de adquisición de la cultura y la moral, es importante ofrecerles entornos ricos donde estos intercambios puedan producirse. Al participar en grupos sociales elegidos libremente (grupos de scouts o juego en la naturaleza, clases de teatro, deportes, danza, música, etc.), podrán practicar estas habilidades. Lo importante es escucharlos y seguir su curiosidad, la máxima «sigue al niño» se continúa aplicando en este plano del desarrollo.

Tercer plano: adolescencia

De los 12 a los 18 años, la mente del adolescente está muy interesada por lo social. El niño deja la infancia para convertirse en un miembro más activo de la sociedad, empieza a buscar su lugar en el mundo y a pensar en cómo quiere ganarse la vida. Busca, en definitiva, redefinir su identidad. Cuando el adolescente está buscando su lugar en la sociedad, nuestra función es acompañarlo en su camino hacia su verdadera identidad, lo más lejos del ego que su proceso le permita. Es decir, no podemos controlarlos, no podemos decirles lo que deben hacer; tenemos que aceptarlos como son, igual que aceptábamos que nuestros bebés se despertaran durante la noche.

La pubertad, al igual que los tres primeros años de vida (he ahí otro paralelismo), necesita de gran contención emocional, que es algo que suele fallar bastante tanto en institutos como en hogares, pero es realmente su gran necesidad, igual que la del bebé era el movimiento. Nacer implica dejar atrás la comodidad del útero y la pubertad implica también dejar atrás la comodidad y la sencillez de la infancia; por eso es un período de crisis, entendida como cambio.

Según el planteamiento de la doctora Montessori, es el momento en el que el joven adolescente buscará cuál es su vocación, logrará descubrir cuál es su tarea de vida y de qué forma puede servir a la humanidad. La doctora usaba un término que nos parece muy bonito, el adolescente quiere encontrar su «tarea cósmica», y es que todo el cosmos, todo el universo, está hecho de los mismos elementos, estamos todos conectados. Somos todos polvo de estrellas. Esta no es tarea fácil y es por ello por lo que quizá su rendimiento académico sea inferior, porque su mente está en otro lugar.

De esta forma, el planteamiento de Maria Montessori en esta etapa era puramente práctico, similar a una formación profesional, y proponía que los chicos vivieran en una granja en la que pudieran desarrollar sus proyectos en común y ser autosuficientes. Orientar sus estudios e investigaciones a la función social, como son economía, filosofía y ciencia, así como actividades culturales y sociales sería lo ideal para este plano de desarrollo. Las labores de voluntariado pueden ser idóneas para esto.

Realmente, los jóvenes de esta edad quieren contribuir, aportar valor a la sociedad, y, al igual que cuando eran pequeños les ofrecíamos la banqueta para que pudieran lavarse las manos solos, en esta etapa debemos apoyarlos y acompañarlos para que encuentren su sitio. Tienen la misma sed de autonomía que un niño de 2 años.

Cuarto plano: madurez

Por último, de los 18 a los 24 años, la mente del adulto experimentará un período de calma, en el que asentará lo aprendido en el anterior. En este plano, el joven termina por fin su desarrollo y se convierte en un miembro activo de la sociedad, pleno de derechos y obligaciones, con gran capacidad y ganas de trabajar y formar parte de la sociedad.

En todos los planos del desarrollo y durante el resto de la vida de las personas, la filosofía Montessori afirma que hay una serie de «tendencias humanas» o necesidades básicas que permanecen constantes. Estos instintos o impulsos mueven al ser humano a ejecutar una serie de acciones de manera espontánea e inconsciente, y, en definitiva, han facilitado nuestra supervivencia.

Cuando hacemos talleres presenciales solemos llevar una piedra tallada a modo de bifaz paleolítico (la navaja suiza de la prehistoria, una piedra de sílex normalmente tallada para ser una herramienta) y les preguntamos a los participantes: «¿Qué cosas se os ocurre que podemos hacer con esta piedra?». Suelen recorrer todas las tendencias humanas con su lluvia de ideas y después les pregunto: «¿Cómo se llama este proceso que acabáis de hacer?». Las palabras que surgen son grandilocuentes: análisis, investigación, *brainstorming*, trabajo en equipo. ¿Y cómo se le llama a este proceso cuando lo hacen los niños?: jugar.

Las tendencias humanas son las siguientes y podrás encontrarlas todas si te sientas a observar un rato el juego de los niños y las niñas:

- Tendencias relacionadas con la exploración: orientación, orden, exploración y movimiento.
- Tendencias relacionadas con el trabajo: autoperfeccionamiento, manipulación, repetición y trabajo.
- Tendencias relacionadas con el funcionamiento de nuestra mente: abstracción, imaginación y conceptualización.
- Tendencias relacionadas con la orientación grupal: comunicación, sentido de pertenencia y significado.
- Tendencias relacionadas con las necesidades espirituales: arte, música y religión.

El juego permite a los niños construirse porque trabaja al mismo tiempo todas las tendencias humanas. Cada vez que exista un conflicto con tus peques por el juego, respira, piensa, responsabilízate: ¿estás tratando el juego como lo más importante y valioso de la infancia? ¿O como lo que ocurre entre que vuelven de extraescolares y empieza la ronda BCDC (baño, cena, dientes, cuento)?

EJERCICIO:
El sol alentador

Toma tu cuaderno de reflexión y dibuja un círculo. Escribe en el centro «amor incondicional» y ahora, desde la circunferencia, traza varias líneas rectas hacia el exterior. Parece un sol, ¿verdad? Ahora, en cada uno de los rayos, queremos que escribas lo que estás haciendo para dar amor incondicional (jugar, cuidar, amar, alentar, empoderar, preguntar, respetar).

Piensa en todo lo que *sí* haces. Ponlo bonito.

La próxima vez que te preguntes si lo estás haciendo bien o cuando pienses que eres un fracaso como educador, queremos que mires este sol y relativices. Piensa, desde la compasión, que lo estás haciendo lo mejor posible y busca soluciones para todo lo que no esté funcionando bien. A veces, la solución a nuestros problemas es también la aceptación, que, como hemos dicho, es justo lo contrario de resignarse.

Los cuatro pilares de la disciplina positiva
Respeto mutuo: equilibrio entre orden y libertad

Tanto desde el punto de vista de la pedagogía Montessori como desde el de la disciplina positiva, está muy presente la creación de un sistema en el que existe orden y libertad al mismo tiempo. ¿Cuánto orden y cuánta libertad? Para cada familia esto significa algo distinto.

- ¿Cómo sé que existe orden en mi sistema? «Orden» hace referencia a todo lo que tiene que ver con respetar mis necesidades.
- ¿Cómo sé que existe libertad? «Libertad» hace referencia a todo lo que tiene que ver con las necesidades de los demás. En concreto para el contexto de este libro, las necesidades de los niños y las niñas.

Desde el plano de la disciplina positiva relacionamos «orden» y «libertad» con «amabilidad» y «firmeza».

- Ser amable es todo lo que tiene que ver con la libertad: que todas las personas podamos tener autonomía y expresar nuestro poder personal y toma de decisiones. Si lo traducimos a los niños y las niñas, equivale a que se sientan respetados. La palabra «amable» tiene que ver con la flexibilidad, el respeto a los otros, la empatía, el *amor*, la pertenencia y la libertad.

- Ser firme es todo lo que tiene que ver con el orden: que todas las personas merecemos que se nos trate con dignidad. Si lo traducimos al mundo de los niños y las niñas, equivale a que sus acciones sean respetuosas para ellos mismos, las situaciones y las personas que los acompañan. En definitiva, significa respetar*me*, cuidar*me* y querer*me*. Significa creer*me* que tengo derecho a, poner la dignidad encima de la mesa, la mía y la de las situaciones. Significa contribución, sentido, importancia.

Y en el equilibrio entre ambas es donde surge nuestra máxima vital «trata a los demás como tú mereces que te traten», que no quiere decir exactamente como te gustaría ser tratado a ti, sino con el máximo respeto, empatía y compasión que merecemos el resto de los seres humanos. Siempre sin perder de vista el sentido común. Si mi hija se asoma por la ventana, no puedo dejar que se caiga de un quinto piso; si mi hijo necesita movimiento, no puedo animarlo a que corra entre las mesas del restaurante y se choque contra los camareros que están trabajando.

Sin perder de vista la honestidad, porque no, no todo vale para que nuestros hijos hagan lo que queremos. No es irrespetuoso con las circunstancias que tu hijo no se siente si no quiere sentarse. No es irrespetuoso contigo que tu bebé quiera dormir cerquita. Ambos comportamientos son absolutamente esperables, normales y cero preocupantes. De hecho, incluso cuando un niño o niña está tan profundamente dolido que insulta o pega, en realidad lo que ocurre es que existe un problema de conexión, así que por supuesto que podemos recordar el límite con firmeza siempre validando (reconociendo y permitiendo) su emoción y mostrando la mayor de las empatías. Del mismo modo que con cualquier otra situación en la que nos podamos sentir retados. Que a nosotros nos viniera bien que nos hicieran caso es una preferencia, no una necesidad.

Quizá venimos de un sistema en el que predominaba el autoritarismo: había mucho orden y poca libertad. Es probable que no nos gustara porque lo más seguro es que nuestras emociones o nuestra autoestima quedaran tocadas. Entonces, como no queremos los aspectos negativos del orden y la firmeza, nos pasamos al lado del exceso de amabilidad. O quizá, por querer huir de los aspectos negativos del exceso de libertad, nos pasamos al lado de la firmeza.

En ambos casos, lo que realmente ocurre es que no se están tomando decisiones desde la confianza y la voluntad propias, sino desde el miedo o desde un sistema de creencias limitantes. En estas situaciones se produce un baile y vamos saltando de un extremo a otro sin pararnos a pensar que la virtud, decía Platón, se encuentra en el término medio.

Tanto la disciplina positiva como Montessori buscan encontrar el equilibrio entre amabilidad y firmeza. Eso no significa «haz lo que yo digo» con una sonrisa, sino buscar el equilibrio entre las necesidades de todos. En el ejemplo del niño que necesita movimiento cuando estamos en el restaurante, una opción sería pedir la comida y, mientras la preparan, ir a un parque cercano y jugar con otros niños, saltar, correr y cantar. Y hacer lo mismo nada más terminar. También ayuda el relativizar: ya tendrás tiempo de sobremesas largas cuando sean mayores, de verdad. Son muy pocos años los que necesitan ese movimiento constante.

Olvidarse de todo para conectar corazón y corazón

En ocasiones es necesario olvidarse de todo lo que sabes para poder escuchar, observar, conectar. Hay veces que, por miedo a entrar en ese baile de firmeza y amabilidad, nos concentramos tanto en ser coherentes que se nos olvida que tenemos delante a un ser humano en construcción.

Los niños, como son personas, no son matemáticas. Uno más uno no siempre son dos. La mejor forma de cooperar con ellos y ellas es conocer la teoría y olvidarla en cuanto se crucen las miradas, porque cuando se conectan los ojos, se conecta el corazón, y el vínculo vuelve a brotar de nuevo, y lo difícil se hace fácil otra vez.

Lo perfecto es enemigo de lo bueno, decía Voltaire, y añadimos que las criaturas no necesitan madres o padres perfectos, sino adultos conscientes que busquen soluciones a su imperfección. Y mucho contacto, besos, abrazos y cosquillitas y cuentos de buenas noches y buenos días.

En definitiva, criar siguiendo esta máxima de Jung: «Conozca todas las teorías. Domine todas las técnicas, pero al tocar un alma humana sea apenas otra alma humana».

Nuestra propuesta no es un conjunto de herramientas. Nuestro libro trata de personas y, cuando tratas con personas, lo único que puedes hacer es conectar con ellas si quieres comunicarte y buscar soluciones y no culpables. Se trata de *mirar* al niño, ver su esencia, observar su necesidad y hacer todo lo posible por satisfacerla, porque así es como se establecen vínculos seguros, y, con la seguridad, llegan los aprendizajes.

Poder personal

Otro de los pilares fundamentales de la disciplina positiva es entender y aceptar que todas las personas, tengan la edad que tengan, merecen expresar su poder personal de una forma adecuada.

No podemos controlar el comportamiento ajeno, solo, si acaso, intentar hacer pequeños cambios para cambiar el nuestro. El control es el gran enemigo de la cooperación y, si perdemos de vista este principio fundamental, el respeto dejará de existir y podemos caer en el error de manipular a los niños y a las niñas con nuestras buenas palabras.

Nuestra propuesta implica organizar nuestra vida diaria de forma que los niños y las niñas puedan tomar el máximo de decisiones posibles respecto a las acciones que les competen, que puedan satisfacer al mismo tiempo sus necesidades de autonomía y libertad. Hay que remarcar que «necesidad» no es lo mismo que «deseo». La forma en la que podemos discernir lo uno de lo otro es a través de la observación; así podremos entender qué es realmente lo que necesitan los niños.

Los niños tienen derecho a decir «no» y nuestra labor como padres y madres es respetar esos noes cuando se pueda y llegar a acuerdos de convivencia en los que todos nos sintamos respetados. También es nuestra labor acompañar sus emociones cuando no sea posible respetar sus noes (como por ejemplo ir sentado y abrochado en la silla del coche o cruzar de la mano cuando se tienen 2 años), validar su emoción desagradable, reconocer y permitir lo que piensa, con la máxima dignidad y el máximo respeto, hablando de nuestra necesidad de protegerlos.

Lo más difícil de ser madres para nosotras ha sido luchar contra las expectativas, y esas expectativas se rebajan con información y observación. Los bebés no están biológicamente preparados en su mayoría para dormir solos, su necesidad de exterogestación no es un capricho, es pura supervivencia. Los niños de 2 años están en un período sensible de movimiento y no podemos obligarlos a sentarse a la mesa con nosotros o regañarlos por moverse constantemente. Los niños de 4 años están en pleno uso de su autonomía y por eso tienen todo el derecho de elegir la ropa que quieran ponerse y, cuando entran en el siguiente plano, sus necesidades cambian. Entonces necesitan explorar lo que es la justicia y necesitan explorar el ser social: en esta etapa hablar con tus iguales de 7 años expresa una misma necesidad imperiosa como lo era el movimiento con 2.

Se nos ha olvidado lo que es un niño «normal», puro, sin filtros, sin «domesticar». Se nos ha olvidado cómo nos sentíamos cuando éramos niños. Montessori nos devuelve a ese momento, nos recuerda que las necesidades, tendencias humanas y períodos sensibles de los niños no son caprichos, sino lo que necesitan para construirse. De esa construcción depende su bienestar.

Largo plazo

Si cerramos los ojos y volvemos a ese momento en el que nos imaginamos en el coche dentro de veinte años y os preguntábamos por las cualidades de vuestra relación paternofilial, la mayoría de los padres y madres estaréis de acuerdo en un listado de calificativos agradables y optimistas que normalmente se resumen en respeto, cercanía y conexión.

¿Cómo estamos hoy actuando con nuestros hijos e hijas para promover esa serie de características que queremos que tenga nuestra relación en el futuro?

¿Quién conduce el coche? La mayoría estaréis pensando en que sois vosotros quienes conducís, y no, son nuestros hijos e hijas, ya adultos, quienes tienen el control de su vida. Y nosotros solo podemos acompañarlos.

Educar desde el control (desde la verticalidad, usando premios, castigos, juicios...) no es la mejor idea porque no va a generar unos vínculos sanos entre nosotros. Todos tenemos claro nuestro punto de origen y nuestro punto de destino y, sin embargo, no siempre es fácil encontrar el camino que nos lleve a ese punto.

Lo que sí que podemos hacer es pararnos un segundo y pensar, reflexionar, hacer autocrítica y decidir si este camino por el que vamos ahora nos va a llevar a nuestro destino o nos va a llevar a otro más árido, menos soleado y más infeliz.

Cuanto antes nos demos cuenta, antes podemos enderezar la ruta. Nunca es tarde para disculparnos con nuestros hijos y explicarles que hasta ahora habíamos tomado un camino inadecuado porque no sabíamos hacer otra cosa.

Y con esa disculpa, cuando es sincera, el niño o la niña quedan liberados, porque no es que ellos y ellas sean insuficientes; son perfectos y valiosos tal y como son. Somos los padres que, en nuestra imperfección y nuestras carencias, les exigimos desde un lugar que no les corresponde.

Educar desde la honestidad implica huir de las soluciones rápidas y pensar en el largo plazo, no hay atajos cuando hablamos de construir vínculos seguros.

Vivimos en un constante enaltecimiento del resultado; cuanto más efímero y superficial es algo, más le gusta a nuestro ego (entendido como aquella parte de nosotros que mide nuestro valor en función de opiniones e influencias externas). Muchos venimos de un tiempo de educación que se centraba en el resultado (el niño bueno que se porta bien, el buen estudiante que saca en todo diez, la buena madre que nunca es egoísta) y, aunque ya hayamos pasado por un proceso de desintoxicación, aunque ya sepamos que los premios y los castigos tienen unos resultados devastadores para la autoestima de los niños y para nuestra conexión (alas rotas y raíces frágiles), nos cuesta ver los errores como algo positivo.

Como estas expectativas las aprendimos como aceptables cuando éramos pequeños y nuestra mente era absorbente, las hemos interiorizado como correctas y luchar contra ellas es muy difícil, pero no imposible. Y la crianza o el acompañamiento de nuestros alumnos en centros educativos son el gimnasio en el que podemos trabajar todo esto.

Con los retos diarios podemos trabajar todas nuestras habilidades emocionales y pulir todo lo que nos hizo daño, todo lo que se añadió a nuestra coraza de ego durante nuestra infancia. Por un motivo: protegerse y sobrevivir.

Al haber oprimido nuestra esencia, hemos perdido nuestra autenticidad. No nos permitimos ser quienes somos. Nos centramos en el resultado y no en el proceso y, cuando nos equivocamos, nos creemos un fracaso en vez de pensar que simplemente hemos cometido un error. Y, además, lo extendemos a la crianza de nuestros hijos e hijas.

Cuando un pequeñín aprende a andar, lo hace muy despacito, se cae, se levanta y vuelve a intentarlo, una y otra vez, una y otra vez, una y otra vez. Aún nadie le ha hecho sentirse insignificante o inadecuado por haberse equivocado. Nadie juzga a un bebé por haberse caído. ¿Por qué nos juzgamos nosotros mismos cuando nos equivocamos al criar? ¿Por qué nos centramos en cuando nos caemos y no en los sitios a los que llegaremos andando? ¿Por qué queremos controlar la conducta hoy y no pensar en el niño maravilloso que tenemos delante y que ya es el ser humano del mañana?

Y es que educar es como sembrar: escondemos las semillas en la tierra, con mucho cariño, con mucho cuidado, con la esperanza de que broten fuertes. No podemos controlar si germina o no germina, nuestro trabajo ya está hecho. Confiamos, sabemos que la semilla lleva en su interior todo lo necesario para brotar. Cuando la planta brota, la cuidamos, la regamos y la abonamos, pero así como con las plantas muchas veces nuestro objetivo es recolectar, con nuestros hijos el objetivo no es cosechar muchos frutos, sino maravillarnos con estos. Los hijos no son nuestros, lo decía Gibran y nosotras cada día lo tenemos más claro. La vida nos los presta un tiempo muy corto, pero nuestro ego nos hace pensar que nos pertenecen, y no. Son de ellos mismos.

Tienen derecho a tener razón. Nuestra función es protegerlos cuando sus razones puedan ser peligrosas (cruzar solos corriendo) y enseñarles a llegar a acuerdos porque van a tener que convivir en sociedad durante el resto de su vida. Educar no es oprimir, luchar, convencer o manipular, educar es acompañar, educar es ayudar para la vida. Y dar buen ejemplo de asertividad, de empatía y de honestidad. Y ser generosos, especialmente con nosotros mismos.

Gemeinschaftsgefühl

Alfred Adler fue un psiquiatra vienés que nació en 1870, igual que su colega Maria Montessori, y que fue el impulsor de la psicología individual. Esta, lejos de considerar al ser humano dentro de un sistema aislado, trata de ver la naturaleza humana como algo indivisible de su entorno y de entender al individuo de forma integral. La palabra «individual» en este caso pretende evocar «indivisibilidad» (pues proviene del latín *individuus*).

Para Adler y sus discípulos, todo el comportamiento humano estaba encaminado a una finalidad. Esta meta principal la llamamos *Gemeinschaftsgefühl*, cuya traducción literal del alemán sería «sentimiento de comunidad» o «sentimiento de compañía». Y tiene dos aspectos clave: pertenecer y contribuir, ser parte de un grupo social y aportar tu trabajo, sea el que sea, a ese grupo social.

Pertenecer es todo lo que tiene que ver con sentirse escuchado, querido, amado, aceptado. Contribuir es todo lo que tiene que ver con sentirse valioso, suficiente, importante. Cuando se dan ambos aspectos a un tiempo, los seres humanos tienen ganas de cooperar, porque contribuir con su trabajo es una forma de hacerlo visible. Decía Gibran que el trabajo es amor hecho visible. Y es así.

Desde que nacemos estamos tomando decisiones basándonos en cómo percibimos el mundo siguiendo este esquema:

- Primero, percibimos nuestra realidad a través de nuestros sentidos.
- Después, interpretamos nuestras percepciones basándonos en el sentido de pertenencia y en la significancia.
- Con estas interpretaciones construimos nuestro sistema de creencias.
- Según estas creencias, tomamos las decisiones, tanto bebés como niños, adolescentes o adultos.

Según esas decisiones surgirán nuevas situaciones que nos llevarán a tener nuevas percepciones, interpretaciones, creencias y decisiones. En la teoría adleriana a este proceso se le llama «lógica privada».

PERCEPCIÓN mediante nuestros sentidos → *hacemos* → **INTERPRETACIÓN** en base al sentido de pertenencia e importancia

↑ *surgen nuevas situaciones*

construimos ↓

DECISIONES ← *tomamos* ← **SISTEMA DE CREENCIAS**

¿Cómo soy?
¿Cómo es el mundo?
¿Cómo son los demás?

Los niños y las niñas son muy observadores, son muy buenos percibiendo; su mente absorbente los mueve a serlo para poder adaptarse lo mejor posible al entorno en el que están creciendo. Lo que sienten y lo que experimentan lo tienen claro (aunque no sepan «el nombre»). Lo que no se les da tan bien es interpretarlo, ya que les faltan experiencias vitales para dar sentido a lo que ocurre. En numerosas ocasiones hacen una interpretación errónea de un hecho y, según esta, construyen su creencia, que también será errónea y limitante (no puedo pertenecer, no puedo contribuir) y van a tomar una decisión: hacer lo que sea necesario para pertenecer y que lo tengan en cuenta (su pensamiento inconsciente sería el siguiente: «Necesito conectar con esta gente que me cuida porque si no, como soy un *Homo sapiens*, un animal social y que nace muy inmaduro, quizá me

muera, así que tengo que hacer algo para sobrevivir»). Según esta nueva decisión, se van a dar nuevas percepciones, que nos llevarán a nuevas interpretaciones y nuevas creencias, y, por lo tanto, a nuevas decisiones. Con la repetición de este proceso mental, a los 2, 3, 4 años se consolida lo que llamamos «estilo de vida», que nosotros clasificamos (no para etiquetar, sino para trabajar desde el autoconocimiento) en cuatro prioridades de estilo de vida que veremos más adelante.

Pongamos, por ejemplo, el caso de un niño que acaba de tener un hermanito:

- PERCEPCIÓN: «Ha llegado este niño nuevo y todo el mundo le dedica mucho más tiempo que a mí».
- INTERPRETACIÓN: «Ya no me aman, no me tienen en cuenta, no me quieren en esta familia».
- CREENCIA: «Si volviera a ser peque-

ño, volverían a quererme y prestarme atención».

- DECISIÓN: «Voy a volver a hacer cosas de bebés, como no caminar, tomar biberón y usar pañales de nuevo».

Los niños y las niñas nacen sabiendo cooperar, todos sus comportamientos buscan pertenecer y contribuir. Si no cooperan es porque la petición choca contra otra necesidad vital o se sienten en una ligera o profunda desconexión (búsqueda de reconocimiento, lucha de poder, venganza o desaliento absoluto; lo explicaremos a continuación).

Lo que ocurre es que ese pequeñín o pequeñina, que nace sabiendo cooperar, se encuentra con adultos que ya no saben hacerlo, solo saben tener relaciones de poder y control hacia los niños y las niñas y entre ellos. Y la mente absorbente interioriza que esa es la forma adecuada para gestionar los conflictos de intereses: la fuerza y el poder en lugar del diálogo y la cooperación. La exigencia en lugar de la empatía.

Uno no puede exigir cooperación; en el momento en que la exiges deja de ser cooperación para ser una orden.

Pasamos de una relación horizontal a una relación vertical, violenta (pues no se basa en el principio de respeto y equidad). Nosotros como adultos somos responsables, de forma directa o indirecta, tanto de que se dé la cooperación como de que se dé ese comportamiento que nos está disgustando. Nuestra propuesta es un cambio de mirada: soltar el control, aceptar nuestra responsabilidad y buscar soluciones.

Cuando existe una falta de cooperación, una de las posibilidades, tras revisar que nuestras expectativas sean adecuadas, es revisar nuestra conexión madre/padre-hijo/a.

Desde la perspectiva adleriana hablamos de cuatro metas erradas para explicar la desconexión. No es que queramos decir que los niños y las niñas estén equivocados; al contrario, simplemente intentan pertenecer y contribuir con las herramientas que tienen. Si las llamamos «erradas» es porque los adultos, en nuestra ceguera, no vamos a ser capaces de traducirlas y los niños van a conseguir el resultado opuesto a su necesidad: más desconexión. Pero con un cambio de mirada, con unas nuevas gafas, podemos descifrarlas.

Las metas erradas

La primera de ellas sería la necesidad de buscar reconocimiento, de sentirnos vistos, que podemos traducir en lo que coloquialmente conocemos como «llamadas de atención». En este caso, la creencia errónea de nuestro hijo es «solo pertenezco cuando me prestan atención» y reconocemos estas situaciones porque nosotros nos sentimos irritados o culpables. El mensaje que se esconde tras esta meta, en realidad, es «reconóceme, involúcrame de forma útil».

La segunda sería la expresión de la necesidad de controlar nuestra propia vida sin que nos controlen, que podemos traducir como luchas de poder. En este caso, la creencia errónea de nuestro hijo es «solo pertenezco cuando controlo la situación o muestro que nadie puede controlarme» y podemos reconocer esta falta de conexión porque nosotros nos sentimos retados o derrotados. El mensaje que se esconde tras esta meta, en realidad, es «dame opciones, déjame ayudar».

La tercera sería la necesidad de buscar justicia, que podemos traducir como la búsqueda de venganza.

En este caso, la creencia errónea de nuestro hijo es «me siento herido, por lo que voy a herir a los demás». En estas situaciones nosotros nos sentimos heridos, decepcionados o incrédulos. El mensaje que se esconde tras esta meta, en realidad, es «me siento herido, valida mis sentimientos».

Y finalmente la cuarta, la que es más difícil de gestionar, pues estas cuatro metas forman una escalera hacia la desconexión más profunda, es la necesidad de capacitación en ciertas habilidades. Es decir, cuando los niños y las niñas tienen tal desconexión con nosotros que lo que necesitan es que los saquemos de su situación de insuficiencia asumida. Asumida porque, en realidad, ellos son capaces, solo que están muy desalentados. Nuestros hijos deciden rendirse porque creen (erróneamente) que a nadie le importa lo que hacen. Nuestro sentimiento también sería el desaliento, junto con la desesperación más absoluta. El mensaje que se esconde tras esta meta, en realidad, es «necesito aliento, ayúdame en pequeños pasitos». Ampliaremos esta información enseguida.

En todos los casos es importante reflexionar sobre cuál puede ser nuestra responsabilidad en esa meta errada o replantearnos nuestras expectativas, pues a menudo nos pueden molestar comportamientos que son, en realidad, adecuados. Por ejemplo, un bebé de semanas que quiere que lo cojas no está llamando tu atención, te necesita. Un niño de un año que te mira antes de tirar un objeto, no te está retando, está experimentando relaciones causa-efecto. Un niño pequeño que te dice «tonto» sin saber lo que significa aún realmente no te está insultando, y quizá un niño que se siente incapaz no lo sentiría si no hubiéramos puesto sobre él o ella ciertas expectativas. O quizá nos sentimos culpables, retados, dolidos o desesperados porque este momento presente nos conecta con otro de nuestro pasado en el que nos sentimos poco importantes o poco queridos y no pudimos darle sentido, no pudimos incorporarlo a nuestra historia. Y ese dolor no sostenido nos hace reaccionar, desde el miedo, la vergüenza y la culpa en vez de desde nuestro pensamiento más consciente. También es importante trabajar en nuestras emociones, porque podemos pensar que estamos desesperados cuando en verdad lo que ocurre es que estamos irritados o cansados.

En todo caso, si realmente hay una meta errada, solo cabe una solución: pensar cuál es nuestra responsabilidad en la falta de conexión y repararla sin prisa, pero sin pausa.

EJERCICIO:
Indagar en tu historia

Toma tu cuaderno de reflexión y piensa en situaciones en las que te has sentido:

- enfadado y molesto
- irritado y provocado
- dolido e incrédulo
- insuficiente y desesperado

Las cuatro «C» para entender por qué los niños y las niñas hacen lo que hacen

El comportamiento de los niños es la punta del iceberg de todo lo que llevan por dentro. Todas las personas buscamos sentido de pertenencia y significado. Cuando el niño no es capaz de conectar con nosotros para encontrarlo (los motivos son diversos, no se trata de culpabilizar a nadie), responde con esta escalera de metas equivocadas que acabamos de describir.

Imagina cualquier conducta que te parezca disruptiva, cualquier conducta que pueda ser enjuiciada como «mal comportamiento». Te vamos a demostrar que los malos comportamientos no existen. Nuestra propuesta consiste en dejar de enjuiciar el comportamiento de los niños y las niñas y empezar a preocuparnos por las necesidades que no estamos satisfaciendo y que, ante nuestra ceguera, no tienen otra forma de demostrar con comportamientos que nosotros, desde nuestro plano adulto, juzgamos como disruptivos.

Los niños y las niñas no se *portan mal*. Simplemente expresan sus necesidades como pueden, como saben. Una bebé que llora por la noche porque no quiere dormir sola no se porta mal, está siguiendo su mandato biológico y es el adulto a cargo el responsable de que se sienta segura para poder dormir. Un niño de 2 años que inunda el baño o se moja jugando con agua no se porta mal, está en un período sensible de refinamiento de las percepciones sensoriales. El adulto es el responsable de proteger y supervisar que eso no ocurra. Una niña de 3 años que no quiere estar sentada en una silla no se porta mal, está en un período sensible de movimiento. Es el adulto a cargo el responsable de que su necesidad quede cubierta al tiempo que se respetan las situaciones. Un niño de 4 años que pega a otro no se porta mal, está en modo supervivencia y es el adulto quien tiene la responsabilidad de ayudarlo a expresar sus emociones sin que haga daño a nadie. Una niña de 6 años que tiene x comportamientos juzgados como disruptivos no se porta mal, está buscando conexión con el adulto de referencia o con su grupo de referencia, y como tiene esa necesidad vital de pertenencia, buscará por todos los medios cubrirla.

Si pudiéramos darte solo un consejo, sin duda sería este: no te centres en la conducta, pregúntate qué puede estar provocando dicha conducta y cómo puedes alcanzar una solución respetuosa. La conducta es repetitiva, pero el sentimiento que subyace bajo ella es único y clave para averiguar a qué se debe el comportamiento del niño. Cambia el «¿Por qué haces esto?» por un «¿Cómo podemos solucionar esta situación?». Guárdate los porqués para reflexionar en silencio y utiliza las preguntas abiertas (¿cómo? o ¿qué?) para conseguir la cooperación y no el control sobre los niños.

Posibles causas de lo que normalmente se conoce como «mal comportamiento»
Compendio de necesidades
Si tenemos presentes las necesidades de nuestros hijos e intentamos satisfacerlas, nos ahorraremos muchos conflictos. Y aunque las necesidades de cada niño y de cada momento son únicas, sí que creemos que vale la pena remarcar algunas que consideramos universales y atemporales.

- Necesidad de juego y exploración: los niños necesitan jugar en libertad. El juego libre no estructurado es lo que los construye. Y cuando hablamos de juego no hablamos de algo pueril, sino de la tarea más importante de esta primera etapa, que incluye todas las actividades de vida cotidiana, cuidado personal y cuidado del ambiente. En definitiva, juego es todo lo que responde a las tendencias humanas y períodos sensibles de cada etapa.

- Necesidad emocional: los niños y las niñas, como todos los seres humanos, tienen una serie de necesidades afectivas (el contacto, el amor incondicional, la pertenencia, el sentido o la contribución) y, en ocasiones, expresan sus emociones (ira, miedo, tristeza, alegría, curiosidad, asco) de forma exacerbada porque la modulación emocional aún no es posible. Somos los adultos los encargados de ayudarlos: cuidar y acompañar estas emociones. No necesitamos educarlas, porque saben cómo se sienten. Sí puede ayudar ponerles un nombre, dejarlas fluir y ayudarlos a expresarlas y buscar soluciones que sean respetuosas para todo el mundo cuando pueden hacer daño a otros.

- Necesidad física: el hambre, el sueño, el cansancio. Los niños y las niñas, especialmente en el primer y tercer plano del desarrollo, son muy susceptibles ante este malestar físico. Nuestra responsabilidad como padres es procurar que sus necesidades físicas estén lo más cuidadas posible y entender que si tienen ciertos comportamientos, estos pueden derivar de nuestra gestión deficiente de las situaciones.

- Movimiento: es tanto un período sensible como una tendencia humana; es decir, en todas las etapas de la vida necesitamos movernos y elegir cómo hacerlo.

Marshall Rosenberg describió en su libro *Comunicación no violenta* una serie de necesidades inherentes a la condición de ser humano. Hemos recopilado algunas de ellas para relacionarlas con los principios de la disciplina positiva y Montessori:

- Necesidad de pertenencia: amor, conexión, todo lo que tiene que ver con sentirnos queridos, aceptados, amados, seguros...
- Necesidad de importancia: responsabilidad, capacidad, trascendencia, todo lo que tiene que ver con sentirnos importantes, reconocidos, vistos.
- Necesidad de seguridad, es decir, tener una vinculación segura: respeto mutuo, esto es, ser firme y amable al mismo tiempo; encontrar el equilibrio entre libertad y orden, que es distinto en cada persona, familia y contexto.
- Necesidad de expresar nuestro poder personal: libertad, autonomía, soberanía...; como más nos plazca llamarlo.
- Necesidad de amor incondicional: conexión antes que corrección, es decir, pasemos por el cerebro emocional antes de querer llegar al racional.
- Necesidad de paz: los errores son

oportunidades para aprender, siempre que tengamos el valor de reconocer nuestra imperfección.

- Necesidad de justicia: a través del enfoque en soluciones, que son respetuosas, razonables, relacionadas y resolutivas —útiles— (una regla mnemotécnica que nos da la disciplina positiva es la de recordarlas como 4R, o 3R y una U), podemos expresar nuestra subjetividad.
- Necesidad de dignidad: comprender que el comportamiento trata de satisfacer una necesidad y que, cuando lo hacemos, deja de existir ese comportamiento.
- Necesidad de bienestar: es decir, buscar acuerdos, modelar lo que te gustaría que aprendieran y revisar tu comportamiento y tus creencias, conocer tus fortalezas y desde ahí pulir lo que necesites o necesiten, y, además, entender que el autocuidado es la base de la paz mental
- Necesidad de confianza en uno mismo: el aliento está enfocado a los resultados a largo plazo y permite a las personas encontrar la confianza dentro de ellas.
- Necesidad de exploración: nos enfocamos en el proceso, no el resultado; hecho es mejor que perfecto; el juego y el sentido del humor son esenciales.

Cronología y comportamiento esperable

Comportamientos apropiados para la edad y otros como necesidades especiales, AA. CC. (altas capacidades), PAS (personas altamente sensibles) o dificultades de integración sensorial. Quizá lo que nos parece un comportamiento disruptivo es simplemente la solución que encuentra un ser humano para satisfacer su necesidad, de ahí la importancia de entender que las características en cada etapa de desarrollo (en cada plano, según Montessori) son distintas, aunque todas válidas e importantes. Conocerlas nos permitirá reevaluar nuestras expectativas y ahorrarnos frustraciones (solo las innecesarias).

Un niño de año y medio que te pisa como si no sintieras dolor no quiere hacerte daño, es que su cerebro aún no entiende que eres otra persona y sufres. No tiene empatía, en el sentido de ponerse en el lugar del otro, y en realidad su forma de pensar es absolutamente egocéntrica. Nos debería preocupar muy poco que nuestros hijos e hijas fueran egocéntricos, porque, por edad, es lo que toca en esta etapa.

Una niña de 9 años que se pasa el día diciendo «no es justo» no está preadolescente, sino que intenta con ello comprender el mundo y desarrollar su sentido de la moral, evaluando lo que es justo o injusto, y es nuestra tarea acompañarla. Un adolescente que vive continuamente secuestrado por sus emociones o no se quiere acostar temprano no te reta, no te da problemas, es lo esperable para ese momento del desarrollo. Además, hay niños y niñas que reúnen una serie de características y que podríamos etiquetar de alguna manera; pensamos que las etiquetas son valiosas solo si nos dan más información y nos ayudan a tener más comprensión, nunca con el fin de usarlas como «excusa» para no buscar soluciones. Por ejemplo, un niño altamente sensible (una persona que tiene mayor sensibilidad hacia ciertos estímulos) puede sufrir mucho en contextos donde haya mucho ruido y entrar fácilmente en modo supervivencia ante un estímulo que a nosotros no nos parezca gran cosa. También puede existir alguna dificultad de integración sensorial por la que, por ejemplo, una niña sienta que se está invadiendo su espacio ante un estímulo que a nosotros no nos parezca invasivo (como en el caso de dificultades con el sentido propioceptivo). Quizá un niño con altas capacidades nos parezca muy inteligente y le exijamos más, cuando a nivel emocional hay un desfase importante. Y con niños y niñas de necesidades especiales exactamente igual: el comportamiento siempre responde a su necesidad. Que nosotros lo vivamos desde el reto solo significa que tenemos que seguir practicando el cambio de mirada que ya hemos iniciado.

Creencias

Las creencias que llevan a los niños y las niñas a tener determinados comportamientos están directamente relacionadas con la necesidad de conexión (pertenecer y contribuir: ser «visto», ser «importante», «tenido en cuenta», «querido»).

Jane Nelsen y Lynn Lott, las creadoras de la disciplina positiva, elaboraron una tabla de metas erradas basada en las enseñanzas de Rudolf Dreikurs, que podréis encontrar en sus libros o en internet y que resulta muy útil para descubrir estas creencias soterradas e inconscientes en la mente de los niños y las niñas (y, en general, en todos los seres humanos). En realidad, la meta tras nuestras acciones es la pertenencia, así que quizá sería más adecuado hablar de «estrategias para llegar a la meta de pertenencia» que de «metas erradas». En todo caso, no queremos decir que los niños y las niñas estén equivocados, sino que con sus comportamientos enfocados a asegurar su pertenencia están provocando la reacción contraria en sus adultos de referencia. Por ejemplo:

- *Si un niño está en una meta errada de atención indebida, lo que nos está pidiendo de forma tácita es: «Reconóceme, mírame, hazme saber que soy importante para ti».*
- *Si un niño está en una meta errada de poder equivocado, lo que nos está pidiendo de forma tácita es: «Reconoce mi poder, dame autonomía, deja de controlarme tanto».*
- *Si un niño está en una meta errada de venganza, lo que nos está pidiendo de forma tácita es: «Valida mis senti-*

mientos, reconoce tu responsabilidad, hazme saber que me quieres».

- *Si un niño está en una meta errada de insuficiencia asumida, lo que nos está pidiendo de forma tácita es «Enséñame, capacítame, no tires la toalla conmigo, no te rindas tú también».*

Además, la prioridad de estilo de vida (plantilla de vida, evidente ya desde los 4 años más o menos) también puede estar contribuyendo a estas creencias. En las páginas 74-75 os contaremos más al respecto. También introduciremos los diferentes lenguajes del amor, pues a veces nuestros hijos no se sienten queridos porque les estamos comunicando nuestro amor en un idioma (lenguaje) que no entienden.

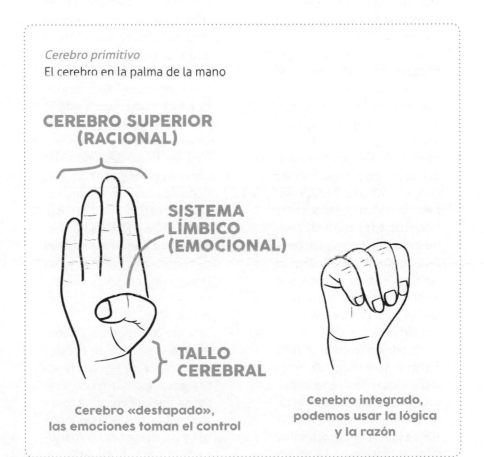

Cerebro primitivo
El cerebro en la palma de la mano

CEREBRO SUPERIOR (RACIONAL)

SISTEMA LÍMBICO (EMOCIONAL)

TALLO CEREBRAL

Cerebro «destapado», las emociones toman el control

Cerebro integrado, podemos usar la lógica y la razón

Daniel Siegel utiliza una analogía: el cerebro en la palma de la mano. Lo podéis leer en su libro *Ser padres conscientes* y ver sus vídeos en YouTube. Este modelo está un poco desfasado, pues el cerebro funciona de una forma más holística, pero os lo contamos aquí con un objetivo didáctico, ya que es una simplificación muy sencilla de entender.

Si tomamos el dedo pulgar, lo doblamos hacia el centro de la palma de la mano y plegamos encima los otros dedos, obtenemos un modelo general sorprendentemente exacto del cerebro. De este modo, el modelo que hemos creado divide el cerebro en tres áreas principales y analiza algunas de las interrelaciones existentes entre dichas áreas —tronco cerebral, región límbica y corteza cerebral—, que, si bien son anatómicamente independientes, se hallan conectadas funcionalmente.

El primer cerebro, el tallo cerebral, se encarga de todas las funciones del cuerpo que se hacen de manera automática: sueño y vigilia, circulación de la sangre y ritmo cardíaco, respiración inconsciente... Lo representamos en la mano en la base de la muñeca.

Después está el «segundo cerebro», el sistema límbico, donde encontramos diferentes estructuras cerebrales como el cingulado anterior, el hipocampo y la amígdala. Aquí es donde se encuentran, entre otros, los recuerdos y las emociones, sin filtro ninguno. Lo representamos en la mano con el dedo pulgar plegado hacia dentro.

Ambas regiones, tallo cerebral y sistema límbico, actúan de forma inconsciente y esto es maravilloso para nuestra supervivencia, ya que si escucháramos un ruido paseando con nuestros niños por el bosque, necesitaríamos un cerebro capaz de reaccionar sin pensar, que decidiera al instante si es mejor huir o enfrentarnos, según descubriéramos que es un jabalí o un conejito, y nuestro cerebro actuaría así para protegerlos.

La tercera región, el cerebro racional o superior, se encarga básicamente de regular, de actuar con lógica y empatía. Esta región, que comprende la corteza cerebral, regula las emociones y las relaciones interpersonales. Nos permite, en definitiva, el autocontrol, pero tarda mucho en madurar (termina de hacerlo a los 25-30 años); por eso es bastante injusto (y poco efectivo) exigirles autocontrol a los niños pequeños. Lo representamos en la mano con los cuatro dedos que tapan al pulgar.

Cuando experimentamos una emoción de una forma muy intensa, tanto agradable como desagradable, somos incapaces de usar el cerebro superior (levantad los dedos, veis cómo el cerebro se destapa) y las emociones quedan totalmente expuestas, por lo que actuamos de manera irracional debido a que el cerebro inferior toma el control.

Cuando esto sucede, olvida la lógica y la empatía y por eso nos es imposible comunicarnos como nos gustaría con nuestros seres queridos en ciertos momentos. Si queremos tomar de nuevo el control, nos toca volver a integrar nuestro cerebro, hacer funcionar la corteza prefrontal y permitir que nuestro cerebro superior consciente vuelva a funcionar. Un tiempo fuera, cantar, bailar, correr, pasear y el contacto amoroso son buenas formas de lograr «cerrarnos». A continuación, os ofrecemos una tabla con ejemplos de ideas, tanto para volver a «recuperar» el cerebro racional como para poner el autocuidado en el centro de nuestra vida de forma constante y consciente.

EJERCICIO:
Integrar mi cerebro
destapado

Toma tu cuaderno de reflexión y haz una lista de opciones que te ayudarían a estar más integrado cuando tu

Tipo de autocuidado	Físico	Emocional
Parche (remedio para el destape en ese momento)	• beber un vaso de agua • respirar • tumbarte • un minuto de silencio • caminar • correr • saltar • bailar • cantar • comer • tomar una infusión	• aceptación • benevolencia • compasión • permitir emociones • gritar (a nadie) • tratarse y hablarse bonito
Solución (remedio a largo plazo)	• rutina deportiva • gimnasio • yoga • bici • bailar • cuidar la alimentación • priorizar el descanso	• terapia • reparar el vínculo • aprender estrategias para el estrés • reducciones de jornada

cerebro esté a punto de «destaparse». Te ofrecemos una chuleta con ideas:

Social	Racional	Espiritual
• salir a la calle • quedar con una amiga • pedir ayuda a la familia • tiempo especial (con una misma)	• contar hasta diez • contar del revés • evocar un recuerdo feliz • mirarles las manos • recitar un mantra • reto matemático	• meditar • visualización • rezar • salir a la naturaleza
• planear citas con amigas/pareja/una misma • trabajo • aprender a poner límites • dejar las redes sociales	• leer • hobbies • cursos para el trabajo • cursos personales • organizar presupuesto financiero • delegar	• rutina de meditación o yoga • rutina de salidas a la naturaleza • escribir un diario • jugar • conectar con uno mismo

La parte del cerebro que permite que los niños y las niñas puedan autorregularse apenas está desarrollada antes de los 5 o 6 años. Es más, hasta los 25 o 30 años aún tiene potencial para terminar de desarrollarse.

Cuando un peque tiene lo que comúnmente se denomina «rabieta», palabra que a nosotras no nos gusta por su carácter peyorativo hacia la infancia, lo más seguro es que sea su cerebro primitivo el que está actuando. No es que se porte mal, sea un caprichoso o un manipulador, o cualquiera de esos comentarios que escuchamos a veces en estas situaciones. Lo que ocurre es que su capacidad de respuesta ante emociones muy intensas es muy limitada. Somos los adultos los que tenemos que acompañarlos en su camino a la autorregulación y esta siempre pasa primero por la heterorregulación. Es decir, que sus adultos de referencia, sus figuras de apego, los acompañen en este proceso.

Además, los seres humanos tenemos un tipo de neuronas muy especial, las neuronas espejo. Estas neuronas «reflejan» el comportamiento de las personas que nos rodean, sobre todo de nuestros allegados, permitiéndonos aprender mediante la imitación y ayudándonos a desarrollar el lenguaje, la empatía y la consciencia personal entre otras. Pero hay una cara B, y es que las neuronas espejo también se encuentran tras el «contagio emocional». Es decir, si nosotros estamos experimentando emociones muy intensas, no vamos a poder transmitir calma ni acompañar a nuestros niños y niñas. Quizá incluso acabemos teniendo algunos comportamientos de los que después nos arrepentiremos, y es que muchas veces somos los adultos los que acabamos en modo «rabieta», esto es, no siendo sensibles con ellos y ellas, muy a menudo porque en este tipo de situaciones salen a flote experiencias de nuestra infancia que nos hacen reaccionar de forma desproporcionada y nos conectamos con emociones difíciles a las que no pudimos dar sentido en su día. Este es el motivo por el que a veces, en momentos de enfado, probablemente actuemos haciendo justo lo que siempre nos prometimos que nunca haríamos.

Si vivimos con unos niveles de estrés demasiado elevados, nuestro cerebro va a interpretar que estamos siempre en peligro. La amígdala, la estructura que se encarga de las reacciones emocionales, toma el mando y se produce la reacción de lucha, huida o parálisis, la respuesta fisiológica que se desencadena cuando peligra nuestra supervivencia. Es muy útil en el momento en que nos acecha un depredador, pero nada adecuada cuando queremos resolver un conflicto con nuestros hijos. Así, el estrés constante nos hará entrar en modo supervivencia, viviremos secuestrados por nuestras emociones (secuestro amigdalar) y será nuestro yo vulnerable de 4 años el que conducirá nuestra vida. ¿Te acuerdas de nuestro viaje en coche? En estos momentos está conduciendo nuestro niño o niña interior, desalentado, de 4 años. Pronto hablaremos de autocuidado, pero nos gustaría dejar clara una cosa: debajo del iceberg de un niño o niña con un comportamiento calificado de disruptivo, muchas veces hay una figura de referencia con asuntos pendientes que están dificultando esta conexión. Lo mejor que puedes hacer para cambiar tu relación con tus hijos es trabajar en ti. El cambio está en tu interior, ya tienes todo lo que necesitas.

Quizá los niños menores de 6 años no regulan bien sus emociones porque biológicamente ese primer *Homo sapiens* que pisó la tierra (y que es, en esencia, igual que tu peque hoy) estaba siempre acompañado de una figura de apego que lo ayudaba a regularlas, y su cerebro, nuestro cerebro, podía dedicar el tiempo a otras cosas que le eran más útiles, como maximizar los períodos sensibles y convertirse en los seres más inteligentes que conocemos para adaptarse a su entorno y así lograr la supervivencia.

Que nosotros, los adultos, no sepamos entender, escuchar, aceptar y modular nuestras emociones es realmente un peligro para la infancia. Y, por supuesto, no tenemos que poner el foco en la culpa, ya que ¿qué podíamos hacer si nuestros adultos de referencia en nuestra primera infancia estaban igual o incluso peor y eran los que nos

acompañaban? Vamos a poner el foco en las soluciones: ¿qué vamos a hacer a partir de ahora? Nos quedan muchas páginas para descubrirlo juntos.

El juego, lo que construye la infancia

Biólogos y zoólogos se dieron cuenta hace tiempo de que cuanto más complejo es el sistema nervioso de un animal, más juegan sus crías. Hay una relación directa entre el juego y el desarrollo y la estructuración del cerebro. Así, podemos afirmar que el juego no solo es importante, sino también esencial. Nosotras lo consideramos una necesidad básica del niño: física, emocional y social, imprescindible para un desarrollo saludable. Es, además, la mejor herramienta de aprendizaje, una herramienta innata, un instinto vital. Los niños juegan sin que nadie les enseñe cómo hacerlo, pues si algo tiene el juego, es que sale de dentro, es algo intrínseco. Esta exploración libre, autónoma y segura es lo que nos hace ser lo que hoy somos, aunque la doctora Montessori prefería llamar a esta experimentación el «trabajo de la infancia», quizá para darle el reconocimiento que merece.

El juego libre permite que el niño mida sus propios límites y ponga a prueba el control que posee sobre su cuerpo, trabajando la motricidad gruesa, la motricidad fina, el equilibrio, la propiocepción..., con lo que gana confianza en sí mismo. Además, el niño se relaciona con el entorno, lo explora, lo manipula con las manos y lo percibe con el resto de los sentidos, lo que le ayuda a entenderlo mejor y a dar un sentido al mundo que le rodea.

Además de los beneficios cognitivos y físicos, el juego es el marco perfecto para el perfeccionamiento de habilidades y el desarrollo de la creatividad. El niño se enfrenta a retos y debe buscar soluciones creativas usando las habilidades que ya posee (o que está desarrollando) de formas diferentes para poder resolver un problema. Seguro que a todos os sonará la escena: un niño al que se le mete algo entre ceja y ceja. Abrir el cajón de la cocina donde guardáis las ollas, subir por las escaleras, meter esa piedra en ese agujero... Cuando el niño se propone algo, no para (a veces muy a nuestro pesar) hasta lograrlo. Y no solo lo logra, sino que luego repite y repite hasta el punto de que colocamos una barrera de seguridad en las escaleras para asegurarnos de que no se produce ningún accidente cuando nos volvemos de espaldas durante treinta segundos para abrirle la puerta al cartero. Que nuestros hijos jueguen libremente, que exploren el mundo, es la mejor receta para desarrollar la resiliencia y las herramientas de gestión del estrés. Y os preguntaréis: «¿Por qué el juego libre y no otra actividad?». Hemos hablado ya de motivación intrínseca, os hemos explicado que el juego sale de dentro, y esto implica algo muy importante: emoción. El juego

emociona y no importa la seriedad que pueda percibirse desde el exterior, por dentro el juego se goza. Piensa si no en esa niña que intenta construir una torre de bloques de madera tan alta como ella. Por fuera vemos concentración y esfuerzo, por dentro la niña está llena de placer y expectación. La emoción se encuentra detrás del impulso lúdico y este actúa como motor para el aprendizaje. Por otro lado, y sin buscarlo, el juego puede conllevar otro tipo de emociones como la frustración, el enfado o el miedo. Piensa en la misma niña cuando su hermano le derrumba la torre justo cuando ella iba a colocar el último bloque o en un grupo de niños que juega a asustarse. El juego nos provee de un contexto seguro donde experimentar con nuestras emociones y desarrollar nuestra inteligencia emocional.

Si tenemos que definir unas características básicas del juego libre, nos quedamos con estas tres:

- **Escogido libremente:** el niño decide cómo y cuándo juega, y cuándo deja de jugar.
- **Por motivación intrínseca:** está claro que los estímulos que presenta un entorno van a tener una influencia en las acciones del niño, por eso es tan importante el ambiente preparado, pero, como ya hemos remarcado, el juego sale de dentro, no podemos imponerlo. Es algo espontáneo.
- **Dirigido por el niño o el grupo de niños:** del mismo modo que no lo im-

ponemos los adultos, tampoco lo dirigimos.

Puede que sientas que estamos entrando en una contradicción: ¿es juego cuando hay reglas externas?, ¿es juego libre jugar al fútbol o al Dobble (juego de cartas)? A veces se cree que el juego libre equivale a juego sin reglas o normas. Nuestra definición es mucho más amplia y, de hecho, sentimos que los juegos con reglas son una gran oportunidad de aprendizaje y desarrollo. Por un lado, tenemos juegos con reglas como los de mesa o de lógica; por otro, tenemos los juegos sociales, que se crean con más gente. Cuando un niño escoge libremente jugar a este tipo de juegos, sigue siendo juego libre. Es cierto que, cuando se trata de juegos en grupo, puede que en un momento dado el niño se encuentre en situaciones en que las reglas le vengan de fuera, de otro participante, pero estas no dejan de ser oportunidades excepcionales para desarrollar habilidades sociales. Cuando un grupo de niños juegan juntos, han de encontrar la forma para que todos los participantes se sientan a gusto. Si uno de los participantes deja de disfrutar, querrá dejar de jugar o mostrará su disconformidad o malestar y el grupo tendrá que buscar soluciones o perder un participante a riesgo de perder el juego.

Como ves, para nosotras el juego libre puede incluir tanto juego estructurado como juego desestructurado y es que ambos conllevan excelentes oportunidades de desarrollo y aprendizaje. El juego estructurado es el que tiene un objetivo específico o unas reglas que seguir, mientras que en el juego desestructurado el juego es el proceso, no el destino. Un mismo juguete como unas piezas de Lego puede usarse de ambas formas: como juego estructurado cuando el niño sigue las instrucciones para montar el tiburón que aparece en la caja o de forma desestructurada cuando usa las mismas piezas para realizar una creación de invención propia, que el niño improvisa pieza a pieza. Ambos tipos de juego libre son importantes, pero a menudo nos encontramos con niños y niñas que han experimentado muy poco con el juego desestructurado. Puede que en parte se deba al desconocimiento, pues si una no se pone a observar y reflexionar plenamente o a leer algún libro como el que tienes entre manos, es fácil que los beneficios que aporta el juego desestructurado pasen desapercibidos. El juego como proceso es de gran importancia, pues es el que genera realmente espacio para la exploración en su sentido más amplio.

A veces nos gusta la idea de describir el juego como un lugar. Un lugar donde el niño puede ser él mismo, donde puede desarrollar conexiones que le permitirán establecer vínculos estrechos con el entorno y con sus compañeros de juego, pero un lugar que le permite, al mismo tiempo, ser todo lo que se proponga: un astronauta, un músico, un arqueólogo. Esto no quiere decir que el niño se esté preparando para trabajar en estas profesiones el día de mañana, el niño vive en el presente; es simplemente una forma más de experimentar.

En un momento determinado, podemos compartir o no el juego de nuestros hijos, pero siempre nuestro rol principal será el de ofrecer un espacio seguro para que se desarrolle el juego, observarlo sin interferir y reflexionar sobre nuestras observaciones para poder acompañar a nuestros hijos en su desarrollo. La gestión de riesgos, la observación y la reflexión pueden considerarse tres herramientas básicas en la crianza y por ello las desarrollaremos ampliamente en el último apartado del libro. Un día, nuestro hijo mostrará interés por cocinar a nuestro lado y nosotros tomaremos las medidas necesarias para que pueda hacerlo con seguridad. Pasado un tiempo, observaremos que sus habilidades motrices finas han alcanzado un nivel de desarrollo en el que consideramos seguro que use nuevos tipos de herramientas: un cuchillo más afilado o un cortador de frutas u otra herramienta que unos meses atrás nos parecía inadecuada. Este proceso, que a priori puede parecer simple, implica la observación de nuestro hijo y la posterior reflexión que nos lleva a dar un paso más y ofrecerle algo nuevo. Como ves, la observación y la reflexión son herramientas simples pero que van

a tener un gran impacto en tu crianza; no las desaproveches. Mediante el juego no solo aprende el niño; también es una gran oportunidad para que el adulto conozca mejor al infante y sus capacidades.

A menudo, el mayor impedimento para que el juego libre transcurra somos precisamente nosotros, los adultos, y es que a veces es difícil visualizar la delgada línea que separa la intervención de la interferencia. Como ya nos dijo Maria Montessori hace muchos años, cualquier ayuda innecesaria es un obstáculo en el desarrollo del niño. Una opción es usar el principio de la no intervención a no ser que la seguridad física o emocional de alguno de los participantes del juego se vea comprometida y es que, en la mayoría de las ocasiones, los niños van a pedirnos ayuda cuando la necesiten. Cuando decidamos intervenir, lo haremos siempre poniéndonos al mismo nivel (altura) que los niños y de la forma más sutil posible (intervención mínima).

Nos gustaría que, después de leer estas líneas, el juego libre pasase a ocupar una de las primeras posiciones en la lista de necesidades básicas de tus hijos, junto con la alimentación, el refugio, el amor... Y que entendieras que lo importante para que acontezca no son tanto los juguetes que podáis tener en casa como ofrecer el tiempo y el espacio físico y mental para que el juego libre se desarrolle. De hecho, si quieres garantizar el juego libre, no hay nada mejor como conjugarlo con el aire libre. Numerosos estudios apuntan que los niños ven el entorno natural como un espacio más favorable para el juego, donde se reducen los niveles de estrés y los niveles de estimulación se ajustan a cada individuo. Por ello, coincidimos con la doctora Montessori al decir que la naturaleza es la mejor aula. Del mismo modo que escogemos alimentos que promueven la salud de nuestros cuerpos, podemos elegir experiencias sensoriales que nutrirán nuestro cuerpo, nuestra mente y nuestra alma. El juego libre en la naturaleza es para nosotras el alimento más completo.

EJERCICIO:
Facilitando el juego

Te invitamos a que dediques algo de tiempo a observar el juego de tus hijos. El juego puede clasificarse de mil y una formas: en función del nivel de participación (en solitario, observador, en paralelo...), en función de dónde acontece (interior, exterior...), según el grado de directividad (libre, provocado, dirigido...), a partir de las emociones que experimentan los participantes, de los materiales que usan, etc. Vamos a proponerte una clasificación para que analices el juego de tus hijos. Puede que tu hija juegue a un único tipo de juego. El objetivo de este ejercicio no es lograr que jueguen a todos los tipos de la lista, sino que conozcas mejor en qué punto se encuentra tu hija. De hecho, Piaget nos explica cómo a menudo los niños se adentran en un tipo de juego u otro en función de su desarrollo cognitivo. Él define cuatro grandes categorías progresivas y acumulativas. El niño empieza en la primera, luego se suman la segunda, la tercera..., de forma que el juego avanza y se perfecciona.

- **Juego funcional:** centrado en el movimiento (haciendo uso o no de objetos) y la repetición (arrastrarse, gatear, saltar, trepar, correr, mover, chupar, golpear o tirar objetos).
  - Beneficios:
    - Resiliencia y autosuperación
    - Habilidades motrices (principalmente gruesas)
    - Equilibrio y propiocepción
    - Comprensión del mundo
    - Consciencia sensorial
- **Juego de construcción:** los objetos o materiales empiezan a usarse de forma organizada (alinear, apilar, moldear, pintar...).
  - Beneficios:
    - Habilidades motrices (principalmente finas)
    - Coordinación mano-ojo
    - Razonamiento espacial

- Creatividad
- Resolución de problemas, capacidad de análisis
- **Juego simbólico/de ficción: simulación de situaciones, objetos o personajes. Desde usar un palo como teléfono hasta jugar a doctores.**
  - Beneficios:
    - Habilidades sociales
    - Asimilación de la cultura
    - Inteligencia emocional (permite explorar las emociones de forma segura)
- Desarrollo del lenguaje
- Imaginación y creatividad
- **Juego con reglas. Desde jugar al escondite a jugar a un juego de mesa.**
  - Beneficios:
    - Habilidades sociales: cooperar, respetar turnos...
    - Lenguaje, memoria, razonamiento matemático... (en función del juego)

TIPO DE JUEGO	DEFINICIÓN	EJEMPLOS
Sensorial	Ejercita principalmente los sentidos	Barro, instrumentos rudimentarios
Locomotor	Repetición de movimientos	Trepar árboles, columpiarse
Manipulativo	Centrados en el desarrollo de habilidades motrices finas (control de las manos)	Encajes, ensartar
Construcción	Uso de materiales de forma organizada	Bloques de construcción y piezas sueltas para la creación de minimundos, o sedas, telas, cuerdas y pinzas de tender la ropa para la creación de cabañas

Construcción con herramientas	Actividades que requieren del uso de herramientas específicas	Cocinar, carpintería
Verbal/comunicativo	Jugamos con el lenguaje	Trabalenguas, veo-veo, contar cuentos
Razonamiento lógico	Favorecen el conocimiento lógico-matemático	Castle-logix (juego de mesa)
Memoria	Favorecen la capacidad de reconocer y recordar experiencias anteriores	Memory (juego de mesa), al acostarnos, hablar sobre cómo ha ido el día
Manualidades creativas	Creaciones artísticas. Requieren de práctica motriz	Hacer un collage
Recapitulativo	Muestra aspectos de la historia de la evolución humana	Encender fuegos, recrear rituales
Alta intensidad/profundo	Desarrolla habilidades de supervivencia o de conquista del miedo	Trepar un árbol, atreverse a llevar la contraria (subjetivo, depende de cada niño)
Social (reglas variables)	Interacción con otros individuos. Las reglas y los criterios para la interacción y la comunicación se pueden explorar y modificar	Jugar a familias
Reglas fijas	Actividades con reglas fijas	Juegos de mesa
Simbólico	Simulación de situaciones, objetos o personajes	Jugar a cocinitas, a ser astronautas...

Recuerda: lo importante de las clasificaciones es que nos invitan a hacer mejores observaciones y, por lo tanto, nos ayudan a ser más reflexivos. Hemos elaborado la siguiente tabla basándonos en la observación de nuestras hijas e hijos. Te invitamos a quitar y añadir categorías para poder describir mejor lo que sucede en tu hogar. Nosotras te hemos indicado algún ejemplo, pero se trata de que la rellenes con los vuestros. Ten presente también que un mismo juego puede representar varias categorías diferentes.

¿Qué has descubierto con este ejercicio? Guárdate tus reflexiones, te serán útiles cuando busques ideas de regalo y más adelante, cuando analicemos el ambiente preparado.

Conexión con la naturaleza

Las personas somos como los árboles, como las plantas, echamos raíces. Aunque no las veamos, están ahí. No podemos arrancarnos de un lugar y trasplantarnos en otro como si nada porque nuestra identidad está atada a nuestro entorno igual que un roble está enraizado a la tierra que tiene bajo el tronco. Hemos hablado antes del concepto *Gemeinschaftsgefühl*: como seres sociales que somos, nuestras acciones tienen como objetivo primario sentir que somos parte de algo grande, que pertenecemos a ello. Así, trabajamos las conexiones entre personas. Estos vínculos nos servirán

de esqueleto sobre el que construir una identidad sana. Pero hay un aspecto que, desde nuestro punto de vista, queda algo olvidado: las conexiones con nuestro entorno. Estas son tan importantes como las conexiones entre personas, pero la verdad es que las cultivamos poco. Si alguna vez te has mudado a vivir a un lugar nuevo, seguro que habrás experimentado esa sensación de desasosiego de no conocer tu entorno y la paz que uno siente cuando al fin empieza a reconocerlo y puede ir al súper sin la ayuda de Google Maps. Recuperar la conexión con los lugares que habitamos nos ayuda a encontrar nuestro propio lugar en el mundo, en sentido físico y metafórico. Del mismo modo, recuperar nuestra conexión con la naturaleza nos trae numerosos beneficios tanto físicos como cognitivos y emocionales o psicológicos.

Probablemente lo más evidente o estudiado sean los beneficios físicos de salir al aire libre. La actividad al aire libre, desde un simple paseo hasta cualquier práctica más atlética, reduce el riesgo de padecer enfermedades cardiovasculares, diabetes, obesidad y otras dolencias relacionadas con el sedentarismo. El aire que se respira está contaminado por la polución presente en las grandes ciudades, los rayos de sol nos ayudan a activar la vitamina D y, como si no fuera suficiente, en la naturaleza el niño recibe una exposición sana a la variada microbiota (microorganismos) presente en el entorno natural, lo que fortalece su sistema inmune. ¡Jugar con barro es sano!

Otro beneficio a menudo menospreciado es el movimiento libre: el niño salta, corre, trepa, se cuelga de ramas, recorre terrenos irregulares, anda sobre troncos, sobre piedras... Nuestros hijos tienen pocas oportunidades para retar y estimular su sistema propioceptivo (el que permite sentir la posición relativa de las diferentes partes del cuerpo, es decir, tomar consciencia corporal) y su sistema vestibular (equilibrio), pero esta estimulación sensorial, junto con la práctica de habilidades motrices gruesas (movimientos que implican los músculos más largos del cuerpo: brazos, piernas y tronco), son vitales para que los niños aprendan a controlar el cuerpo. El movimiento libre les permite desarrollar fortaleza, coordinación, control postural y habilidades motrices gruesas, lo que representa un primer paso hacia el posterior desarrollo de las habilidades motrices finas (las que implican los músculos cortos de muñecas, manos y dedos en coordinación con los ojos). Para poder desarrollar el control fino de las manos y poder sujetar un palo (o un lápiz), el niño necesita primero poder controlar y fortalecer los brazos y el tronco que los soporta. Además, el entorno natural está repleto de piezas sueltas y estímulos sensoriales. El niño toca y manipula con las manos y así desarrolla también las habilidades motrices finas que el día de mañana le permitirán llevar a cabo actividades de más precisión, como la escritura. Pero no solo esto; nos atreveríamos a decir que, sin equilibrio y control físico, no puede haber equilibrio emocional. Nitdia, en su experiencia como guía de Escuelas Bosque, ha tenido la oportunidad de acompañar a muchos niños y niñas en sus exploraciones del entorno natural y no ha hecho más que asombrarse con los cambios que se pueden experimentar. Como ese niño de 8 que tiene muchas dificultades para sujetar un lápiz y es incapaz de usar tijeras. Cuando llega al bosque, se va directo a un columpio rudimentario que los niños han construido con una cuerda y un palo y se pasa horas balanceándose. Semana tras semana. Y pasados unos meses te sorprende dibujando con un carboncillo (resto de la hoguera) intrincados patrones sobre una piedra. O esa niña que apenas habla, que esquiva todo contacto ocular y parece vivir encerrada en su propio mundo. Semana tras semana, la ves explorar la naturaleza y, pasado un tiempo, empieza a abrirse al mundo y se dedica a explicarles a todos dónde viven las babosas. O esa otra que la primera vez que viene está claramente nerviosa ante la perspectiva de ensuciarse, que evita el barro a toda costa. Pasado un tiempo, empieza a manipularlo, primero poniéndose guantes, y que unos meses más tarde vuelve a casa cubierta de barro. Relacionarnos con la naturaleza es profundamente transformativo.

La naturaleza es multisensorial y ofrece siempre el nivel de estimulación adecuado para cada individuo, pues, a diferencia de los espacios construidos por el humano (como una ciudad, un cine, un circo...), se trata de estímulos sutiles, suaves. Oír el piar de los pájaros, sentir el calor del sol sobre la piel, la brisa que nos roza la cara, oler el musgo húmedo, observar los rayos de sol que se cuelan entre las hojas del haya. Para percibirlos hace falta prestar atención, tomar consciencia, despertar todos nuestros sentidos. Se trata de una experiencia de integración sensorial que tiene un gran impacto sobre nuestra psique. La naturaleza sienta bien.

El entorno natural, con sus numerosos estímulos, recursos abiertos y abundancia de piezas sueltas (piedras, palos, hojas y cualquier objeto sin un uso específico, que puede emplearse en el juego desestructurado), invita al juego libre y a la exploración, y, como os hemos explicado en el apartado anterior, también le brinda incontables oportunidades para aprender nuevo vocabulario y desarrollar otras habilidades cognitivas como la resolución de problemas, el pensamiento crítico, la memoria, la toma de decisiones o el desarrollo de la capacidad de concentrarse y prestar atención.

Cuando los niños juegan y exploran, tienden a alejarse de lo familiar para adentrarse en lo desconocido, aquello que les generará un nuevo reto. Hace falta tener presente que li-diar con nuevos retos a menudo conlleva riesgos: desde dar sus primeros pasos hasta trepar a un árbol o construir un refugio con elementos naturales, toda actividad conlleva sus riesgos, pero estos raramente pueden eliminarse por completo sin sabotear el aprendizaje. De hecho, la exposición a riesgos controlados es otro de los grandes beneficios de pasar tiempo al aire libre, pues nos permitirá centrarnos en la seguridad activa: que nuestros hijos aprendan a cuidar de sí mismos, ganando en autocontrol y autoconfianza. La libertad, la autonomía y la independencia que el niño experimenta son claves para desarrollar su fortaleza interior y superar nuevos retos, cosa que le ayudará a hacer frente a futuras situaciones de estrés. En el apartado de la naturaleza como ambiente (véase p. 117), hablaremos sobre cómo gestionar la seguridad, pues es un tema que como madres y padres nos cuesta. Sin embargo, nos gustaría que pudiéramos trabajar nuestros miedos para poder disfrutar más y sufrir menos.

A la hora de relacionarse con la naturaleza, hay mucha controversia. ¿Podemos recoger flores o deberíamos dejarlas tranquilas y observar su belleza sin tocarlas? La respuesta no es ni sí ni no, es un depende. El mensaje que nos gustaría haceros llegar es que somos parte intrínseca de la naturaleza, no somos algo separado y por ello es imposible no dejar huella alguna. Está claro que en la actualidad hace falta protegerla, pero sin olvidar nuestra necesidad innata de interactuar con ella. La solución se encuentra en aprender a interactuar de forma responsable, entender que nuestra relación con la naturaleza debe estar basada en la reciprocidad. Ella nos da y nosotros le devolvemos. Nuestra huella debe ser una huella positiva. En el primer plano del desarrollo (de los 0 a los 6 años), el niño necesita tocar y absorber información mediante todos los sentidos, mientras que en el segundo plano (de los 6 a los 12 años) empieza a desarrollar el pensamiento racional y abstracto. Además, debemos tener en cuenta las circunstancias personales de cada individuo: su desarrollo y sus capacidades, las oportunidades de interacción con la naturaleza que haya podido tener... Y a partir de ahí, valorar. Como línea de partida, en la primera infancia podemos dar prioridad a la necesidad de manipular y experimentar, y marcar unas pautas de buena conducta. Podemos recoger flores, pero nos aseguraremos de que:

- Se encuentran en abundancia (una pauta básica sería no tocar una planta a menos que no veamos otra igual a nuestro alrededor). Siempre respetaremos las especies amenazadas.
- Recogemos menos de una cuarta parte (para no lastimar demasiado la planta y respetar el rol ecológico que pueda tener, pues seguro que hay invertebrados que dependen de sus

flores, pájaros que consumen sus frutos...).

La primera infancia se caracteriza por la falta de diferenciación entre el individuo y el resto de las personas. El niño aún no se reconoce como «yo», sino que vive todavía en el «todos», en la unión, por lo que resultan unos años en que la formación de vínculos y conexiones con seres vivos y entorno surge de forma espontánea, con el contacto regular.

Durante el segundo plano del desarrollo, en cambio, si hemos ido explorando el papel que tienen las flores en el ecosistema (a menudo solo con el contacto y la observación el niño deduce), el pequeño será el primero en querer preservarlas, pues ya habrá desarrollado una conexión emocional con ellas. Si esto no sucede, podemos ofrecer alternativas o retos: ¿y si usamos solo lo que podemos encontrar por el suelo? Cada persona debe encontrar su forma única de relacionarse con la naturaleza, pero es necesario recordar que se trata siempre de un intercambio. ¿Qué puedes ofrecerle tú a nivel individual? ¿Qué podéis ofrecerle a nivel familiar? Las opciones son ilimitadas: desde agradecer verbalmente hasta colaborar en proyectos de reforestación o de limpieza de ambientes, de montar un comedero para pájaros (sobre todo en invierno, cuando les cuesta más encontrar alimento) a fabricar y repartir bombas de semillas. Si nos vinculamos desde la reciprocidad, florece la empatía hacia el resto de los seres vivos y con ella nuestra conciencia ecológica. Además, existe una relación directa entre la frecuencia de las visitas a la naturaleza durante nuestra infancia y nuestros patrones de conducta hacia esta una vez que somos adultos. La conexión emocional con la naturaleza supone un gran avance en cuanto a preservación del patrimonio natural se refiere. Puede que nosotras solas (o tú sola) no podamos cambiar el mundo en diez minutos, pero en nuestras manos está sembrar la semilla del cambio y empezar por valorar y respetar el medio ambiente y todos los seres vivos (incluidas las personas) nos parece muy adecuado. Y qué decir de nuestro ritmo de vida: estar al aire libre y percibir los ciclos de la naturaleza a nuestro alrededor nos ayuda a desacelerar. Nuestros ritmos son muy rápidos, pero la naturaleza siempre se toma su tiempo, después del invierno siempre viene la primavera.

EJERCICIO:
El despertar de los sentidos

Queremos proponeros un ejercicio para practicar al aire libre. Se trata de una meditación para despertar vuestros sentidos, pero, sobre todo, para apagar el ruido de vuestra cabeza. A menudo nos encontramos enlazando pensamiento con pensamiento y se nos hace difícil ser, sentir el momento presente. Esta simple meditación puede hacerse tan larga o tan corta como tú quieras y te invitamos a que la pongas en práctica cada vez que salgas a la naturaleza para pasar de un estado egocéntrico (centrado en ti mismo, en tus pensamientos) a un estado ecocéntrico (conectado a tu entorno). Para ello, vamos a desconectar nuestro sentido dominante (la vista) para conectar el resto.

- Para empezar, busca un lugar donde te sientas a gusto. Si te alejas unos pocos metros de los caminos principales, seguro que encuentras algún rincón más privado.
- De pie, escoge una postura en que te sientas cómodo. Puedes separar un poco los pies, para que queden alineados con las caderas.
- Si te apetece, puedes descalzarte para sentir el contacto de los pies con la tierra.
- Cierra los ojos.
- Vamos a desentumecer un poco el cuerpo: haz rotar la cabeza lentamente. Una vuelta en sentido horario y otra en sentido antihorario. Mueve los hombros en círculo. Ha-

cia delante y hacia atrás. Suelta los brazos y sacude las manos suavemente. Haz lo mismo con la pierna y el pie derechos, y con la pierna y el pie izquierdos. Siente los músculos relajándose.
- Ahora, haz tres respiraciones profundas. Lentamente.
- Despierta los oídos. ¿Qué escuchas? ¿El sonido sucede lejos o cerca de ti?
- Despierta el tacto. Puedes abrir las manos. Deja que la piel te hable. ¿Qué notas?

- Despierta el olfato. ¿Hueles algo? ¿El olor es intenso o suave? ¿Qué crees que es?
- Despierta el gusto. Puedes abrir la boca y sacar la lengua. ¿Te llega algún sabor?
- ¿Cómo te sientes?
- Abre los ojos lentamente y mira a tu alrededor. Recuérdate que puedes elegir sentirte así cuando lo necesites, incluso ante el más inoportuno conflicto con tu peque.

Te invitamos a hacer esta meditación por tu cuenta, para cuidarte, pero luego también puedes hacerla junto con tus hijos. Si os descalzáis, podéis dar luego un pequeño paseo. Andando muy lentamente, notando todas las texturas bajo los pies. Andar descalzo para «tomar tierra» (o *earthing*, en inglés) es un tipo de terapia que, aunque simple, puede tener un efecto muy grande: desde la reducción de los niveles de estrés o de dolor crónico hasta mejorar la calidad del sueño. El funcionamiento es simple, al entrar en contacto con la tierra, reequilibramos nuestra carga eléctrica. Una razón más para no entrar en batallas cuando nuestros hijos no se quieren poner los zapatos.

Adulto conectado, consciente y honesto

Dar sentido a nuestra infancia

Vamos a proponeros un modelo para explicar nuestra identidad y poder empezar así el camino del autodescubrimiento. A este modelo lo vamos a llamar el «modelo de las tres capas».

La primera capa es nuestro centro, nuestra esencia. Es un lugar de aceptación y paz, de compasión y confianza. Todos nacemos en nuestro centro, desnudos y vulnerables. No hemos construido aún nuestra identidad, no sabemos nuestro nombre siquiera. Simplemente somos. Ahora.

La segunda capa es nuestra vulnerabilidad herida. Al nacer, nuestra vulnerabilidad es algo suave y cálido, receptivo. Es como una capa de ropa interior de lana de merino. Durante nuestra infancia todos sufrimos algún tipo de trauma en mayor o menor medida. Trauma con T mayúscula o con t minúscula, pues con trauma nos referimos a situaciones en que no nos sentimos escuchados o amados, o nos sentimos juzgados o criticados, o nos sentimos bajo presión. Trauma es todo aquello que nos condicionó a actuar de alguna forma determinada en lugar de alentarnos a ser quienes somos, nuestra esencia. De niños no teníamos herramientas para protegernos, para entender, y nuestra preciosa ropa interior de merino fue acumulando heridas en forma de descosidos varios. Algunas heridas fueron tan profundas que incluso llegaron a nuestra piel. Donde inicialmente había confianza y aceptación, ahora hay miedo, culpa, vergüenza.

Entonces, y sin darnos cuenta, fuimos creando nuestra tercera capa, nuestra capa de protección, nuestro escudo. De forma inconsciente empezamos a adoptar estrategias y mecanismos de defensa, que podemos visualizar como disfraces. Nos pusimos el disfraz de rebelde o de niño bueno, o de víctima, o de introvertido/retraído, o de divertido, o de oveja negra o de don perfecto…, en función de nuestra lógica privada (nuestras creencias). Llegamos a la conclusión (creencia) de que nuestros padres solo nos querían si sacábamos buenas notas, nos disfrazamos de niños buenos y los complacíamos. O nos sentimos tan heridos

que escogimos vengarnos y nos pusimos el disfraz de rebeldes.

Los disfraces cubren nuestros miedos, nuestras vulnerabilidades. Tapan nuestras vergüenzas y nos dan una falsa sensación de control. Este escudo, esta capa de protección, no es nociva en sí misma, lo que tiene un impacto negativo en nuestra vida es no ser conscientes de ella. Estos disfraces están hechos de un hilo especial, nuestro sistema de creencias. Como ya os hemos explicado, la lógica privada es el proceso por el que percibimos (a través de los sentidos), interpretamos (surgen emociones y pensamientos) y construimos nuestras creencias sobre cómo soy yo, cómo son los demás y cómo es el mundo. ¿Soy capaz y valioso o insignificante e inútil? ¿Los demás me sostienen y me alientan o me exigen y me dan miedo? ¿El mundo es un lugar seguro o inseguro? ¿Es aterrador o está lleno de oportunidades?

Finalmente, estas creencias nos llevan a tomar decisiones que se traducirán en comportamientos y acciones, y estos a su vez darán lugar a nuevas percepciones. Y vuelta a empezar. Este proceso de confección de nuestro disfraz, de construcción de nuestra lógica privada, sucedió incluso antes de que pudiéramos hablar. No recordamos nada a nivel explícito y por eso es difícilmente modificable. Lo que sí que podemos hacer es ser conscientes de su existencia.

Como la mayoría de nosotros no

hemos tenido infancias perfectas, en el proceso de construcción de nuestra lógica privada quedaron cimentadas una serie de creencias limitantes que, en ocasiones, nos hacen sentir poco valiosos, poco importantes o que no somos lo bastante capaces (nos limitan, consciente o inconscientemente). Estas creencias limitantes, esta sensación de no ser suficiente, de sentirse inadecuado, de tener que complacer, de no querer decepcionar; esa sensación de creer que debemos algo puede acabar siendo parte de nuestra identidad para siempre. ¿Recuerdas las heridas de nuestra capa de vulnerabilidad? Miedo, vergüenza y culpa, justo el camino en dirección contraria a la felicidad. Pero también pueden transformarse. Podemos sanar heridas y cambiar creencias.

Nuestro sistema de creencias es algo bastante estable, nos protege, nos permite sobrevivir... Mejor dicho, nos ha sido útil hasta que deja de serlo, y ese punto de inflexión para muchas personas es la crianza, pues esta se encarga de redescubrirnos todas nuestras creencias limitantes.

Imagina a una niña, tiene 2 años y está frente a una valla que no puede saltar por ser demasiado alta y ella demasiado pequeña. Percibe, interpreta,

construye la creencia y decide que no va a poder saltar. Años después, vuelve a la valla. Esta sigue igual, pero la niña es más alta; podría saltarla tomando impulso, con ayuda, usando una piedra como escalón; sin embargo, esa nueva percepción (he crecido, la valla ya no es tan alta) se va a ver empañada por la creencia anterior (no puedo hacerlo), así que ni lo prueba. Ya adulta, vuelve a la valla, que le llega por el muslo y podría saltar sin problema. Pero como ya decidió que jamás iba a poder saltarla, ni lo intenta. Quizá estéis pensando: «Pero inténtalo, tú puedes, ¿no ves que solo tienes que levantar un poco la pierna?». Esto que vemos tan claro con la valla lo vivimos a diario todos los días, no con una valla, sino con nuestras creencias limitantes, que no nos permiten vivir desde la consciencia y la plenitud.

Para entender mejor nuestro sistema de creencias, vamos a explorar los miedos que las crearon. Los miedos pueden clasificarse de muchas formas, pero nos quedaremos con las explicaciones de Nira Kfir, psicología alderiana, que estableció cuatro prioridades de estilo de vida (lo que llamamos «plantilla de vida») en función de cómo paliamos los sentimientos producidos por nuestro mayor miedo.

> **Nuestro mayor miedo → estilo de vida (nuestro mecanismo de compensación)**
>
> - Miedo a sentirnos rechazados o abandonados (sentimientos de falta de pertenencia) → complacer
> - Miedo a sentirnos insignificantes (ignorados, incomprendidos, no reconocidos) → superioridad (autoperfección, sobreexigencia, mejora continua)
> - Miedo a sentirnos controlados (presionados, heridos) → evasión
> - Miedo a sentirnos impotentes (falta de seguridad y margen de acción) → control

En ocasiones estos sentimientos nos acechan cuando nos estamos relacionando con nuestros hijos. Quizá ellos hacen lo que nosotros no pudimos (porque no nos lo permitimos o no nos lo permitieron) y eso nos remueve muchísimo y nos conecta con nuestro niño o niña interior herido, y de repente ya no estamos al volante de nuestra vida. Y en esos momentos solo podemos herir, sin querer, de forma inconsciente, sí, pero herimos al fin y al cabo. Por ejemplo, dando un grito.

Ya sabes que si gritas a tus hijos (especialmente los más pequeños), como su amor por ti es incondicional y te necesitan para su supervivencia, no van a dejar de quererte a ti, van a dejar de quererse un poquito a sí mismos. Van a acumular heridas en su segunda capa y caerán en el miedo, en la vergüenza y en la culpa. Y eso (sobre todo de los 0 a los 6 años, cuando hablamos de la mente absorbente que interioriza como «normal» los comportamientos y acciones que observa y absorbe) los va a construir como las personas que van a ser el día de mañana. Igual que nos pasó a nosotros.

La mayoría de los conflictos ocurren cuando vamos disfrazados por la vida, con las protecciones puestas. Cuando pretendemos cambiar al otro (y aquí incluimos cuando intentamos que el otro haga lo que nosotros queremos), estamos actuando desde nuestra capa de protección. Cuando vamos por la vida con expectativas irreales, cuando juzgamos, comparamos, criticamos o manipulamos, nos estamos relacionando desde nuestra tercera capa y en realidad lo que estamos haciendo es un ataque. Y el otro responde contraatacando o evadiéndose. Las relaciones horizontales se pierden.

Puede que a nivel racional ya sepas todo esto y, sin embargo, sientas que no puedes evitarlo. «¿Por qué los adultos son tan amables con otros adultos y tan desagradables con sus hijos?», fue una pregunta que hizo una vez una de nuestras peques. A nuestros «iguales», mucho menos a nuestros jefes, no les gritamos porque creemos que no podemos, y a tus hijos les gritas porque crees que sí puedes. Y eso es una creencia limitante. Ellos no te «ponen de los nervios», tú eliges ponerte de los nervios. Y sí, es una elección. Sí, una decisión tomada basándote en las conexiones neuronales que se construyeron en tu infancia y que hoy en día vuelven a activarse cuando estás en modo supervivencia. La eliges porque te compensa. Probablemente tu jefe te trate bastante peor que tus hijos cuando pintan sofás o inundan baños... ¿Sabes cuándo aprendiste a callarte ante la falta de respeto? Exacto: cuando eras pequeño, quizá aprendiste que, si los mayores te gritan y te humillan, no puedes hacer mucho. Integraste esa verticalidad en tus creencias y hoy sale a la luz de vez en cuando.

Al pasado no podemos ir a buscar excusas, solo respuestas. Entender que el conjunto de situaciones vividas fue el caldo de cultivo en el que nosotros desarrollamos nuestra lógica privada (sobre la que tomamos decisiones) puede darnos mucha paz. Si vivimos situaciones que nos hicieron daño, sería ideal que las personas que nos lo hicieron se disculparan, porque eso nos haría sentir que somos valiosos y adecuados, ¿verdad? Y a la vez no es necesario. Ahora que eres adulto, tienes herramientas y conocimiento. Tú puedes darte aliento, tú puedes ser consciente de lo que ocurrió en épocas pasadas, comprenderlo, integrarlo, entender que te construyó como eres hoy, con todas tus debilidades y especialmente con tus fortalezas. Quizá en tu infancia no te sentiste querido, tuviste miedo o nadie captó todo el potencial que tenías. Y fue una pena, y, al mismo tiempo, quienes no vieron tu potencial lo ignoraron porque no podían verlo. Entender que tú eres suficiente, más que suficiente, a pesar de que no te lo dijeran puede darte toda la fuerza que necesitas para enfrentarte a las tareas que implican relacionarte con tus hijos e hijas desde la horizontalidad, desde el respeto mutuo.

Además de la fuerza, vas a necesitar tiempo y compromiso. Entre querer y poder hay mucho esfuerzo, mucha práctica. Y es posible que sea lo más valioso y generoso que podemos hacer, porque ya no es solo ser nuestra mejor versión para nosotros mismos y para nuestros peques, sino también para todas las personas con las que vamos a cruzarnos a lo largo de nuestra vida.

Parece que cambiar una creencia lleva un mínimo de dos años. Puedes usar el ejercicio que te propusimos en las páginas 32-33 (en el apartado «El amor incondicional»). Muchas personas, cuando inician el proceso de cambio hacia unas relaciones más conscientes y respetuosas, se desmotivan, se frustran, sienten que todo va peor que antes. Lo que ocurre es que hay un desfase entre las expectativas y la realidad. No sale todo peor, es que ahora son conscientes, han aprendido a montar en una bici que antes no sabían ni que existía.

Si perseveras en el proceso, te darás cuenta de que realmente no hay otro camino posible que el del respeto mutuo. Porque, de lo contrario, algo tan valioso como son nuestros hijos va a alejarse de nosotros o, peor, de sí mismos. Y es que, en el fondo, lo que quieren, lo que desean, lo que ansiamos todos los padres y madres es tener una relación bonita, cercana, conectada con nuestros hijos e hijas cuando sean mayores. Y para eso es necesario dejar de pensar en el corto plazo (la hora de dormir, del baño o de la comida) y poner el foco en el *objetivo* real: una vinculación segura y eterna. En ese momento se da el cambio. Y, cuando se da, es casi magia.

Decíamos al principio que es necesario ser conscientes de que educamos como somos, a veces con orgullo y con ira. Y que, en lugar de luchar contra ello, tenemos que aceptarnos y honrarnos, porque es lo que nos ha permitido sobrevivir. Debemos amarnos con nuestras luces y nuestras sombras, aunque honrarnos no implica mantener aquello que hace daño (ni justifica nuestras acciones). Amarnos y honrarnos significa tomar consciencia de nuestras sombras e incluso apoyarnos en ellas para sacar a la luz nuestra mejor versión y dar aliento y amor a nuestros hijos en vez de miedo, y transmitirles responsabilidad y aceptación en lugar de culpa o vergüenza.

Ser conscientes de que tenemos estas heridas de nuestra propia infancia es el primer paso para sanarlas, porque si no somos conscientes de ellas, podemos acabar provocando las mismas (u otras) en nuestros pequeños.

Nuestras emociones son nuestras aliadas en esta tarea de sanar descosidos y heridas, porque de lo que se encargan es de darnos información. Todo aquello que me hace sentir herido, insignificante, criticado o menospreciado no me ayuda a vivir en armonía y, al mismo tiempo, *sí* me da información. Me da información de lo que realmente necesito para sentirme bien, de lo que en verdad siento. Nos ayuda a traer nuestras creencias limitantes desde el subconsciente hacia el consciente. Porque si cada juicio ajeno es una declaración propia, cómo reaccionamos nosotros a estos juicios es nuestra gran confesión.

- ¿Te sientes culpable y a la vez estás haciendo todo lo que puedes? Quizá es que te exigieron demasiado en la infancia.
- ¿Te sientes avergonzado por ciertas situaciones que ocurren con tus peques? Es posible que no te permitieran ser quien tú eras, quien querías ser.
- ¿Sientes un miedo que te limita profundamente en algunas situaciones con tus hijos e hijas? Entonces es probable que no te protegieran como necesitabas.

Ser consciente de que las situaciones que se nos plantean como un gran reto con nuestros peques tienen más que ver con nuestros asuntos no resueltos que realmente con ellos nos hace relativizar, tener perspectiva (tomar distancia) y, sobre todo, nos invita a buscar soluciones.

Uno de los grandes retos a los que nos enfrentamos las madres y padres que deseamos educar de una forma distinta es justo eso, ser conscientes de la urgencia de pulir nuestros puntos débiles, de deshacernos de disfraces y sanar heridas para volver a nuestra esencia, y a la vez ser conscientes de que es un proceso largo, que en realidad no finaliza nunca (bien, habrá quien alcance la iluminación, pero nos atreveríamos a decir que la gran mayoría no vamos a acabar como maestros zen, para eso ya tenemos a nuestros hijos). Solo podemos amarnos y aceptarnos tal y como somos, imperfectos y entusiasmados por hacerlo lo mejor posible.

EJERCICIO:
Tu niño interior

Nota: Quizá este ejercicio pueda ser demasiado para algunas personas. Si te sientes muy vulnerable, y/o vienes de un apego no seguro, tal vez sea mejor que no lo hagas hasta que hayas podido recibir ayuda de un terapeuta.

Nos gustaría que te tomaras un momento para explorar los miedos. Imagina un niño asustado. Puede que este niño sea desconocido o alguien que conoces. Puede que incluso seas tú de pequeño (por favor, haz esto con mucho cuidado hacia ti mismo, no estamos contigo para acompañarte). Respira profundamente y métete en su piel. ¿Qué siente? ¿Cómo percibe su miedo? Tú no sabes de qué está asustado, quizá ni siquiera él lo sepa. Pero ves que está nervioso, no puede parar quieto, trata de esconderse, mirando a los lados, buscando refugio.

Todos tenemos un niño así en nuestro interior. Un *yo* asustado, herido. Visualizarlo te puede ayudar a entender mejor cómo se manifiestan los miedos en tu cuerpo y así ser capaz de reconocerlos con más facilidad. ¿Se te acelera el pulso? ¿Se tensan los músculos? ¿Te sudan las manos? ¿Sientes frío? ¿Te caen las lágrimas?

Anota en tu cuaderno de reflexión:

- Qué palabras dijo tu madre acerca de los errores que cometiste.
- Qué dijo tu padre.
- Qué dijeron otras figuras de apego.
- Qué te dijeron en la escuela.
- Qué te dijeron los demás.

- Qué percepción tienes sobre el error.
- Qué creencia tienes sobre ti mismo cuando cometes un error.

Revisa también los cuatro miedos básicos:

- Miedo a sentirnos rechazados o abandonados.
- Miedo a sentirnos insignificantes.
- Miedo a sentirnos controlados.
- Miedo a sentirnos impotentes.

¿Crees que tienes alguno de estos miedos? ¿Qué crees que los provoca? ¿Crees que lo que te dijeron en el pasado te ha condicionado de algún modo?

Para acabar, escribe una lista de los grandes aprendizajes de tu vida que hayan venido de un error.

Aquí y ahora. Relativizar para tomar perspectiva

Queremos hablarte de Jana. Jana es madre de tres hijos y vive en una masía en el campo, a media hora de Barcelona. Trabaja desde casa para poder atender a sus hijos. Los acompaña siempre al colegio y los recoge cada tarde, merienda saludable en mano y gran sonrisa en la boca. Jana se siente realizada a nivel profesional porque percibe que valoran su trabajo, cobra un buen sueldo y puede ir a todas las reuniones del colegio y visitas médicas sin tener que preocuparse. Cada tarde hace manualidades con sus hijos y juntos cuidan de su huerto (que los alimenta, casi no compran nada en el supermercado). Lava y dobla la ropa a diario y nunca verás a ninguno de sus hijos con un descosido. Van siempre limpios y coordinados, con ropa que les cose y teje Jana. Si vas a su casa de improviso, te recibirá siempre con una infusión de plantas que ella ha cultivado y un riquísimo pastel casero, vegano y sin azúcar, y te escuchará de corazón durante horas antes de irse a su clase de yoga. Además, siempre tiene fines de semana libres para hacer escapadas con su pareja o con sus amigas, y, cuando salen con sus hijos, siempre los alaban por lo bien que se portan. Nunca se han metido en lío alguno.

¿Quieres saber su secreto?

Jana no existe. Solo en los libros y películas de ficción. Hemos idealizado la crianza hasta un punto completamente irreal y, al hacerlo, hemos empezado a sobrevivir a la ma(pa)ternidad, en lugar de disfrutarla. Es necesario revisar nuestras expectativas con el fin de darnos permiso para ser humanos imperfectos, reales y auténticos. Madres y padres que lo hacen lo mejor que pueden y que, a veces, se equivocan.

Pero ¿por qué sufrimos tanto? Probablemente podríamos escribir un par de enciclopedias con los miedos más frecuentes a los que nos enfrentamos a lo largo de la crianza. Desde las primeras noches de vida de nuestros hijos, en que nos despertamos con cada respiración algo más «ruidosa» que la anterior, hasta las noches de desvelo, esperando a que tu hijo adolescente vuelva a casa después de cenar con los amigos. Nos preocupamos, nos quedamos encallados en nuestras preocupaciones. Entonces, sentimos que estamos «haciendo algo» y percibimos, de forma engañosa, que estamos teniendo el control. El problema es que las preocupaciones se centran en el futuro, en cosas que aún no han pasado, y nos imposibilitan tomar acción en el presente. Todas estas situaciones terribles que se amontonan en nuestra mente («¿Y si...?») no han ocurrido y nos impiden ver lo más importante, lo que tenemos frente a nuestros ojos en ese preciso instante. Lo mismo pasa con los planes y las listas de tareas por hacer: nos mantienen la mente ocupada. Pero acumular todo ese ruido mental tiene un gran coste: nuestro desgaste. Esta sobre(pre)ocupación se convierte en agotamiento físico y mental, y, luego, nuestros hijos, que viven en sintonía con nuestras emociones, se encargan de hacernos de espejo y mostrarnos que algo no va como debería. Desprendernos de todos los «¿Y si...?» y del ruido mental no sucede de la noche a la mañana, pero vamos a querernos de forma incondicional y a empezar a andar. Cada pequeño paso es un gran éxito. Vamos a centrarnos en el camino (el proceso), no en el destino (resultado). Los grandes cambios requieren de tiempo y esfuerzo, pero a veces los cambios pequeños pueden ser también muy poderosos. Nuestro objetivo no es la perfección, sino tener el coraje de aprender de nuestros errores. Al fin y al cabo, queremos que nuestros hijos entiendan el error como el motor del aprendizaje y, si te fijas, te darás cuenta de que si nosotros no interferimos, ellos lo tienen claro: errar forma parte de avanzar. Durante sus primeras semanas de vida, se darán mil golpes antes de poder llevarse las manos a la boca. Unos meses más tarde, se caerán infinitas veces antes de lograr dar dos pasos seguidos y se levantarán y seguirán intentándolo. A veces parece que durante los primeros meses de vida nos es más fácil respetar las capacidades de nuestros hijos y confiar en ellas, pero cuando llegan al año y medio, o los 2 o 3 años, nos entran las prisas. Queremos resultados rápidos: que dejen el pañal, que duerman solos toda la noche del tirón, que aprendan a contar, a leer, a escribir..., no sea que se queden atrás. Ponemos toda nuestra atención en lograr más y más, y pasamos nuestra autoexigencia a nuestros hijos. En resumen, tratamos la infancia como una época de cosecha cuando en realidad es una época de siembra. Es la época en que se siembran las bases con las que nuestros hijos forjarán su identidad.

La madre perfecta

Con este ejercicio vamos a despedirnos de todas esas creencias referentes a cómo deberían ser las madres o los padres. Creencias que, desde nuestro inconsciente, están limitando nuestra crianza.

1. Toma tu cuaderno y describe al progenitor perfecto igual que nosotras te hemos descrito a Jana. ¿Cómo se llama? ¿Cómo viste? ¿Qué come? No escatimes en detalles.
2. Reflexiona sobre esta imagen que acabas de crear. ¿Qué crees que está influyendo en ti? ¿Qué papel tienen las expectativas de la sociedad actual? ¿Y las redes sociales?
3. Lo que has escrito probablemente representa tan solo la punta del iceberg. Vamos a intentar llegar a lo que se esconde debajo. Intenta identificar las ideas que te vienen desde fuera. ¿Es tu progenitor perfecto joven? ¿Delgado? ¿Habla siete idiomas? ¿Puede con todo? Trata de identificar las creencias sobre cómo deberías ser y sobre cómo debería ser la crianza, y anótalas.
4. Ahora decide si cada una de estas creencias te ayuda o te hace sentir que no eres suficiente. Para eliminar las segundas, usa el ejercicio que hemos descrito en las páginas 32-33 («El amor incondicional»).
5. Después de dar vueltas a tus pensamientos, define aquellas creencias que sí son importantes para ti. Aquellas que representan tu mejor versión de ti mismo; escríbelas en forma de decálogo, usando el presente y en primera persona. Las afirmaciones positivas tienen un gran poder. Ponlo bonito. Por ejemplo:

1. Antepongo la conexión a la corrección.
2. Yo soy presencia.
3. Yo puedo encontrar mi paz.
4. Yo puedo ser vulnerable y es mi mayor fortaleza.

Limpieza mental en cuatro pasos

Vamos a acallar algo del ruido que ensordece nuestra mente haciendo limpieza de nuestros pensamientos. De este modo, vamos a poder estar más presentes. El ejercicio consta de cuatro pasos, tómate tu tiempo para hacerlos.

1. Identificar pensamientos. Coge pósits o tarjetas en blanco (puedes hacerlas recortando cualquier papel). Vamos a elaborar un inventario de

todos nuestros pensamientos escribiendo cada uno en una tarjeta. De esta forma, vamos a poder visualizar nuestra carga. Incluye todas tus inquietudes, tu lista de tareas pendientes, tus anhelos..., todo lo que te pase por la mente. Cuando lleves unos minutos en ello, puede que empiecen a aflorar pensamientos más profundos, puede que algunos incluso te remuevan. Sigue apuntando.

2. Entender lo que ocurre en tu mente. Para ello vamos a categorizarlo. Reparte tus tarjetas-pensamiento en tres montones:

   - Preocupaciones
   - Tareas (físicas)
   - Sueños y planes

Las preocupaciones. Preocuparse es normal, el miedo es una herramienta de supervivencia. Durante milenios nos ha mantenido alerta y nos ha salvado de muchas situaciones peligrosas, pero la realidad actual es que nuestra vida extrañamente se encuentra en peligro y la mayoría de los miedos, en lugar de protegernos, frenan nuestro avance. Cuando nos *preocupamos*, no actuamos. La preocupación pone el foco en el futuro, en algo que aún no ha sucedido, y nos impide ocuparnos del presente. Por ello, vamos a intentar eliminar tantas como nos sea posible.

Las tareas. En esta vida hay tiempo para hacer de todo, pero no todo al mismo tiempo. A veces tenemos unas expectativas muy poco realistas o nos saturamos de cantidad de tareas innecesarias. Vamos a organizarnos mejor, priorizando, aprendiendo a delegar y pidiendo ayuda cuando sea necesario.

Los planes y sueños. Igual que las preocupaciones, los planes ponen el foco en el futuro y, en realidad, muchos no son más que preocupaciones encubiertas. Vamos a descubrirlos y eliminarlos. Otras veces, los planes simplemente se nos escapan de las manos y nos encontramos pensando en ellos en lugar de satisfaciendo necesidades básicas como el descanso o dar presencia a nuestros hijos. Los sueños son importantes, nos empujan a la mejora, al cambio, a la transformación, pero a veces nos puede pasar como con los planes: horas de investigación y poca ejecución. De nuevo vamos a priorizar, rebajar expectativas y eliminar.

3. Reducir la carga

• Las preocupaciones. Usa el ejercicio para transformar creencias (véanse pp. 32-33, «El amor incondicional») para deshacerte de la mayoría de ellas. Puedes incluso quemar las tarjetas como pequeño ritual. A las que no puedas eliminar, destínales un día y una hora a la semana. Por ejemplo, los lunes de ocho a nueve de la mañana. Cuando empieces a preocuparte por algo, recuérdate que ahora no es el momento y desecha el pensamiento. Cuando lleguen los lunes a las ocho de la mañana, probablemente hayas olvidado casi todas tus preocupaciones, y es que preocuparse no tiene nada que ver con amar a alguien. De hecho, nuestro amor es mucho más poderoso *sin* nuestros miedos. Cuando ponemos nuestra atención en nuestras preocupaciones, nos estamos centrando en aquello que *no* queremos que pase y la vida tiende a fluir hacia donde ponemos nuestra atención. Pon el foco en positivo.

• Las tareas. Sistemas de organización hay miles. Nosotras te proponemos centrarte en el presente. De tu pila de tarjetas-tarea, selecciona aquellas que quieras hacer *hoy*. Elabora una lista, pero mantenla corta, realista. Al final del día, si te queda algo por tachar, crea una lista con todo lo que sí has hecho y recuérdate tus prioridades, aquellas que apuntaste en el decálogo. Cualquier momento de presencia vale más que mil tareas.

Otra herramienta importantísima es delegar y pedir ayuda. Repasa bien tus tarjetas y decide qué tareas puedes delegar. Probablemente delegues en tu pareja (si la tienes) o en alguien de confianza, pero la clave al delegar es aceptar la diferencia. Tu pareja tiene su propia forma de hacer las cosas y hecho es mejor que (tu) perfecto. Si te cuesta delegar en tu pareja u os genera mucho conflicto, repasa los ejercicios de vida en pareja (p. 95). Recuerda que buscamos la colaboración, no la competición. Cuando delegues una tarea, escribe el nombre de la persona en el anverso de la tarjeta y pásasela.

• Los planes y sueños. Primero vamos a destapar los miedos encubiertos. Cuando planeas la educación de tus hijos a diez años vista (por ejemplo, a qué instituto irá, cuando tiene 2 años), no estás planeando, estás dejándote llevar por tus miedos. ¿Cómo voy a ofrecerle la mejor educación posible? Escribe los miedos encubiertos en el anverso de la tarjeta y muévelos al montón de preocupaciones. Cuando se trata de planes a corto plazo, como, por ejemplo, qué regalarle a tu hermana por su cumpleaños o dónde ir de vacaciones, sé práctica y simplifica. No hace falta crear el mejor regalo del mundo con tus propias manos o planear las vacaciones minuto a minuto. La vida se disfruta más cuando nos permitimos fluir con ella, con el momento. Reduce las planificaciones al mínimo y, sobre todo, reduce expectativas. En cuanto a los sueños, creemos que es muy importante que dediques tiempo a tus pasiones (son una forma de autocuidado), pero, si tienes muchos proyectos en marcha, te recomendamos cerrar y finalizar lo que ya no te aporta, lo que mantienes por inercia, y avanzar con tus sueños de uno en uno. En un futuro dispondrás de tu tiempo de otra manera y casi seguro que podrás dedicar mucho más tiempo a tus sueños, pero ahora escoge lo que es más importante para ti en este momento. Guarda esta tarjeta cerca de ti, para que tu sueño te acompañe en todo momento y puedas recordarte dónde está tu foco.

4. Mantener. Y llegamos al final. La lista de tarjetitas puede ir incrementándose minuto a minuto. Unas las harás desaparecer y otras ocuparán su lugar, pero queremos que puedas mantener tu mente despejada para que no te distraiga de lo importante. El mantenimiento llegará con la práctica. Cuando ya hayas escrito muchas tarjetas, cuando ya hayas quemado y delegado otras tantas, cuando seas capaz de reconocer cuándo y cómo te sobrecargas, el proceso se hará cada vez más fácil. Dejarás pasar las preocupaciones y vivirás más en el presente. Vamos a darte un truco para poder tomar consciencia del efecto que tienen tus pensamientos. Cuando te enfrentes a una tarea, deberás sopesarla primero. ¿Cuál es su peso real? Poner un lavavajillas puede ser una tarea bien simple, que se hace en un par de minutos, pero si confiabas en llegar a casa y encontrarte los platos limpios (esperabas que otra persona se ocupara de ello), se puede convertir en una tarea de lo más pesada. Trabajando en nuestras creencias vamos a poder liberarnos de parte de esta carga, lo que nos permitirá

mantener la mente en orden cada vez con más facilidad.

Autocuidado: construir una vida con tanta paz que no necesitemos evadirnos

«¿Quién es la persona más importante de tu vida?» Muchos responden a esta pregunta con un «Mis hijos». Nuestros hijos e hijas son nuestra gran responsabilidad, sobre todo cuando son pequeños y vulnerables y necesitan vincularse para poder sobrevivir. Nos necesitan. Pero las personas más importantes de nuestra vida no son ellos, somos nosotras mismas, nosotros mismos.

Criar es un viaje hacia las luces y las sombras, hacia la consciencia y el autoconocimiento, hacia el amor incondicional. En este viaje no puedes dejar de amar incondicionalmente a la persona que eres, a la que fuiste y a la que serás. Nuestros hijos pueden ser la chispa que enciende el motor que nos anima a ponernos en marcha, a andar un nuevo camino que nos llevará a reencontrarnos con nuestra esencia. Creer que ellos son lo más importante implica hacerlos responsables de nuestro bienestar; sin embargo, este depende solo de nosotras.

Si te cuesta ponerte como prioridad, en el centro de tu vida, te invitamos a reflexionar por qué: ¿es miedo, es vergüenza, es culpa? Si te sientes culpable, nos gustaría decirte que dedicarte tiempo no es egoísmo, es autoestima y, a la vez, es un acto de generosidad, porque, cuando tú te cuidas, te sientes más pleno y esa plenitud se expande y se contagia. Si te sientes avergonzado, permítenos abrazarte en la distancia. En nuestra vulnerabilidad está nuestra mayor fortaleza. Eres suficiente tal y como eres, y todas tus necesidades son justas y valiosas. Si tienes miedo de lo que podría pasar en tu ausencia (hablamos de miedo irracional; si tienes un miedo real, busca ayuda), respira, relativiza, todo va a estar bien, en toda circunstancia (o casi, de nuevo, hablamos de situaciones respetuosas) que acontezca a tus peques vas a acompañarlos tú después. Quizá a ti no te protegieron, pero ellos y ellas sí están protegidos. Al mismo tiempo, vais a poder vivir toda experiencia desde el aprendizaje.

Muchas personas no se ponen en primer lugar por falta de tiempo. Siempre hay tiempo para trabajar, cuidar a otros, hacer tareas de casa, gestiones, pagar impuestos... Y el tiempo para nosotros queda relegado en las profundidades de la agenda. Esto se debe al sistema en el que vivimos, que nos exige sin parar y mide nuestro valor en función de nuestra productividad, pero si queremos que el sistema ponga a la familia en el centro, la mejor forma de lograrlo es empezar por hacerlo nosotros mismos. Lo sabemos bien, del mismo modo que también sabemos que *autocuidado* no tiene por qué significar «tener tiempo sin tus hijos». Autocuidado

puede ser echarse una plácida siesta con ese bebé que está dejando de serlo por segundos, observar jugar a tus peques, jugar con ellos (y así activamos a nuestros olvidados niños interiores), hacer una excursión juntos, compartir una afición, ver una peli...

Autocuidado también significa especialmente tomar decisiones que te hagan la vida fácil y un poquito más feliz, y así disfrutar un poco más el tiempo, que se escapa entre los dedos. Autocuidado es olvidarte de los «debería» y centrarte en los «necesito», es pasar del «tengo que hacer» y disfrutar el «elijo» y el «quiero hacer». Autocuidado es vivir más el presente, el aquí, desde el amor y menos a través de tu sistema de creencias limitantes.

Autocuidado también significa aceptar que las cosas son como son y no como creía o me imaginaba que serían, que es una de las enseñanzas más difíciles que nos ha traído la maternidad y también la más útil para el resto de nuestras facetas como persona.

Y, sobre todo, significa aceptar que no eres esa madre o padre que tenías idealizado en la cabeza, eres una madre o un padre que necesita tiempo para cuidarse, una madre o un padre que no puede cuidar a los demás si no se rellena su jarra de energía con autocuidado, una madre o un padre que, en definitiva, no cumple las expectativas que se había formado. Cuando estamos tratando de vivir acorde con esas expectativas que se nos han impuesto y sobreexigido, vamos a acabar desarrollando cierto grado de ansiedad que nos va a impedir vivir en paz y ser felices. Y, es más, nuestros hijos e hijas van a interiorizar esa exigencia como lo normal y esperable. Así que, si aún no te ves preparado para hacerlo por ti, hazlo por ellos: un ejemplo imperfecto y feliz es mucho más útil que un ejemplo perfecto, agobiado y sobreexigido.

Del mismo modo, en vez de preguntarte por qué te sientes culpable, piensa en para qué te sientes culpable, es decir, con qué meta u objetivo: ¿para castigarte en vez de aceptar que no eres perfecto (ni falta que hace)? ¿Para pagar un peaje en forma de dolor para seguir haciendo lo mismo sin cambiar nada? ¿Para no enfrentarte a la incomodidad de aceptar la verdad universal de que no se puede controlar la vida? Vamos un poco más allá: ¿para qué elegiste sobreexigirte cuando eras pequeño? Para así complacer, para ser el mejor, para tener el control o para evitar los conflictos pueden ser un trocito de hilo del que tirar. Lo más importante es actualizar esa creencia que construiste, pero no tiene por qué ser hoy ni mañana.

Ser consciente de eso, de que no somos nuestros pensamientos, sino nuestra esencia y de que lo hacemos lo mejor que podemos es, para nosotras, el verdadero autocuidado. «Autocuidado» significa especialmente ser amable contigo mismo en tu día a día: cómo te tratas a diario, cómo te hablas, cómo te escuchas y cómo atiendes tus necesidades es muchísimo más importante y efectivo que tomarte un ratito para ti de vez en cuando, aunque, por supuesto, bienvenidos sean esos momentos, porque, al elegir invertirlos en nosotros, nos estamos eligiendo como importantes.

Para nosotras, autocuidado es un cambio de perspectiva, es más la relación que tengo conmigo, cómo me quiero, cómo me doy valor, me doy prioridad, me trato con dulzura, me hablo desde el aliento, me acepto con amor incondicional. Y eso lo podemos hacer con niños a nuestro lado. Es cierto que podemos utilizar el autocuidado para evadirnos de situaciones que realmente nos superan (escaparnos al spa en medio de una crisis, por ejemplo), a veces evadirse también es necesario para lograr tomar perspectiva. Sin embargo, al mismo tiempo no deja de ser un parche, pues nuestro objetivo es que cada vez nos superen menos situaciones. Es más, cuando tienes peques, el autocuidado cambia, porque tienes unas personitas a cargo que, por un lado, merecen tu mejor versión y, por otro, merecen que pases tiempo con ellos y ellas. Mejor dicho, merecen ser cuidados en todos y cada uno de los preciosos sentidos de la palabra *cuidar*. Cuidar física y emocionalmente, proporcionarles una casa que, además, sea *hogar* para toda la vida no es sencillo; a veces parece que incluso es incompatible nuestra necesidad de cuidarnos con la suya de ser cuidados.

Nosotras hemos estado un tiempo en esa delgada cuerda de trapecista intentando mantener el equilibrio hasta que llegamos, cada uno por separado, a la conclusión de que, para poder satisfacer las necesidades de nuestros hijos, primero debemos satisfacer las nuestras, algo por otro lado muy lógico y que se olvida en la exigencia que supone ser madre o padre. Por eso, para nosotras autocuidado es cambiar el chip, vivir el presente, el aquí y ahora, vivir cada momento juntos como un privilegio y no como un mero trámite.

Y, por supuesto, no te tienes que forzar a practicar el autocuidado; no se trata de añadir más presión, más bien significa hacerte la vida más fácil.

¿Cómo hacerte la vida más fácil?

- Conociendo tus límites, tus miedos, tus creencias limitantes.
- Aprendiendo a decir *no*.
- Soltando todo lo que puedas soltar.
- Organizando tu hogar para que sea más fácil fluir.
- Dedicando tiempo a tu ocio y a tu cuidado, aunque eso suponga descuidar otras cosas.
- Priorizando la conexión y no sobrecargando agendas.
- Estando y siendo más que haciendo.

Por otro lado, muchas personas nos han comentado que el motivo por el que les cuesta el autocuidado es la culpa, provocada normalmente por dos causas, y ambas nos dan información: puede ser porque en realidad consideres que aún no estás preparado para separarte de tu bebé y te estás sintiendo condicionado por las opiniones ajenas. En ese caso, escúchate. Los días son largos, pero los años son cortos y pronto, cuando así lo sientas, habrá mil oportunidades.

El otro motivo es que estamos viviendo a través de nuestro sistema de creencias más limitantes. Quizá en nuestro imaginario teníamos la idea de un padre o una madre abnegados que no necesitaban tiempo a solas para sentirse plenos y, al considerarnos culpables, lo que hacemos es autocastigarnos con el fin de compensar, para así poder mantener nuestra percepción mental de padre perfecto que no es egoísta, y que, si alguna vez se equivoca y se pone en primer lugar, la culpa viene a castigarlo. La realidad es que ser egoísta —siempre que seamos al tiempo responsables— es algo muy sano. Respirar tú para poder atender a los demás es un acto de amor hacia ti mismo y hacia los demás. Y cuida la infancia de la mejor forma que puedas, porque no hay nada más importante que nuestras raíces para que ellos puedan abrir bien las alas.

Alguna vez nos hemos sentido culpables y la forma de librarnos ha sido siempre tomar distancia de la situación. Siendo sinceros con nosotros mismos y aceptando que no somos padres tan perfectos como la idea que nos habíamos creado en la cabeza. Lo aceptamos y nos amamos por quienes somos, con nuestras imperfecciones. Y entonces, si hay algo que nos inquieta, buscamos soluciones. No tiene sentido sentirse culpable mucho más tiempo del que te lleve tomar una decisión.

Si no estamos bien, no podemos cuidar bien. Por ejemplo, si vais en un avión, en caso de que sea necesario, os pedirán que os pongáis la mascarilla vosotros antes de atender a ningún niño. Eso pasa también en el día a día con nuestros pequeños: eres lo mejor para ellos. Lo mejor. Y también lo peor, esa es nuestra responsabilidad. Te quieren a ti, imperfecto, quieren de forma incondicional a la persona que cura heridas con besos y espanta miedos con abrazos. Cuídate tú para poder cuidarlos a ellos.

Y, además, nos parece importante decir que realmente puedes cuidarte por ti, no por ellos. Cuando decimos que no puedes cuidar si no te cuidas, estamos enfatizando que, por funcionamiento cerebral, no va a ser posible que puedas ser la madre que prometiste si en tu mente solo hay sensación de prisa, urgencia y estrés. Pero es necesario ir más allá, no tienes que cuidarte para cuidar a nadie, puedes elegir cuidarte porque tú eres la persona más importante de tu vida.

EJERCICIO:
Autocuidado

Toma tu cuaderno de reflexión y haz tres listas:

- Autocuidado a solas.
- Autocuidado *con* tus hijos.
- Autocuidado en pareja (si crías en pareja).

Vivir en pareja

Vivir en pareja cuando tienes niños y niñas pequeños suele ser un reto: el tiempo escasea, las obligaciones son muchas y muy variadas, y en ocasiones incompatibles, y, además, cuando la crianza nace de la consciencia, hace que afloren a nuestra mente consciente conflictos de infancia que nos hacen sentir vulnerables.

Quizá tengamos tan presente que podemos hacerles daño a los niños y las niñas al pagar nuestras emociones desagradables o destapes con ellos que acabemos pagándolos con nuestro compañero o compañera de vida, algo nada deseable porque los pequeños se están impregnando de esa relación. Es más, si esta es demasiado difícil, pueden sentirse poco seguros, y, al no tener su pertenencia asegurada, puede que desarrollen comportamientos disruptivos.

Si estamos experimentando dificultades en nuestras relaciones de pareja, podemos tomar de nuevo el modelo del iceberg para entender qué puede estar pasando. Quizá haya una cierta distancia entre nosotros. Igual que con los niños hablábamos de metas erradas, estas también pueden existir para las relaciones de pareja, y son las mismas que para nuestros hijos: empiezan por atención, siguen por poder, continúan por venganza y desgraciadamente podemos terminar en una situación de insuficiencia. De nuevo, nuestra emoción al respecto es lo que nos da la clave de lo que está pasando:

- Atención: nos sentimos irritados o culpables.
- Control: nos sentimos retados o derrotados.
- Venganza: nos sentimos heridos, decepcionados o incrédulos ante ciertos comportamientos.
- Insuficiencia: tenemos sentimientos de desaliento, desesperación.

También puede suceder que, al vivir en una situación de mayor estrés, las plantillas de vida de cada persona (prioridades de estilo de vida basadas en nuestras creencias) saquen a relucir nuestras debilidades en lugar de nuestras fortalezas y esa actitud (exigente, evasiva, controladora o complaciente hacia los otros) nos esté resultando muy molesta y genere desconexión.

Muchas veces, los problemas que tenemos con nuestra pareja, siempre que haya respeto mutuo, tienen más que ver con situaciones de nuestro pasado que con el momento presente. Quizá las consecuencias de un apego no seguro con nuestros cuidadores primarios o simplemente las dificultades que vivimos durante nuestra infancia estén saliendo a relucir. Estas heridas, sumadas a unas agendas abarrotadas, hacen que desaprovechemos oportunidades de autoconocimiento. Aunque, por otro lado, si somos conscientes de que existen, pueden ser la más poderosa fuente de sabiduría interior que tengamos. En esta línea, si nuestra vinculación primaria no fue adecuada (no pudimos construir un apego seguro con nuestros padres), nos va a pasar factura, porque nuestra pareja tiene un componente de apego muy similar al que tuvimos o no pudimos tener.

Si, además, nuestra educación tuvo mucho control en forma de premios y castigos, sin querer puede ser que estemos reproduciendo ese modelo en pareja; por supuesto, no a través del castigo puro y duro, pero sí mediante un mal tono, miradas, frases despectivas, sarcasmo, reproches...

Un terapeuta llamado John Gottman habla de que existe lo que él llama los «cuatro jinetes del Apocalipsis», esto es, cuatro conductas que, cuando se dan en una relación, esta tiene una alta predictibilidad de acabar en divorcio. Sin embargo, todas y cada una de ellas tienen un posible antídoto: nuestra elección ante la decisión del otro de comportarse de esa manera. Sí, es nuestra elección, porque, cuando cambiamos nuestras decisiones, cambian nuestros pensamientos y nuestras emociones. Quizá nos resulte más fácil cambiar nuestro pensamiento primero o quizá nuestra emoción; lo importante es ser conscientes de que el cambio solo es posible en uno mismo, y no es fácil. Imagina cómo es de difícil e irrespetuoso intentar cambiar al otro.

CRÍTICA. Consiste en atacar el carácter del otro en lugar de ser más específico con la conducta que está suponiendo una dificultad para nosotros. Ejemplos: «Tú siempre...», «Tú nunca...».
ANTÍDOTO: USAR UN PLANTEAMIENTO SUAVE.
Ejemplo: «¿Qué te parece si revisamos nuestro acuerdo sobre la planificación de los menús?».

DESPRECIO. Descalificación hacia la otra persona o hacia su actitud; incluye lenguaje no verbal (voltear los ojos) y verbal (sarcasmo, hostilidad, insultar, herir).
ANTÍDOTO: DESCRIBIR TUS PROPIOS SENTIMIENTOS Y NECESIDADES («Yo siento...» y «Yo necesito...» en vez de «Tú has hecho esto», «Tú eres...»).

Ejemplo: «Me siento abrumada/o con la planificación de los menús. ¿Cómo podemos hacer para repartirlo de otra forma y que ambos estemos cómodos?».

ACTITUD DEFENSIVA. No se aceptan los errores y se defienden del ataque desde el juicio o el reproche, es decir, se produce un contraataque o se está a la defensiva («Sí, pero...»).
ANTÍDOTO: ACEPTAR LA RESPONSABILIDAD PROPIA.
Ejemplo: «Creo que últimamente me he sentido agobiada con el tema de la planificación de los menús y no he explicado con claridad lo que necesito. Creo que he podido hacer que te sientas atacado/a porque me sentía dolido/a. Me gustaría...».

ACTITUD EVASIVA. Poner una barrera contra el otro, retirarte, alejarte del otro, silencio, enajenación.
ANTÍDOTO: RELAJARSE.

Ejemplo: «He decidido no enfadarme más por el tema de la planificación de los menús y me he bajado este estandarizado de internet».

Podéis aportar mejoras en vuestro cuaderno de reflexión.

En definitiva, se trata de *aceptar* al otro como es. Cuando nos enamoramos de nuestra pareja, ya era como es ahora, con sus virtudes y sus defectos. Nos gustó por una serie de cualidades que seguramente ahora se han polarizado y convertido en defectos que no soportamos. Es importante mantener clara la perspectiva: en los primeros momentos nos compensaban las «virtudes» sobre los «defectos» porque nuestra interacción nos permitía mantener nuestra estrategia de pertenencia creada en la infancia. Preguntarnos para qué nos compensaban y para qué no nos compensan ahora puede darnos mucha información. Podemos hacer una lista de las características que tendría para nosotros una relación ideal y compararla con los conflictos que tenemos en la actualidad, es decir, podemos dejar de poner el foco en el otro, tomar responsabilidad y empezar a ver los retos como oportunidades para mejorar y construir desde nuestras fortalezas.

Los cinco lenguajes del amor de Gary Chapman

El autor y consejero matrimonial Gary Chapman nos explica que hay cinco lenguajes del amor. Cada persona suele tener un lenguaje principal y uno secundario, y ser conscientes de estos nos ayudará a expresarnos y entendernos mejor. También es importante identificar cuál es el de nuestra pareja, en cuál podemos coincidir (quizá el secundario) y qué soluciones podemos encontrar si surgen problemas de comunicación por no compartir el mismo lenguaje. Son los siguientes:

- PALABRAS DE AFIRMACIÓN. Palabras de reconocimiento y gratitud, a través de las cuales la otra persona se siente «vista».
- TIEMPO DE CALIDAD. Dar tiempo de atención total, focalizada (sin otras distracciones) a nuestra pareja.
- CONTACTO FÍSICO. Cualquier acto de cariño que le haga al otro sentir que estamos conectados (tomarse de la mano, abrazos, besos...).
- ACTOS DE SERVICIO. Prestar ayuda, hacerse cargo de algunas cosas que quizá a nuestra pareja no le gustan o no puede hacer.
- OBSEQUIOS. Regalos como muestra de ese amor.

Normalmente (aunque no siempre), nuestro lenguaje del amor coincide con el que tenía nuestro cuidador principal, nuestra figura de apego primario a lo largo de la infancia. Si tienes dudas sobre cuál es el tuyo, puedes consultar los libros de Gary Chapman o su test gratuito en internet.

Es muy importante encontrar el equilibrio entre el lenguaje de amor del otro con el propio y esforzarnos por comprometernos a ser conscientes del lenguaje del amor del otro y mostrarle nuestro amor «a su manera» (en su lenguaje).

El comportamiento y los pensamientos de nuestra pareja, como los nuestros, se ven influidos por su infancia, sus creencias limitantes, su prioridad de estilo de vida, su orden de nacimiento (si es un hermano mayor, pequeño...) o incluso por la relación con el dinero que tenían sus padres. Ser conscientes de todas estas influencias nos ayudará a entenderlo mejor y aceptarlo tal y como es, pues no podemos cambiar a nadie más que a nosotros mismos. Si podemos ayudarlo a que tome también consciencia de todas esas influencias y alentarlo cuando quiera cambiar o mejorar algún aspecto. Lo haremos siempre con compasión.

Si estamos experimentando dificultades con nuestra pareja, la primera recomendación es revisar si tenemos suficiente tiempo *especial*, es decir, que nos ayude a conectar de nuevo el uno con el otro. Quizá sea necesario un terapeuta que nos acompañe en ese proceso si la desconexión es demasiado grande. Todas las herramientas que proporcionamos al final del libro pueden aplicarse a conflictos de pareja, y aquí añadimos tres más que a nosotras nos han sido de gran utilidad.

- Saludos y pequeños detalles: al principio de las relaciones tiene lugar el enamoramiento más hormonal y cada encuentro se espera con ansia, se celebra, pero poco a poco dejamos de prestar atención a cómo nos saludamos. Este y otros pequeños grandes detalles pueden marcar la diferencia, pues cultivan la conexión y hacen que nos sintamos importantes para el otro. Las pequeñas cosas están dentro del espacio que sí podemos ceder; si no pudiéramos, serían grandes cosas (esas que cuestan demasiado y que, si aun así las hacemos, ponen en peligro nuestra dignidad y nuestra esencia).
- Apoyar al otro en sus sueños: clave para que la otra persona se sienta reconocida e importante. Interesarnos por cuáles son sus expectativas y ambiciones y ayudarlo a que se hagan realidad es crucial en una relación de pareja.
- Cambiar nuestros pensamientos: quizá sea el cambio más importante de nuestra vida. Interiorizar que los pensamientos son solo eso, no la realidad, y que podemos elegir tener otro pensamiento para ser más felices. Podemos escoger sentir gratitud, compasión, humor, amor y aceptación.

Una vez que hemos cambiado nuestra forma de entender las relaciones de pareja, que hemos tomado responsabilidad y que hemos cambiado la forma en la que miramos a la persona con la que compartimos nuestra vida, puede que los conflictos más habituales tengan diferentes respuestas de las que habíamos tenido hasta ahora.

¿Qué ocurre cuando existen diferentes puntos de vista en la crianza?

Ahora que ya sabemos que los comportamientos de nuestra pareja son estrategias de pertenencia para cubrir esa y otras necesidades; ahora que ya sabemos que en nuestras relaciones de pareja podemos entrar en conflicto para lograr atención y reconocimiento, o más poder o vengarnos o evadirnos; ahora que entendemos también que nuestras acciones y emociones tienen un «para qué», vamos a reformular la pregunta: «¿Para qué quiero que mi pareja críe de la forma en la que yo crío?, ¿qué necesidad estoy queriendo satisfacer?, ¿cuál es mi responsabilidad en que esto suceda?, ¿estoy controlando o estoy cooperando?, ¿estoy confiando en lo que el otro tiene que aportar? Si soy muy crítico con las faltas del otro, ¿puedo practicar la compasión en vez del juicio?».

Muchas veces decimos que queremos cooperación, pero realmente estamos queriendo que la otra persona haga lo que nosotros queremos que haga. Y eso no es respetuoso con el otro, pues necesita ser escuchado, tenido en cuenta, desde la conexión y no desde la queja; es decir, hay que buscar soluciones juntos.

Por supuesto, no es lo mismo que no te guste la forma en que tu pareja hace la comida o tiende la ropa que cómo trata a tu hijo, y, por supuesto, hay ciertos límites que no pueden saltarse por mucho que deseemos respetar la relación que quiera tener nuestra pareja con sus hijos, pues la dignidad del niño siempre está por encima. Pero en el resto de las acciones, donde haya más firmeza o más amabilidad de la que nos hubiera gustado, pero los límites de la dignidad y el respeto se estén salvaguardando, es necesario respetarlo. Después, en un momento de calma, enfocándonos en el agradecimiento, el sentido del humor, la aceptación y las fortalezas del otro, podemos, a través de la sinceridad emocional y la escucha, entender cómo se ha sentido el otro y, desde ahí, buscar soluciones.

¿Cansancio y falta de tiempo?

El cansancio y la falta de tiempo son en gran parte consustanciales al hecho de tener hijos e hijas pequeños. Nos necesitan mucho, los criamos sin tribu y, además, tenemos que preocuparnos de cubrir no solo sus necesidades emocionales y afectivas, sino también las más básicas, es decir, es necesario generar ingresos. Conciliar el cuidado con el trabajo remunerado se torna una tarea titánica en la que normalmente pierden la partida el ocio personal y el descanso. Aceptar eso es primordial para poder buscar soluciones y no hundirnos en la rabia, la frustración, la tristeza, la culpa o incluso la vergüenza cuando seamos conscientes de que necesitamos más tiempo. Una vez que hayamos aceptado eso, toca buscar soluciones, como por ejemplo:

- Hacer turnos para descansar/reservar tiempo para el autocuidado.
- Contratar ayuda externa (cuidado de hijos/casa).
- Rebajar las expectativas (cena especial en casa mientras los peques ven una peli o duermen).
- No tomarnos como algo personal el enfado del otro cuando estamos sometidos a mucho estrés y cansancio.
- Priorizar el descanso sobre la excelencia.

¿Interferencias de nuestra familia en nuestro entorno?

Las interferencias de la familia ampliada o propia, o incluso el entorno, también suelen ser un motivo de fricción en las relaciones de pareja. Verlo como la punta del iceberg nos puede ayudar mucho a entenderlo y a buscar soluciones, que normalmente tienen que ver con encontrar el equilibrio entre ser firme y amable, es decir, informar de los límites desde la asertividad, al tiempo que comprendemos, empatizamos y nos enfocamos en la compasión. ¿Para qué nos cuestionan otras personas? ¿Para qué se victimizan? ¿Para qué se deja manipular el otro? ¿Qué están consiguiendo? ¿Cuál es su ganancia? ¿Qué están evitando? Cuando vemos los comportamientos como una forma de satisfacer una necesidad, es mucho más sencillo escuchar al otro. Y, por supuesto, también podemos elegir no hacerlo, a eso nos referimos también con «límites».

EJERCICIO:
Retos de pareja

Toma tu cuaderno de reflexión y haz dos listas:

- Características de tu relación de pareja ideal.
- Retos actuales.

Compara las dos listas con tu pareja. Buscad soluciones respetuosas, razonables, relacionadas con estos retos y útiles. Podéis anotarlas en una tercera lista para tenerla siempre a mano.

Trabajo y crianza

¿Por dónde empezar? Si a menudo compaginar vida sin hijos y trabajo es ya todo un reto, cuando sumamos la ma(pa)ternidad a la ecuación, la cosa se pone interesante... Incluso en el mejor de los casos, cuando tenemos un trabajo que nos apasiona y nos llena, dedicarle horas implica restar tiempo de cuidado a nuestros hijos. Y sí, hay tantas maneras de organizarse distintas como familias, pero la realidad es que encontrar un equilibrio que satisfaga a todos los integrantes de la ecuación, jefes incluidos, suele darnos algún que otro quebradero de cabeza. Sobre todo porque muchas veces nos toca separarnos de nuestros hijos de forma demasiado temprana, cuando ni ellos ni nosotros estamos preparados.

Podríamos decirte que eres capaz de crear tu vida a tu gusto, pero si hace casi dieciséis años, cuando tuve a mi primer hijo con veinte años (Nitdia) y me separé de su papá a los pocos meses, me hubieran dicho que podía co-crear mi vida y que un día sería madre de una familia numerosa, que viviríamos en una casa de piedra en un entorno precioso, que mis hijos no irían a la escuela (en Escocia el *homeschooling* está regulado) y que yo seguiría mis pasiones y escribiría, y conectaría con las plantas y tallaría cucharas de madera, ni me lo habría creído ni me habría ayudado en nada. Porque sí, paso a paso podemos llegar tan lejos como queramos, pero lo que yo necesitaba hace dieciséis años, cuando empezaba a entender la maternidad como una oportunidad de crecimiento personal, es que me ayudaran a gestionar el revoltijo de emociones que sentía al separarme de mi hijo y al pensar en mi vida profesional.

A menudo nos encontramos en una encrucijada. Se acaban las dieciséis semanas de baja por maternidad (si hemos tenido baja) y toca reincorporarse al trabajo. Si lo hacemos, sentimos que somos malas madres porque nuestros hijos, con 3 meses, dependen de nosotras completamente; si no nos reincorporamos (y cogemos una excedencia o dejamos de trabajar), nos sentimos también malas madres porque las mujeres del siglo XXI deben poder criar y trabajar. En mi caso (Bei), al cogerme una excedencia, sentía que no estaba produciendo ingresos, por lo que tenía que compensar, relegar mis necesidades, incluso las más básicas, y concentrarme en ser la madre perfecta. Ya sabéis, como Jana, la madre perfecta del apartado anterior. ¿Cómo lo resolvemos?

Renuncias *vs.* elecciones

Ante la encrucijada, sentimos que nos toca renunciar, que no lo podemos tener todo. Y si bien es cierto que a veces no podemos tenerlo todo, sí podemos tomar decisiones que nos acerquen más a aquello que es importante para nosotros. El truco es entender esas decisiones como elecciones personales en lugar de renuncias: *renunciar* implica perder, abandonar, desistir; *elegir* implica hacer balance de nuestra situación, responsabilizarnos y tomar lo que consideremos la mejor opción en un momento dado. Si tomamos decisiones escuchándonos y siendo coherentes con nuestras prioridades, cada vez estaremos más satisfechos con nuestra situación. Muchas veces, para ser coherente con una misma hace falta hacer oídos sordos al exterior. Nos explicamos: a veces podemos sentir que la sociedad (o llámale x) nos empuja hacia una u otra dirección (que pueden ser totalmente opuestas) y que esta no coincide con lo que nos dice nuestro instinto. Nosotras no podemos tomar decisiones por ti, pero nos gustaría ayudarte a que puedas tomarlas desde la responsabilidad, el amor y la elección personal en lugar de desde la pérdida, el miedo y la renuncia. Ten presente que al final todo es pasajero y que lo que hoy te parece lo más importante del mundo puede que en un tiempo te parezca irrelevante. Además, muy pocas decisiones son irreversibles y, si una vez tomadas resulta que no va como esperamos, siempre podemos tomar nuevas decisiones considerando lo aprendido. Cuando nos permitimos escucharnos de veras, somos capaces de ver muchas más posibilidades de las que veíamos cuando estábamos bloqueadas en la renuncia. Podemos ser creativas en nuestras elecciones y, cuando sintamos que tenemos poco margen de maniobra y nuestro hacer

esté demasiado alejado de nuestro sentir, trabajaremos la aceptación.

Manejar la culpa (con aceptación)

A veces nos sentimos mal por haber dejado de trabajar en el mercado laboral, con todo lo que han luchado infinidad de mujeres para hacerse un hueco en este mundo. O nos sentimos mal por dejar a nuestros hijos en un colegio que no nos convence o porque hemos dicho que no a un trabajo que, antes de la llegada de nuestros hijos, era nuestro sueño o... Culpa, culpa y más culpa. La culpa nos bloquea y no nos aporta nada, solo nos roba. Mientras nos sentimos ahogadas en la culpa, nos perdemos instantes preciosos. Una vez tomada una decisión, vamos a aceptarla. Recuerda que aceptar (sentirte en paz con la situación presente) no quiere decir tolerar. Puedes desear cambiar la situación y lo harás buscando opciones y tomando nuevas decisiones, pero siempre sin perder de vista el presente. Cuando debemos estar separados de nuestros hijos más tiempo del que nos gustaría, podemos recordarnos que nuestro vínculo está siempre ahí, aunque no se vea, y aprovechar al máximo el tiempo que sí pasamos juntos. Si aceptamos la situación, la separación será más fácil.

Por otro lado, ocurre lo mismo cuando nuestra carrera profesional va a ralentí. Recuérdate por qué has tomado las decisiones que has tomado. Repasa tus prioridades. Recuérdate que la crianza dura solo unos años, que *a priori* parecen muy largos pero que luego se hacen demasiado cortos, y que el trabajo es solo una parte de la vida. Aunque lo disfrutes y sea tu trabajo ideal, la vida puede ser mucho más.

El resurgir de la creatividad

A muchas mujeres nos pasa que, con el embarazo, parece como que una nueva llama se enciende en nuestro interior: se despierta nuestra pasión creativa. De golpe queremos crear con las manos o expresarnos de nuevas formas; es como si el cuerpo no diferenciara entre la creación biológica y la artística. Aprovecha este resurgir y prende la llama, pues seguir nuestras pasiones es una gran forma de autocuidado.

La cara B de este renacimiento es que, a veces, nos hace sentir frustradas con nuestro trabajo. De golpe nos parece aburrido y poco creativo, y si bien es cierto que lo de un trabajo para toda la vida no es aplicable a nuestra generación ni la de nuestros hijos y podemos cambiar nuestra vida profesional, tu trabajo puede ser o no tu espacio de expresión. Como hemos dicho, «vida» no es igual a «trabajo», podemos explorar nuestra faceta creativa en nuestros hobbies o incluso ¡en la crianza de nuestros hijos!

Por un mundo mejor

Otra llama que se enciende a menudo con la llegada de los hijos es la de querer ofrecerles un mundo mejor y, de nuevo, esto puede hacerse mediante nuestro trabajo o independientemente de este. Nuestro crecimiento personal es también una forma de mejorar el mundo y, fuera del horario laboral, podemos implicarnos en aquellas causas que más nos llamen. Cuando tengamos niños muy pequeños, es probable que nos volquemos en su educación y en mejorar el sistema educativo de un modo u otro; cuando sean algo mayores, podemos buscar causas comunes o simplemente unirnos a las de nuestros hijos. El voluntariado es una forma preciosa de aportar nuestro granito de arena al mundo al tiempo que nos ofrece una gran oportunidad para conectar con nuestros hijos e innumerables aprendizajes para todos.

Familia y amigos

Cuando se empieza un camino de transformación, cambio o crecimiento personal, una de las primeras cosas que toca entender es que uno puede cambiar sus pensamientos o sus patrones de acción, pero no cambiar al resto de la gente. Se trata de un trabajo personal que con la práctica acaba influyendo también en quien nos rodea, pero no porque los cambiemos a ellos, sino porque modificamos la forma en que nosotros reaccionamos ante sus acciones y eso acaba teniendo un efecto en cadena.

Hasta ahora hemos hablado de querer a nuestros hijos de forma incondicional, a nuestra pareja si la tenemos, a nosotros mismos... Llega el turno para el resto del mundo. Aceptar a los familiares directos, sobre todo a nuestros padres, suele ser algo espinoso, porque nos remueve, nos hacen entrar en contacto con nuestra propia sombra, con todo aquello que quedó grabado en nuestro subconsciente, todo aquello que nos pasó sobre todo durante los primeros años de vida.

Con los amigos pasa algo similar que con los hijos. Podríamos resumirlo con un «la confianza da asco», que en lenguaje adleriano se traduciría por «tu pertenencia está asegurada», pero en realidad es un poco más profundo: con nuestros amigos, igual que con nuestros hijos, nos permitimos actitudes y reacciones que curiosamente no nos permitiríamos con un desconocido. Parece que faltarle al respeto a alguien cercano nos resulta a veces más aceptable cuando son estas relaciones las que pueden nutrirnos más y aportar valor y significado a nuestra vida.

Nuestras relaciones con el resto de la gente al final son el mejor campo de pruebas para poner en práctica todo lo que os hemos ido explicando: la aceptación, el amor incondicional, la compasión... Cada vez que nos encontramos en una situación de conflicto, tenemos la oportunidad de poner perspectiva e intentar analizarla sin que nuestras emociones nos superen. Si logramos mantenernos en calma, podremos usar muchas de las herramientas que os resumimos en la tercera parte del libro.

No obstante, aparte de cómo nos gustaría tratar a la gente, en ocasiones lo que nos trae problemas es cómo nos tratan a nosotros. O ni siquiera cómo nos tratan, porque a veces sufrimos por lo que pensarán o dejarán de pensar los demás, hasta el punto de que somos incapaces de tomar las decisiones que sentimos en nuestro interior. Somos incapaces de ser coherentes con nuestro sentir y nuestro pensar, porque ponemos la opinión de los demás por delante.

¿Por qué nos afecta tanto lo que piensan de nosotros los demás?

Se debe a esa necesidad última que tenemos todos los seres humanos de pertenecer y de contribuir. Cuando nos sentimos enjuiciados o criticados, reaccionamos cada uno según nuestra plantilla de vida. Puede que reaccionemos controlando, haciendo de más, complaciendo o evadiéndonos. Puede incluso que se produzca una disonancia cognitiva: un conflicto de intereses irresoluble entre lo que, en realidad, queremos hacer y lo que deseamos hacer para sentirnos incluidos en un determinado grupo social.

De nuevo, estos pensamientos acerca de cómo debería ser el mundo, cómo deberían ser los demás y cómo debería ser yo nos están dando información. Solo tenemos que pararnos un momento y saber escuchar mejor lo que vienen a decirnos. Seguramente sean formas más honestas, coherentes y serenas de vivir la vida.

Ambiente preparado: casa o naturaleza

Principios e importancia: conexión, pertenencia, contribución, autonomía

Ahora que ya hemos tratado un poco la parte del enfoque Montessori que debemos interiorizar como adultos y hemos descubierto lo que necesitan los niños y las niñas, vamos a centrarnos en cómo organizar un buen ambiente preparado. La finalidad es lograr pertenencia y contribución (ya sabéis, *Gemeinschaftsgefühl*), así como autonomía (demostrar el poder personal de forma útil), además de permitir el equilibrio entre libertad y orden (o firmeza y amabilidad), y construir habilidades a largo plazo (como ser adultos funcionales o lo más funcionales posible en caso de niños y niñas con necesidades especiales). Si os fijáis, los cuatro objetivos son exactamente los mismos que los cuatro pilares de la disciplina positiva.

El ambiente preparado es, pues, esencial en la pedagogía Montessori. Y no solo para esta, pues para el resto de las pedagogías «no tradicionales» o, mejor dicho, de enseñanza no directa (Reggio Emilia, Wild-Pestalozzi, Waldorf e incluso iniciativas como las escuelas bosque, en las que el ambiente preparado sería el mismo bosque), es

también de vital importancia para que el niño pueda desarrollarse correctamente.

El ambiente debería cumplir una serie de principios:

- Libertad de movimiento
- Autonomía
- Seguridad
- Orden
- Simplicidad
- Estética
- Practicidad

Se trata de principios que responden a las necesidades y a las tendencias humanas. En *Montessorízate. Criar siguiendo los principios Montessori*, podéis profundizar en cómo crear un ambiente preparado para el primer plano del desarrollo. Para el segundo plano, los principios que se deben seguir (además de los anteriores) serían autonomía y riqueza de estímulos culturales e interacciones sociales. Finalmente, en el tercer plano, nuestra función es ser hogar: un lugar seguro, donde nuestros hijos puedan ser ellos mismos, sentirse vulnerables y acompañados, y sus emociones, sostenidas.

El objetivo de un ambiente preparado en casa es doble: fomentar la autonomía de nuestros hijos e hijas y mostrarles lo cotidiano, es decir, enseñarles el mundo y hacer juntos las tareas de nuestro día a día. Adaptar la pedagogía Montessori a nuestra casa pasa sí o sí por crear un ambiente preparado, aunque este no se reduce solo a nuestro hogar, pues es, en realidad, el mundo entero y este no necesita de adaptación: existe y es perfecto, especialmente la naturaleza.

En cierto modo, se podría hablar de que no tener un ambiente preparado en el hogar puede implicar incluso riesgos para el correcto desarrollo humano. Por supuesto, desde el sentido común: cualquier casa actual que no sea un entorno negligente es suficiente para ser considerada un ambiente preparado. Tendrían que darse condiciones muy extremas para que supusieran un verdadero peligro para los niños y las niñas. El punto al que queremos llegar es el siguiente: ¿cómo puede haber un clima familiar sereno si el ambiente no está preparado para que los niños y las niñas puedan *ser*? Y es que el ambiente Montessori es un límite en sí mismo, pues las opciones están previstas para maximizar los períodos sensibles y las tendencias humanas. Solo pueden acceder a lo que está, que, traducido al lenguaje de los adultos, sería algo así como: no tienes necesidad de morirte de ganas de beber un Moët & Chandon y paladear el mejor caviar si no los has catado en tu vida, si no sabes que existen. Pues algo así pasa con un ambiente preparado.

Un buen ambiente permite la autonomía, la conexión, el desarrollo del vínculo y del amor (a través de la pertenencia) y de la contribución a través del trabajo. Como ya hemos dicho antes, «el trabajo es amor hecho visible» (Gibran), que puede traducirse en la teoría adleriana como «la contribución es pertenencia hecha visible». En Montessori siempre decimos que todas las desviaciones (comportamientos que nos resultan inadecuados o disruptivos) se curan con trabajo, y es que este «normaliza», permite explicitar tu pertenencia de forma fluida porque también consiente que se produzcan las tendencias humanas. Y el ambiente preparado faculta que ese trabajo suceda con más facilidad. Que la palabra *trabajo* no nos despiste: para un niño o niña, jugar es el trabajo de la infancia, trabajo y juego son lo mismo. Como ya te hemos dicho, el juego infantil no es algo banal, es un gran trabajo de autoconstrucción.

El ambiente preparado no lo ponemos bonito para Instagram, sino que debe elaborarse con el fin de satisfacer las necesidades de los niños y las niñas: sus períodos sensibles (véanse pp. 34-35) y las tendencias humanas (véanse pp. 39-41). El objetivo no es que sea bello (que también, porque rodear a los niños de cosas bellas es importante, y el lugar más idóneo donde encontrar estas cosas tan bellas es la naturaleza), sino que nuestros hijos se sientan parte y capaces, que puedan tomar decisiones, aprender de esos pequeños errores que nos trae la vida, que puedan contribuir. Un ambiente preparado invita a decir: «Bienvenido, pequeño, aquí estamos para servirte y además te necesitamos».

El ambiente preparado parte de la observación (científica, sin juicio) y busca soluciones respetuosas para peques, adultos y situaciones. También es importante para nosotros, los adultos, porque, en gran medida, nos da paz. Y es especialmente poderoso durante la primera infancia; después, si ya está interiorizado el ambiente preparado físico, no importa tanto nuestra influencia a la hora de preparar y adaptar el ambiente, pues los niños y las niñas, a partir de los 6 años, ya no tienen tanta necesidad. Sin embargo, hay algo del ambiente preparado que siempre es igual de importante: tú.

El ambiente preparado empieza en ti

En la disciplina positiva hablamos de que uno de los objetivos es enseñar a los niños y las niñas habilidades para la vida. Nosotras queremos añadir un matiz: sentimos que los pequeños vienen con todas las potencialidades para todas las habilidades que puedan necesitar en su vida. Como su objetivo es adaptarse, su cerebro se va a esforzar en desplegar, interiorizar y practicar aquellas que considere más necesarias.

En la pedagogía Montessori, igual que no enseñamos a los peques a leer, sino que disponemos un ambiente preparado para que se produzca el aprendizaje, no enseñamos tampoco habilidades sociales, emocionales y de vida, sino que procuramos un espacio seguro donde puedan desarrollarlas y, por su-

puesto, actuamos nosotros como ejemplo, pues, de lo contrario, es difícil que el cerebro del niño entienda que esa habilidad es útil y que tiene que explorarse.

Por otro lado, nuestra función como padres y madres es hacernos cada día más y más prescindibles. Emocionalmente nos siguen necesitando, por supuesto (es probable que sea así el resto de nuestra vida), pero logísticamente ya no tanto. Y poco a poco nos irán necesitando menos.

En la pedagogía Montessori, no se enseña a los niños a escribir, sumar, restar o cualquier habilidad académica, sino que lo aprenden a través del ambiente preparado. Por eso creemos que las habilidades emocionales tampoco se enseñan, pues los niños y las niñas vienen de serie con todo lo necesario para llevarlas a cabo, por lo que nuestra función es crear un ambiente preparado psíquico (es decir, emocional) para que puedan desplegarlas y practicarlas en un entorno seguro.

Para nosotras, ser madre es un poco como ser pinche de cocina. Es verdad que cuando son pequeños tienes que supervisar muchísimo, pero, a medida que crecen, no solo dejan de necesitarte, sino que encima «te piden» tareas. Y está bien porque en eso consiste la horizontalidad, en supervisar cuando toca y en ponerte al servicio de cuando toca. Esto último no tiene nada que ver con asumir una actitud humillante, en absoluto. Estamos hablando de relaciones horizontales, donde prima el respeto mutuo. «Servir» puede significar hacerlo todo por ellos y ellas cuando nacen, porque es lo que necesitan, e ir soltando sedal hasta que sean cada día un poquito más autónomos, significa estar a disposición de las necesidades de nuestros pequeños. «Servir» puede querer decir pasar una noche en vela porque tienen cólicos o picar cebolla para un guiso que quieren hacer, porque servir tiene más que ver con ser su pinche que ser chef. Parece que somos nosotros los que hemos venido a enseñarles las cosas importantes de la vida y no dejamos de sorprendernos ante lo muchísimo que nos aportan ellos y ellas, que nos enseñan, que hacen que nos cuestionemos. Una chef no puede trabajar sin sus pinches; los pinches no pueden trabajar sin sus chefs. Trabajo en equipo y cooperación. Horizontalidad. O al menos así sería en un mundo ideal.

Los niños y las niñas pueden enseñarnos mucho sobre la vida y sobre lo que ellos necesitan si les dejamos, si se lo permitimos, si dejamos atrás el ego, si nos olvidamos de los «tendría que...»; si los disfrutamos, en definitiva, que la vida es corta. Con 18 años vuelan solos, con 12 ya no querrán saber tanto de ti, con 8 te pedirán que les piques la cebolla, te cogerán de la cintura y te darán los mejores consejos que nadie pueda ofrecerte. Sin embargo, eso no pasa de un día para otro, más bien al contrario: sucede si hemos cultivado la

conexión, la confianza y la capacitación a través del aliento y el amor incondicional; solo si, cuando se producía un error, fuera de quien fuera, los animabas a buscar soluciones y no culpables. Te invitamos a que permitas que tus hijos e hijas te enseñen, porque si los escuchas (a veces te hablan a gritos, a veces con sus actos), te muestran desesperadamente que solo son niños y solo quieren pertenecer y que los tengan en cuenta; te muestran, en definitiva, quien eres tú de verdad, sin postureo; te muestran esas cicatrices que a veces se abren sin que tú mismo sepas por qué; te muestran tus miedos más profundos y también te ayudan a sanarlos si lo aceptas, si les dejas decirte: «Esto que acabas de hacer es esto, esto y esto otro, y no deberías hacerlo». Eso es horizontalidad: que cada uno pueda satisfacer lo que realmente necesita.

Y es que preparar un ambiente bonito está muy bien y organizarles actividades chulas es divertido, y si nada de eso va a permitir que se produzca el aprendizaje (es decir, que se produzcan errores), va a quedar muy bonito en las fotos, pero poco va a servir para tu objetivo a largo plazo: un adulto resiliente y con habilidades para la vida (sociales, emocionales, cognitivas...).

El ambiente preparado es físico y psíquico, y el ambiente psíquico empieza en ti. Tu ambiente preparado exterior es un reflejo de tu ambiente preparado interior. En ocasiones, hemos vivido situaciones en las que nuestro interior estaba desatado, conducido por nuestra niña interior de 4 años, y eso se ha reflejado en el exterior, en el ambiente preparado que ya somos. Cuando experimentamos emociones intensas y no somos capaces de dejarlas fluir sin hacer daño, eso va a influir en el ambiente preparado, porque las neuronas espejo se encargarán de ello.

En resumen, un buen ambiente, físico y emocional, permite la máxima autonomía posible, pues fomenta que les dejes decidir siempre que puedan hacerlo. Hay que entender que todos los comportamientos intentan satisfacer una necesidad, tienen un propósito, y no es otro que pertenecer y contribuir, olvidarse de lo que se supone que tienen que hacer ellos y nosotros, aceptar incondicionalmente a nuestros tesoros y que, además, ese amor incondicional les llegue. Y cuando haya que supervisar, que tocará, deberemos hacerlo con la máxima dignidad y el máximo respeto, muchísimo más de lo que lo hacemos con un adulto. ¿Por qué? Porque los niños y las niñas son vulnerables a nuestra influencia, mucho más que cualquier otro adulto, al que trataríamos con muchísima más delicadeza solo por quedar bien.

El ambiente preparado empieza en ti cuando luchas contra la vergüenza. ¿Sentirte avergonzada por validar emociones en vez de regañar es nocivo? ¿Realmente pasa algo por que el salón de casa parezca una escuela infantil en vez de un salón? ¿O solo pasa cuando alguien a quien apreciamos —y a veces ni siquiera eso— nos juzga? ¿O se trata de la culpa? ¿Te sientes culpable por no tener muebles bonitos con una etiqueta Montessori o una casa grande o un jardín? Lo que realmente necesita tu peque es tu esencia. También empieza en ti el ambiente preparado cuando luchas contra el miedo, aquel que se cuela en nuestros pensamientos, como, por ejemplo, cuando te dices: «Si se lo pongo tan fácil en casa, cuando salga al exterior no va a saber enfrentarse a los problemas». Todas esas emociones te están dando pistas sobre lo que necesitas trabajar, pues cuanto mejor estés tú a nivel emocional, mejor estarán tu ambiente, tu familia y el mundo en general. Así que haznos un favor: invierte tiempo en cuidar a la persona más importante de tu vida.

Simplificar para hacernos la vida fácil

Muchas veces nos complicamos la vida de forma innecesaria: tenemos expectativas altas no, altísimas. Es decir, nos cargamos demasiado, transformamos asuntos menores en «lo más importante del mundo» o dejamos que el ruido y las distracciones de lo cotidiano nos arrastren hasta perdernos. Simplificar no deja de ser una reducción de distracciones o, si lo prefieres, un mecanismo de protección para mantener tu salud física y mental en buenas condiciones. No se trata solo de transformar nuestro entorno físico, sino de crear espacio en tu vida para centrarte en aquello que de verdad te importa, de tomarte la libertad de hacer menos y de disfrutar más. Hasta ahora habíamos hablado de cambio interior, que podríamos definir como una simplificación en la forma en que nos relacionamos con nuestros hijos y nuestra actitud hacia su crianza. Hemos hablado de reducir la carga mental al transformar el sistema de creencias, de forma que se pueda vivir y amar de manera incondicional, en presente y con el ejemplo. En este apartado nos centraremos en la simplificación de la vida exterior, que tiene gran impacto en nuestro estado emocional, por lo que deberemos combinarla con el trabajo interior. Así pues, te animamos a que no te saltes el resto de los temas del libro: si quieres transformación, hace falta trabajar por dentro y por fuera, pues son dos «ambientes» que van de la mano. Tener espacio en blanco, ya sea físico o mental, no nos hará sentir vacíos, sino todo lo contrario: nos sentiremos plenos porque tendremos tiempo para lo que de verdad importa, que no es otra cosa que conectar con aquellos que amamos.

EJERCICIO:
Elimina distracciones para ganar conexión
Probablemente la pregunta que más nos hacéis es cuántas horas tienen nuestros días. Pues bien, la respuesta ya la sabes: tanto tus días como los nuestros son igual de largos (o de cortos). Para abordar la falta de tiempo os proponemos, por un lado, hacer revisión de las agendas y, por otro, entender que, para sentir que aprovechas el tiempo, hace falta centrarse en el momento presente. Parece que con la llegada del primer hijo recibimos un cursillo acelerado de *multitasking* y, a los pocos meses, somos ya expertos en hacer mil cosas a la vez y nada al mismo tiempo. Sin embargo, el gran problema de este enfoque es que difícilmente podremos centrarnos en ninguna de esas cosas (y hacerlas con eficiencia), pues el cerebro consciente tiene sus limitaciones (o al menos el nuestro). Hemos de especificar que no estamos hablando de actividades que se complementan de forma positiva (es decir, que suman), como podría ser leer en voz alta mientras tus hijos juegan con los bloques de construcciones o escuchar música y cantar y bailar mientras tiendes la ropa; hablamos de revisar el correo electrónico con el móvil mientras andas con tus peques camino al colegio o repasar la lista de la compra a la vez que le das el pecho a tu bebé. En definitiva, se trata de actividades que, al hacerlas de forma simultánea, te impiden estar presente o dar presencia. Seamos realistas, a veces resulta más fácil dar objetos materiales que darse a uno mismo, pero si queremos un entorno un poquitín más minimalista, hace falta practicar otro tanto

de *mindfulness*. Con el añadido de que, si realmente vivimos centrados en el presente, empezaremos a redescubrir la belleza de lo cotidiano y seremos capaces de valorar todo aquello que sí hemos hecho (en lugar de lo que queda por hacer).

Ahora, vayamos a las agendas. Están saturadas y no hablamos solo de las nuestras, sino también de las de nuestros hijos. En breve explicaremos cómo sacar el máximo partido a vuestro hogar, pero de nada sirve si no lo pisáis nunca. Si sientes que te gustaría salir más a pasear con tus hijos o leer más cuentos juntos o cocinar pasteles saludables o hacer manualidades o (inserta aquí lo que quieras), pero no tienes tiempo, siéntate, respira y repasa tus prioridades. ¿Qué crees que es lo que más necesitan tus hijos? ¿Qué necesitas tú? Cada familia tendrá que decidir cómo quiere hacer uso de su tiempo. En nuestro caso, hemos optado por más conexión y menos extraescolares (o incluso más conexión y menos escuela en algunos casos). Los días siempre tienen veinticuatro horas, pero podemos hacer espacio, buscar tiempo para aquello que es importante para nosotros.

Hemos hablado ya de la importancia de la vinculación durante los primeros años de vida, del juego libre y de la naturaleza. Si tus hijos pasan la mayor parte de su tiempo en el colegio, ¿por qué no reservar el resto para ese tipo de actividades? No esperes a mañana ni a pasado, pues si te quedas en el pensamiento, el mañana nunca llega. Recuerda que quieres vivir hoy, no en un futuro hipotético, y piensa que lo más importante ya está hecho: el cambio empieza con esa chispa de reconocimiento que sientes en lo más profundo de tu corazón. Haz limpieza, elimina distracciones. Las reconocerás porque cumplen con alguna de estas condiciones:

- Te aleja de lo que es importante para ti.
- Te impide dedicar tu tiempo y energía a aquellos que amas.
- Obstaculiza tu descanso/tu capacidad de sentirte en paz.
- Obstaculiza el descanso de tus hijos.
- Te impide estar presente, vivir el momento.
- Obstaculiza la conexión con tus hijos.

Las distracciones serán diferentes para cada persona, pero pueden incluir cosas comunes, como un exceso de compromisos para ti, un exceso de actividades para tus hijos, el teléfono (¿cuánto tiempo diario dedicas a comprobar las redes sociales?), un exceso de ruido mental (que esperamos que puedas apagar con la ayuda de este libro), unos estándares de limpieza del hogar demasiado altos (al menos para este momento de tu vida), etc. Sabemos que las tardes se hacen cortas y a veces, sin darnos cuenta, nos encontramos ya en modo baño-cena-dientes-cuento, pero con un cambio de perspectiva podemos hacer de estos momentos algo especial: un tiempo de conexión. Hay familias a las que las rutinas les aportan calma y las ayudan, y otras para las que suponen una obligación más y les estresan (en ese caso, ¡mejor tirarlas por la ventana!: ¿realmente hace falta un baño diario?). Seas del tipo que seas, te animamos a cambiar estas actividades que a menudo se hacen de forma rutinaria (en automático, de ahí llamarlas «rutinas») por pequeños rituales. ¿La diferencia?: tu presencia, tu intención. Cualquier momento puede convertirse en mágico si nos lo proponemos y, aunque a veces nos sintamos agotadas, un poco de humor siempre ayuda a que las situaciones fluyan sin mayores problemas. Si cada tarde tenéis drama porque tus hijos o tú estáis agotados, es un indicativo (de los gordos) de que hace falta que reevalúes el uso de tu tiempo para que vuestro bienestar pase a ser lo primero de la lista. Busca la forma de hacer menos o pide ayuda a tu entorno cercano. Si nuestras abuelas nos leyeran, probablemente pondrían el grito en el cielo, pero nosotras solo tocamos la plancha para planchar creaciones con *hama beads* (pequeñas cuentas de plástico que te permiten hacer mil y una manualidades, con las que se trabaja mucho la manipulación fina).

OBJETOS: menos cosas = más orden

Razones para llevar una vida más minimalista y reducir el número de posesiones materiales hay muchísimas, desde cuidar el medio ambiente hasta intentar que nuestros hijos valoren lo que tienen. No obstante, la que más nos interesa ahora mismo es la practicidad. Si tenemos menos cosas, nos es mucho más fácil mantenerlas en orden. Así de simple. La llegada de hijos implica siempre un gran cambio en nuestro hogar y no nos referimos al cambio de dinámicas entre la pareja ni a los emocionales o físicos, sino a algo que parece más mundano: la «estética» de nuestro hogar. Mantener los mismos estándares de limpieza se hace complicado y, muy a menudo, la casa se ve desbordada por objetos de mil y un colores. Y sí, es verdad que todo pasa y en unos años nuestros hijos emprenderán el vuelo dejando el nido de nuevo a nuestra completa disposición, pero también es importante que podamos sentirnos cómodas en nuestro hogar durante los años que dura la crianza. Al fin y al cabo, nuestro hogar es nuestro refugio, un espacio en el que deberíamos sentirnos seguras y en calma. Se trata de que todos los miembros integrantes de la familia puedan cohabitar con comodidad. Además, cuando nos deshacemos de aquello que ya no nos representa, creamos espacio para que lleguen cosas nuevas y, si estás leyendo este libro, es probable que quieras que lleguen algunos cambios. Te invitamos a que hagas una limpieza profunda. No hace falta que revises todas tus posesiones en un día ni en un fin de semana. Tómate tu tiempo. Si te ayuda, márcate objetivos (una habitación cada semana, cada mes...). Si marcar objetivos te estresa porque siempre tienes las expectativas demasiado altas (no llegas), fluye y dona o deja objetos en las tiendas de segunda mano cuando sea necesario. Lo importante es comprometerte contigo misma y pasar a la acción.

Vamos a empezar por los objetos de los adultos y luego trataremos los de puericultura y juguetes de los peques. Cuando evalúes qué hacer con un objeto, deshazte de él si cumple con una (o varias) de estas condiciones:

- Ya no te representa.
- Está roto o incompleto.
- No tiene ni uso ni gran valor sentimental o estético.
- No tienes un lugar donde guardarlo.

Recuerda, esto es solo una guía para ayudarte, pero, ante todo, que prime tu sentido común. Hay quien considera que el valor sentimental no es excusa para quedarte con algo, así que no tengas miedo de buscar tus propios criterios de selección.

El último punto es importante. A menudo, el problema no es tener demasiadas cosas o la falta de espacio, sino la falta de organización. Lo ideal es que cada objeto tenga su lugar. Si tienes objetos itinerantes, que un día están aquí y el siguiente ahí, búscales un espacio fijo. Por otro lado, os damos otro truquillo práctico a la hora de ordenar: reconocer los objetos activos, que son aquellos que usamos a diario (o casi) y, por ello, los dejaremos a mano, en nuestras zonas activas (en las que pasamos la mayor parte del tiempo). En cambio, los objetos que se usan de vez en cuando (en circunstancias específicas) los guardaremos en zonas o sistemas de almacenaje cuyo acceso no es tan fácil como el de las zonas activas.

Vamos a por los juguetes y objetos de puericultura varios. Entre ambas (Bei y Nitdia), acumulamos nueve hijas e hijos, y si con nuestras primeras maternidades nos hicimos con cien objetos (por poner un número arbitrario), con nuestras cuartas y quintas no solo no compramos nada más, sino que nos habíamos deshecho de más de la mitad. Al final, lo que necesitas de las largas listas de «imprescindibles» que te dan en el centro de salud o en las tiendas cuando estás embarazada es bien poco, y lo que es realmente importante ni siquiera aparece en ellas.

En el siguiente apartado hablaremos sobre cómo organizar nuestro hogar para facilitar la autonomía de nuestros hijos, pero ahora queremos recordarte que la mayoría de las veces menos es más. Si hace un par de generaciones el problema era la escasez, nos atreveríamos a decir que en la actualidad es todo lo contrario, la sobreabundancia. No creemos que haya un número específico de juguetes o de libros adecuado para cada edad, pues esta cifra es diferente para cada familia y sus circunstancias. Por ejemplo, no es lo mismo un niño que acude a la escuela a diario que otro que no va. En el segundo caso, el niño *homeschooler* necesitará de ciertos estímulos (materiales) a los que el primero tendrá acceso en la escuela. Tampoco es lo mismo una familia que vive en ruta en una furgoneta que otra que vive en un piso en la capital o en una gran casa de piedra en el campo. No se trata de cantidades específicas, sino de ser prácticos y organizarnos de forma que la vida nos resulte fácil. Si te ves desbordado por el desorden, prueba a retirar juguetes de forma temporal y observa qué pasa. ¿Os es más fácil recoger? ¿Cómo ha afectado al juego de tus hijos? Al reducir juguetes, muchas familias observan que el juego de sus hijos se enriquece. Si es así, puedes donar los juguetes retirados o, si tienes espacio de almacenaje, guardarlos en un banco de juguetes, que te permitirá ir haciendo turnos e ir cambiando los juguetes disponibles. Queremos remarcar la necesidad de hacer partícipes a vuestros hijos. ¿Cómo te sentirías si un día al regresar del trabajo hubieran desaparecido la mitad de tus posesiones? No se trata tampoco de, en plena frustración, amenazarlos y soltarles un «Como no recogéis nunca, vamos a hacer limpieza de juguetes», sino de, en función de su edad, usar un lenguaje acorde. Con todo, la idea es transmitirles vuestra necesidad de simplificar los espacios para que os sea más fácil mantener el orden y así poder disfru-

tarlos más. Sé flexible: si la idea no les gusta, que te ayuden a encontrar otras soluciones. Remarca que se trata de una prueba, que si pasadas unas semanas no estáis contentos, sacáis de nuevo todo lo que habéis almacenado de forma temporal.

Para seleccionar juguetes, os puede ayudar haceros preguntas como:

- ¿Está roto o incompleto (repararlo es siempre una opción)?
- ¿Se trata de un juguete activo (lo usan)?
- ¿Estimula la creatividad o el aprendizaje?
- ¿Fomenta el movimiento (motricidad fina o gruesa, manos o cuerpo entero)?
- ¿Es un juguete abierto (puede usarse de diferentes formas)?

Reducir el número de juguetes equivale a identificar los esenciales para *tu* hijo. Como con los adultos, si soñamos con tener un espacio relativamente ordenado, hace falta que cada juguete tenga un lugar específico en el que guardarlo. Así, el espacio físico acabará siendo el factor limitante, aunque uno puede ser de lo más creativo con los sistemas de almacenaje, como muestran las caravanas cuquísimas de Pinterest, un hogar entero en 10 m² (una de nosotras vivió un año en una de esas caravanas y la otra ha pasado largas temporadas). Como vamos a reducir en número, es importante que pensemos si el juguete va a poder evolucionar con nuestros hijos, si va a poder usarse a lo largo del tiempo (de forma duradera). Por ello, ponemos énfasis en los juguetes abiertos, pues son los que nos van a dar más juego a lo largo de su desarrollo. Un rompecabezas de veinte piezas solo puede montarse de una única forma, mientras que una caja de Lego os acompañará durante muchos años. Ahora bien, si a tu hijo le encantan los rompecabezas y le ayudan a refinar la motricidad fina, ¡no te deshagas de ellos! (son juguetes en uso, activos; espera a que su etapa de uso pase).

ARMARIOS

¿Has oído hablar de los armarios cápsula? Se trata de lograr armarios minimalistas (con un número limitado de prendas de ropa) que te permitan vestirte con estilo (a tu gusto) de forma fácil y rápida. De nuevo, no vamos a poner un número límite de prendas ni a decirte de qué colores deben ser. Hay quien limita el número a treinta y tres piezas, cuarenta y cinco o cincuenta y cinco; o quien decide optar por una paleta de colores restringida, que combinen entre ellos; o quien opta por tener ropa de todos los colores del arcoíris, y es que el estilo es algo muy personal. Lo que sí podemos asegurarte es que abrir las puertas del armario y encontrarte con una cantidad de ropa limitada es liberador. Simplifica mucho el proceso de elección y te ahorras esos momentos de pelea con tu ropa cuando intentas coger esa camiseta que está en la parte más baja de la pila (y se te cae todo encima). Y lo mismo funciona para nuestros hijos. En su caso, sobre todo cuando son más pequeños, es muy práctico usar cajones en lugar de estantes y doblar la ropa en forma de «paquetitos» para que puedas poner las prendas una al lado de la otra y la extracción sea en vertical en lugar de en horizontal. Otra opción es colgar la ropa en colgadores a su altura.

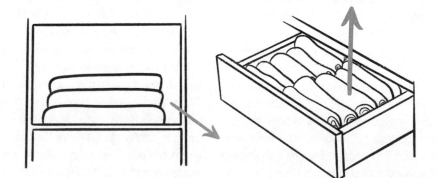

Extracción horizontal   **Extracción vertical**

Para la ropa, usaremos criterios de selección similares a los de los objetos:

- En uso.
- Está en buenas condiciones.
- Talla adecuada (para los niños, la ropa que irá bien en el futuro la guardamos en zonas de almacenaje y no en zonas activas).

Es importante también pensar en tu estilo de vida: por ejemplo, si vives en el campo y pasas la mayor parte de tu tiempo embarrada y mojada, no te será muy práctico tener un armario lleno de vestidos y trajes preciosísimos.

Como con los juguetes, si queremos llevar a cabo una limpieza del armario de nuestros hijos, la haremos con ellos.

En casa

El ambiente preparado en el hogar es muy diferente del de un centro educativo (nido, comunidad infantil, casa de los niños, taller...), puesto que el objetivo en casa no es trabajar con los materiales sino favorecer la autonomía, la libertad y la independencia del niño. Podemos seguir la pedagogía Montessori en casa sin necesidad de contar con ningún material específico del método, pues nos centraremos en la pedagogía de lo cotidiano (las actividades que se repiten a diario). Queremos que nuestros hijos puedan moverse entre espacios con seguridad y ser tan autó-

nomos como su nivel madurativo les permita, por lo que deberemos proporcionarles un hogar como un espacio de oportunidades, no de obstáculos.

Vamos a daros algunos consejos prácticos para organizar vuestra casa. Hemos decidido dividirlos por acciones, pues, en el hogar, es posible que más de una compartan espacio (sobre todo cuando se vive en espacios pequeños hace falta ser creativo). En la entrada podemos tener un espacio para que nuestros hijos se calcen/descalcen y se pongan/quiten chaquetas al lado de unas espalderas de gimnasio, que darán salida a su necesidad de movimiento, o de unos pequeños estantes y un almohadón que sirvan como rincón de lectura.

Por otra parte, deberemos centrarnos en objetivos y en necesidades, pues estos se lograrán y cubrirán de forma diferente en función de la edad, la madurez y las preferencias del niño. Por ejemplo, para ir al baño a un niño le bastará con un escalón para poder sentarse en la taza del váter de forma autónoma mientras que otro puede que necesite un reductor para la taza o un orinal, y, obviamente, para un bebé de un mes usaremos pañales (o la comunicación de la eliminación, un sistema con el que no se usan pañales).

ASEARSE

Para fomentar su autonomía nos aseguraremos de que tenga:

- Espejo a su altura para que pueda verse.
- Acceso a agua y jabón para lavarse las manos y la cara.
- Acceso a toallas limpias para secarse y zona para depositar las sucias.
- Acceso a bañera/ducha y alfombrilla para minimizar charcos de agua y accidentes.
- Juguetes para experimentar con el agua y un sistema fácil de almacenaje para estos.
- Acceso a utensilios para peinarse (y líquido desenredante u horquillas, etc.).
- Acceso a cepillo de dientes y pasta dental.
- Acceso a cortaúñas o tijeras.
- Acceso a cepillo para las uñas.

CALZARSE

Para fomentar su autonomía nos aseguraremos de que tengan:

- Acceso a calzado de temporada.
- Silla o banqueta o espacio para poder sentarse a calzarse.
- Acceso a utensilios de limpieza específicos: en función de vuestras necesidades y capacidades, un cepillo de cerdas gruesas para sacar el barro incrustado, un trapo...
- Plantilla para la correcta colocación derecha/izquierda (cuando aún no lo tienen interiorizado).

Si sois de los que os calzáis y descalzáis al entrar y salir de casa, organizar bien la entrada o el recibidor os permitirá reducir el tiempo que empleáis para ello. Retira todo lo que represente un obstáculo, colócalo en zonas de almacenaje y deja solo lo imprescindible. La entrada o el recibidor suelen ser zonas muy activas, de mucho tráfico, así que cuanto más minimalista, más simples serán las transiciones dentro/fuera.

Esta acción a menudo va de la mano de abrigarse:

- Acceso a chaquetas de talla y temporada adecuada.
- Acceso a accesorios de temporada (gorras en verano, guantes en invierno...).
- Y también con coger/soltar mochilas y bolsas varias.
- Acceso a zona de almacenaje de mochilas (un colgador a su altura).

COCINAR

Durante la primera infancia, la cocina bien podría considerarse la escuela del hogar. Si bien es cierto que cocinar con tus hijos requiere del doble de tiempo del que necesitarías para hacerlo sola, en su compañía tiene un montón de beneficios: compartís tiempo (de conexión), practican motricidad fina, coordinación mano-ojo, matemáticas, ciencia, trabajo en equipo, lectura... Sin olvidar algo crucial: las normas de seguridad.

Para adaptar la cocina, en función de las capacidades de nuestros hijos aseguraremos los siguientes puntos:

- Acceso al área de trabajo.
- Acceso al menaje de cocina: platos, vasos, cubiertos, servilletas, ollas, paellas, rallador...
- Acceso a los utensilios de corte y a la tabla de corte.
- Acceso a los trapos de cocina.
- Acceso a los fogones y al extractor.

En la cocina, un buen truco es reservar los muebles de la parte baja para el menaje y utensilios que los niños vayan a usar tanto para cocinar como para sus snacks y para poner la mesa.

COMER

La alimentación es una necesidad básica, por lo que nos interesa que nuestros hijos puedan practicar su autonomía al respecto desde el primer momento. Para ello nos aseguraremos de que disfrutan de:

- Acceso a la mesa para comer junto con el resto de la familia.
- Acceso a tentempiés saludables.
- Acceso al menaje necesario para poner la mesa (se pueden usar plantillas al principio).

Un buen truco es reservar la parte baja de la nevera para aquellos alimentos a los que quieres que tu hijo pueda acceder de forma autónoma.

CUIDAR

Cuidar de otros seres vivos —desde plantas hasta mascotas (hemos de tener muy presente que las mascotas no son juguetes, sino compañeros para muchos años)— es un aprendizaje constante.

- Plantas, regadera, paño para limpiarles las hojas.
- Huerto (puede ser un minihuerto en macetas en la ventana de vuestra cocina). Los huertos alimentan nuestro cuerpo y nuestra alma.
- Mascotas (si vuestras circunstancias de vida lo permiten).

DESCANSAR

A lo largo del día, pequeños y adultos vamos alternando momentos de gran actividad con otros de calma. En algunos círculos, este hecho se equipara con nuestra respiración: momentos de exhalar (de expansión) y momentos de inhalar (de introspección). Es importante que dispongamos de espacios donde poder disfrutar de nuestros momentos de calma.

- Acceso a una zona de descanso diurno (ya sea el sofá o un colchoncillo en un rincón de nuestro comedor).

Os hemos hablado mucho de la importancia de la comunicación y la conexión, de la escucha activa, de las preguntas de curiosidad. Hay algo que también es igual de importante: aprender a abrazar el silencio. Los ratos de calma son perfectos para cultivar el silencio y el diálogo interior, y para ello no hace falta más que un lugar en el que nos sintamos cómodos y seguros, un refugio.

DORMIR

El sueño es otra necesidad básica. Para fomentar la autonomía de nuestros hijos nos aseguraremos de que tengan:

- Acceso a la cama (ya sea un colchón en el suelo, la cama familiar compartida o unas literas). Hablaremos más sobre el sueño en la segunda parte del libro.
- Acceso a los pijamas.
- Luz de lectura (y lecturas). Reducir la luz ambiental para ir a dormir nos ayuda a desacelerar y empezar a relajarnos.

JUGAR

Probablemente la zona de juego sea uno de los espacios «exclusivos» de vuestros hijos, pensada para ellos (el resto de las acciones puede que se lleven a cabo en espacios que comparte toda la familia), por lo que vamos a abordarlo de forma algo diferente. Además, es una actividad tan importante que la Asamblea General de la ONU, en la Declaración de los Derechos del Niño, considera el juego como un derecho fundamental. Lo hemos tratado también en la primera parte de este libro y, si no lo has hecho, te animamos a que revises el ejercicio que te proponemos, pues te permitirá reflexionar sobre qué materiales y juguetes tener en el espacio de juego de tus hijos. Por otro lado, es importante tener presente que el juego es una actividad muy dinámica, que evoluciona con cada etapa del desarrollo, por lo que el espacio y sus componentes cambiarán con el tiempo.

LEER

A menudo se habla de cultivar el hábito de lectura y se remarca la importancia de exponer a nuestros hijos a la palabra escrita desde el primer momento. A nosotras más que de hábito nos gusta más hablar de amor o de pasión por la lectura, pues no la sentimos como una actividad rutinaria, sino como algo que realmente se disfruta. Y encima es la llave de acceso a un mundo de conocimiento. La mejor herramienta para que nuestros hijos amen la lectura es compartir nuestra propia pasión y asegurarnos de que disponen de:

- Acceso a libros adecuados a su edad y sus intereses.
- Lugar cómodo para la lectura (un cojín, una butaca, el sofá...). A poder ser, cerca de los libros.

Aunque parezca difícil de creer, cuando los niños tienen acceso a la palabra escrita, se les lee y se responde a sus preguntas y peticiones, son capaces de aprender a leer sin que nadie les enseñe de forma directa. En el hogar de Bei, sus hijas mayores aprendieron prácticamente solas, pero es que en el hogar de Nitdia, dos niños y dos niñas leen en tres idiomas sin que nunca nadie les haya enseñado de forma repetitiva que «la eme con la a hace ma».

LIMPIAR

Durante la primera infancia especialmente nuestros hijos quieren participar de todo lo que hacemos los adultos, limpieza del hogar incluida. Aprovechémoslo, pues no solo tendremos una casa más limpia, sino que también permitirá a nuestros hijos desplegar numerosas capacidades y habilidades, desde las más básicas como el control corporal o la coordinación mano-ojo hasta habilidades para la vida como barrer, recoger o fregar los platos. Para ello nos aseguraremos de que tengan:

- Acceso a la escoba y el recogedor para barrer.
- Acceso a la basura (general, compost, reciclaje...)
- Acceso al fregadero para lavar platos.
- Acceso a la bayeta y los trapos.
- Acceso a la fregona.
- Acceso a la lavadora y los productos de limpieza de ropa.
- Acceso al tendedero.

MOVERSE (retos motores)

Una necesidad que menospreciamos demasiado a menudo pero que, como os hemos explicado, es crucial. Si queremos fomentar el movimiento, podemos disponer de:

- Espejo de cuerpo entero.
- Estructuras que potencien el movimiento: estructuras Pikler (pueden ser caseras), espalderas de gimnasio, columpio simple (puede ser una cuerda con unos cuantos nudos), una colchoneta en el suelo (donde rodar, hacer volteretas...), presas de escalada en la pared, cojines robustos con los que crear obstáculos...

VESTIRSE

Para fomentar su autonomía nos aseguraremos de que tengan:

- Acceso a ropa limpia.
- Zona para depositar la ropa sucia.

Hay niños que con 3 años pueden comer solos sin problema alguno y son capaces incluso de usar un pequeño cuchillo. Hay otros que no lo hacen, pero no porque no estén capacitados, sino porque no han tenido la oportunidad de intentarlo y practicarlo. Puede que observes esta lista y te parezca que la mayoría de los objetivos no son adecuados para un niño de 2, 3 o 4 años, pero la verdad es que nuestros hijos son mucho más capaces de lo que (a menudo) pensamos y desde bien pequeños quieren participar en todas las tareas. De hecho, nos atreveríamos a decir que a menudo un pequeño de 3 años va a estar mucho más receptivo y feliz de ayudarte a tender la ropa que un niño mayor, de 10 o 12 años.

En el ambiente preparado, vamos a seguir la máxima «cada cosa en su lugar y un lugar para cada cosa», pero para que nuestros hijos la acepten, es imprescindible que modelemos con el ejemplo. Al principio podemos ayudarnos con pegatinas con dibujos o etiquetas para que sea más fácil identificar dónde va cada objeto. Si colocamos cestos o pequeñas bandejas nos será más fácil delimitar espacios.

EJERCICIO:
Facilitar la autonomía

Os invitamos a que reflexionéis sobre cómo podéis organizaros para que vuestros hijos puedan plantearse los objetivos que acabamos de enumerar. Por ejemplo:

OBJETIVO	¿CÓMO NOS PREPARAMOS?
Lavarse las manos	Taburete y toalla propia a baja altura
Acceso a los libros	Caja y butaca en el rincón del comedor
...	

Tendrás que evaluar también si son objetivos adecuados para su edad. Por ejemplo, cuando tienes un bebé, el objetivo no será la lectura autónoma, sino compartir momentos de lectura. Mientras el bebé aún no puede desplazarse, con que los libros estén a tu alcance habrá suficiente. Cuando empiece a desplazarse, le dejarás al alcance libros apropiados para su edad. Por otro lado, pasarán años hasta que tus hijos desarrollen las habilidades necesarias para cortarse las uñas de forma autónoma. Este ejercicio, pues, te invita a observar. Puede que identifiques necesidades que no quedan reflejadas en nuestra lista; no dudes en hacerla tuya.

En la naturaleza

Antes hemos escrito sobre los beneficios de reconectar con la naturaleza y son tan numerosos que no extraña que muchas pensemos que no hay mejor maestro que la naturaleza, pero esta es mucho más, es hogar. No hace tanto que nuestra supervivencia dependía directamente de nuestra relación con el entorno natural y hay quien piensa que este vínculo está grabado en lo más profundo de nuestro ser. Recibe el nombre de «biofilia», una atracción subconsciente hacia la naturaleza y el resto de los seres vivos que resulta instrumental para el desarrollo del ser humano. No son pocos los especialistas que apuntan a la desconexión con nuestro entorno como la principal causa de los grandes males de la humanidad, pero la verdad es que no hace falta ser un experto para darse cuenta de cómo ha cambiado nuestra relación con la naturaleza en las últimas décadas. Piensa en tus mejores recuerdos de infancia: ¿cuántos de ellos sucedieron al aire libre? El ritmo de vida actual nos ha ido lentamente alejando de algo que hasta hace bien poco era parte íntegra de nuestra vida. Con todo, el problema es de fácil solución, pues las mayores barreras para recuperar la conexión con la naturaleza se encuentran en nuestra mente. Vamos a romper unas pocas.

El problema: el acceso a la naturaleza. La solución: el pensamiento y la acción local

Hoy en día, la mayor parte de la población española vive en ciudades. De hecho, la mitad se concentra en tan solo 108 grandes ciudades y la otra mitad se reparte entre los 8.000 municipios. Pero no solo eso, incluso en las pequeñas poblaciones la sensación reinante es que la naturaleza queda muy lejos de sus calles asfalladas o de los campos de monocultivos que los rodean. Tenemos una visión de la naturaleza muy idealizada y es que la belleza de los bosques de postal realmente tiene un gran efecto restaurador, pero, desde nuestro punto de vista, hace falta redefinir el concepto de *naturaleza*, pues esta se encuentra en todas partes y queremos que todos podáis aprender a apreciarla y redescubrirla sin necesidad de conducir durante horas.

El año pasado, hicimos realidad uno de esos sueños locos (Nitdia): nos fuimos toda la familia de *roadtrip* en autocaravana por Estados Unidos. Recorrimos cantidad de parques nacionales, vimos animales increíbles como coyotes, arrendajos azules o bisontes, pero ¿sabéis qué? Uno de nuestros mejores momentos lo vivimos aparcados en el parking de un Walmart (un macrosupermercado), donde había un pedacito de césped. Era un día muy caluroso y llegamos justo en el momento en que se encendieron los aspersores. Os podéis imaginar el resto. Otro día, fuimos a un cañón impresionante, pero era tarde y el camping estaba cerrado, con lo que nos tocó pasar noche en el parking. Mi compañero y yo estábamos algo tristes (léase de lo más frustrados) por el cambio de planes y entonces nuestros hijos nos dieron una gran lección: vinieron corriendo a explicarnos emocionados que había cantidad de mosquitos volando bajo la luz de la farola y ¡un murciélago se los estaba comiendo! Pasamos más de media hora mirando el espectáculo y solo paramos cuando nos dimos cuenta de lo estrellada que era la noche, no había una sola nube y veíamos tantas estrellas que éramos incapaces de contarlas. Si les preguntas a mis hijos, este fue el mejor momento de nuestro viaje a Estados Unidos (y no la visión de paisajes de revista).

Nos gustaría que entendierais la naturaleza como cualquier espacio o momento en que la vida florece, prospera o nos sorprende, que nos permite establecer nuevas conexiones entre seres vivos y elementos naturales (no nos olvidemos de los minerales...), desde el descampado abandonado que está ahora inundado de maleza y «malas hierbas» hasta el diente de león que crece entre los adoquines frente a tu casa. Y si os quedan dudas, observad a vuestros hijos: cuatro matorrales de la esquina del parque con suelo de caucho, esos a los que ningún adulto presta atención, son su espacio de juego favorito, o ese árbol solitario en medio de la plaza, en el que siempre hay tres

o cuatro niños trepando. Los niños aún sienten con gran fuerza la afinidad hacia la naturaleza y la reconocerán estén donde estén. Y la verdad es que no necesitan bosques de postal, sino poder explorar los lugares cercanos a su hogar, para ir ampliando su mundo y las conexiones con este de forma gradual. Y los adultos podemos dejarnos contagiar por la curiosidad de nuestros hijos y empezar a explorar las plantas que crecen a nuestro alrededor (sí, incluso en las grandes ciudades crecen decenas de especies diferentes, muchas de ellas con multitud de usos), los pájaros que viven en los árboles plantados a lo largo de la acera o cómo las nubes pueden darnos información sobre el tiempo que hará.

Lo más importante no es la belleza estética del entorno, sino las posibilidades de exploración que nos ofrece y la posibilidad de visitarlo de forma regular para que todas las interconexiones se vayan abriendo a nosotros y podamos entender nuestro mundo mucho mejor. Seamos realistas: si tenemos dos horas de coche para poder jugar al aire libre, las probabilidades de que eso suceda son muy bajas y nos estaremos perdiendo la oportunidad de establecer conexiones con nuestro entorno más cercano. A menudo, en el deseo de educar a nuestros hijos para que puedan el día de mañana hacer frente a los problemas ecológicos que nos rodean, los informamos de todo lo que va mal: la deforestación por culpa del uso excesivo del aceite de palma, la polución del aire por las fábricas, la de los mares, dónde encontramos inmensas islas de plásticos... Nos centramos en todos los aspectos negativos de nuestra relación actual con la naturaleza sin haber compartido primero las maravillosas oportunidades que nos ofrece. Nuestros hijos e hijas viven en el presente y por ello consideramos necesario que sus primeras experiencias con la naturaleza, sobre todo en la etapa de la mente absorbente, sean experiencias sensoriales positivas. Dejemos que disfruten de la naturaleza (y se enamoren de ella) antes de cargarlos con todos nuestros problemas, y, cuando hayan establecido conexiones físicas y emocionales con su entorno cercano, podremos empezar a adentrarnos en los problemas ecológicos locales y los globales, que generalmente se abordan desde el intelecto y la conceptualización. Por ello, deberemos relegarlos para más adelante, cuando los pequeños hayan desarrollado el pensamiento lógico y abstracto (mente razonadora del segundo plano). Si lo hacemos al revés, corremos el riesgo de que se vean abrumados y opten por distanciarse de la naturaleza en lugar de conectar con ella.

El problema: la falta de tiempo y la pereza. La solución: póntelo fácil

Es muy posible que nuestro día a día se encuentre completamente desconectado de nuestros ideales y objetivos familiares. Con el ritmo de vida que llevamos, es muy fácil sentirse arrastrada y desbordada y llegar al fin de semana con tal cansancio físico y mental que lo único que apetece hacer es no hacer nada. Sin embargo, seamos sinceros: a menudo, el agotamiento que arrastramos suele ser crónico, de esos que no desaparecen por mucho que nos pasemos el finde en el sofá (algo difícil cuando se tienen niños a cargo) y lo único que logramos es que, pasadas unas horas en casa, nuestros hijos se suban por las paredes. A veces, nos encontramos maternando (o paternando) en modo supervivencia, pero nos gustaría que pudieras encontrar tu forma de crianza sostenible, aquella en la que se cubren las necesidades básicas de pequeños y adultos.

Lograr cambios nunca es sencillo, pero si nos comprometemos con nosotros mismos y logramos dar un primer paso, el resto siempre son más fáciles y en cuanto te descuidas coges carrerilla y echas a volar. La verdad es que nuestros hijos necesitan jugar al aire libre a diario, pero no esperamos que tengas la disciplina necesaria para lograrlo de hoy para mañana. La disciplina o el compromiso con uno mismo no deben ser nunca un objetivo en sí mismos (ya tenemos listas de «por hacer» demasiado largas), sino que puedes tomarte el compromiso con tus ideales como una práctica para toda la vida. Y no buscamos la perfección, sino el progreso. Además, cuando salgas unas pocas veces y disfrutes de la naturaleza en familia, cada vez te será más y más fácil hasta que llegue el día en que lo que te dará pereza de verdad será quedarte en casa y lidiar con niños con necesidad de movimiento y exploración. Sin contar con que tu cuerpo, tu mente y tu alma serán los primeros en pedirte tu ración de naturaleza.

Eso sí, es crucial que te lo pongas fácil. Lo primero de todo: rebaja expectativas. Cuando nos mudamos a Escocia (Nitdia), mis hijos tenían 9, 5 y 3 años, y la bebé menos de 3 meses. No hablaban inglés, no conocíamos el entorno, andábamos perdidos, perdidísimos. Escocia es mundialmente famosa por su exuberante naturaleza, por sus parajes de revista, y yo me moría de ganas de explorarla e ir a todos esos lugares maravillosos que aparecían en las guías de viajes. Pero nada que ver con nuestra realidad diaria. Comencé a salir a la zona verde más cercana a nuestra casa: cuatro árboles en la entrada de un cementerio, que, literalmente, estaba a la vuelta de la esquina. Como os podéis imaginar, nunca vimos a nadie jugando en aquel lugar y, sin embargo, fue nuestro primer hogar, pues allí interactuamos por primera vez con las ardillas (y el lugar pasó a llamarse «el bosque de las ardillas»), hicimos carreras en un pequeño arroyo usando hayucos como barcos y empecé a observar las primeras sonrisas de esas de verdad. Seis años más tarde, mis hijos aún recuerdan su bosque de

las ardillas. Y la parcela abandonada que descubrimos algo más tarde, y el callejón de escaleras. Nuestro entorno se abre a nosotros, y establecer vínculos con la naturaleza, a diferencia de entablar conexiones con otras personas, es de verdad fácil. Solo hace falta salir de nuestra cueva-casa.

El problema: «Mis hijos no quieren andar». La solución: un campamento base

Cuando hemos preguntado a las familias por qué no salen a la naturaleza, una de las razones más frecuentes es que tienen hijos a quienes no les gusta andar, se cansan. Llegará un momento en que la idea de alcanzar un destino concreto los atraiga, seguro que sí, pero, hasta entonces, disfrutad de estar sin tener que llegar a ninguna parte. Buscad un lugar cercano, al que podáis ir con asiduidad, donde os sintáis seguros (podéis explorarlo primero en solitario), convertidlo en vuestro campamento base y dejad que vuestros hijos jueguen y lo exploren de forma regular (¡una vez por semana sería ideal!). No se trata de hacer largas excursiones, sino de estar en la naturaleza. Tenemos una gran tendencia a hacer y nos olvidamos de ser, pero para recibir todo lo que la naturaleza nos ofrece hace falta parar, relacionarse con el entorno usando todos los sentidos y hacerlo de forma regular. Para escoger un campamento base podéis tener en cuenta las siguientes ideas:

- Cercanía a vuestro hogar. Si podéis ir andando, será más fácil visitarlo más a menudo.
- Parking cercano. Si os desplazáis en coche, deberéis buscar un campamento que os quede a una distancia a pie con la que todos os sintáis a gusto.
- Sombras (importantes en verano).
- Árboles u otras estructuras que os permitan montar un refugio si lo necesitáis.
- Retos motrices: rocas, árboles, terrenos irregulares... que inviten al movimiento.
- ¿Agua? El agua es siempre sinónimo de juego: riachuelos, mares, lagos... Es perfecta en épocas de calor y nos permite explorar nuevos hábitats durante todo el año. ¡Atención!: si tenéis cuerpos de agua cerca de casa, deberéis tenerlo presente durante la gestión de riesgos.

Una buena opción, sobre todo cuando se tienen hijos muy pequeños o hijos únicos, es quedar con otras familias para pasar esos momentos de naturaleza juntos. Las experiencias compartidas siempre saben mejor, sin contar las oportunidades que ello genera para desarrollar habilidades sociales.

El problema: el tiempo atmosférico. La solución: el equipo adecuado
Seguro que has oído alguna vez aquello de «no hay mal tiempo, solo ropa inadecuada». Pues bien, una servidora

(Nitdia) aprende mediante la experiencia y, en ese caso, no iba a ser diferente. Cuando nos mudamos a Escocia, al principio, salía a la calle con mis hijos y, a los diez minutos, el drama hacía acto de presencia: que si uno se había caído y embarrado entero, que si otro estaba empapado, que si el de más allá tenía frío... El problema estaba claro: no estábamos preparados para aquel clima y hasta que no puse remedio la situación fue bastante miserable. Compré ropa impermeable, capas y capas de ropa de abrigo y buen calzado, todo lo cual cambió rotundamente el escenario. Vaya, que el clima seguía siendo el escocés, con el que puedes disfrutar de todas las estaciones del año en un mismo día (salvo el verano, aquí el verano ¡no existe!), pero dejó de ser una barrera que me había estado impidiendo hasta salir al parque. La ropa adecuada no tiene por qué ser cara, se puede comprar de segunda mano o heredar de un hermano (o de primos o amigos), y el truco no está en adquirir una chaqueta que resista hasta -50 °C, sino en llevar múltiples capas, la última, impermeable (si vives en clima húmedo o esperas lluvia). Un ejemplo, para temperaturas entre 2 y 12 °C podría ser el siguiente:

- Ropa interior (pañal/calzoncillos/braguitas y calcetines) si la llevan. (No daremos nombres, pero en nuestras casas hay unos cuantos a los que no les gusta la ropa interior.)

- Capa interior a poder ser de un tejido transpirable como la lana: unos leggings o leotardos largos y camiseta de manga larga.
- Capa exterior de abrigo: un jersey o forro polar y un pantalón de chándal.
- Capa exterior impermeable: un peto y un anorak encima.
- Accesorios: gorros, guantes y cuellos que podrán quitarse y ponerse fácilmente en caso necesario.
- Comida y bebida: en zonas de clima frío vale la pena llevarse un termo con algo calentito, como una infusión, una leche con cacao (¡la leche de avena con cacao siempre triunfa!), un caldito...

En caso de temperaturas más bajas, entre los -4 y los 2 °C, podéis sustituir la capa impermeable por ropa de nieve, pero todo lo que os he listado aquí no es más que una guía y depende mu-cho de cada niño. Sin contar que, si este empieza a correr y moverse, es muy posible que entre en calor fácilmente, con lo que al vestirlos con capas, siempre es fácil quitar algo. Mis hijos, después de todos estos años en Escocia, ya se han más que aclimatado y con 12 °C, si no llueve mucho ni sopla demasiado viento, van en manga corta. A ellos les da más miedo el verano: cuando vamos a visitar a la familia en Catalunya, se quedan planchados por el calor. En este caso, lo primordial es:

- Protegerse del sol. Aparte de usar gorras, protección solar o lo que cada familia considere, resulta primordial hacer un buen uso de las sombras y, a menudo, se hace necesario instalar un pequeño toldo rudimentario, sobre todo si tenemos bebés. Podemos crear uno con unos metros de cordino y una sábana o lona.

REFUGIOS CON TOLDOS

en forma
de A

en forma
de flecha

inclinado

alado

inclinado
con suelo

plano

• usamos árboles o palos para atar la cuerda y piedras para sujetar

Si se usa una lona impermeable, estos refugios nos protegerán también de la lluvia y ¡se montan en unos pocos minutos!

- Mantenerse hidratado. Los mismos termos que usamos en invierno para las bebidas calientes en verano son ideales para que estén fresquitas. Otra opción barata es poner botellas de agua en el congelador el día antes. Eso sí, sobre todo hay que llevar siempre algo de fruta para refrescarnos e hidratarnos a la vez que nos nutrimos.

Es una buena idea comprobar qué tiempo va a hacer antes de salir de casa, no solo para saber qué ropa escoger, sino también si hay algún riesgo extremo como fuertes vientos. No obstante, sobre todo, hace falta observar al niño, pues es él el que sabe si tiene frío o calor y es importante que pueda experimentar en primera persona para que sea capaz de tomar conciencia de su cuerpo y aprender a regularse. Sabemos que la ropa puede acabar siendo una batalla, pero creemos que no vale la pena entrar en ella. Si el niño no quiere ponerse la chaqueta, prueba a decirle algo como: «¿Qué te parece si la cogemos por si luego tienes frío?». Como madres y padres de familias numerosas, somos conscientes de lo que es salir de casa cargadas de chaquetas porque sabemos que se van a necesitar, pero es importante que nuestros hijos tengan la oportunidad de experimentar el frío en sus propias carnes y que nos adelantemos a sus necesidades, como adultos responsables que somos. Dejar la chaqueta de un niño pequeño en casa porque no la ha querido coger no es una consecuencia lógica, es un castigo. La consecuencia natural es, por el contrario, sentir el frío y, si salen sin abrigo, podrán experimentarla para luego pedírnoslo con el fin de solucionar la situación. El siguiente día que se repita la escena, podremos recordarles la situación (sin juicios) y llegar a un acuerdo: pueden cogerla y dejarla colgada en un sitio seguro por si la necesitan más adelante, guardarla cada uno en su mochila, anudársela a la cintura...

Si os desplazáis en coche, siempre podéis tener algo de ropa de recambio en el maletero, os aseguro que os sacará de apuros en no pocas ocasiones.

El problema: «No sé nada sobre plantas ni animales. ¿Un diente de león, dices?». La solución: la belleza está al alcance de todos

Para muchos, la naturaleza se ha convertido en algo extraño a lo que incluso temen y, aunque es necesario tenerle el respeto que se merece, la falta de experiencia o de conocimiento intelectual no debería ser una barrera. Vamos a romper un mito o, al menos, generar algo de controversia. Seguro que habrás leído alguna frase inspiradora del estilo: hace falta conocer la naturaleza para poder amarla. Y, aunque es cierto que hay que tener contacto con la naturaleza para poder apreciarla de verdad, no hace falta ser un experto en botánica para poder salir al bosque.

Mira a los ojos de tu hija o hijo. ¿Ves su mirada? ¿Su profundidad? Probablemente la mayoría no sepáis que los ojos contienen millones de células fotorreceptoras y que hay de dos tipos (los conos y los bastones), con diferentes propiedades: unos nos permiten ver color y los otros ver en la oscuridad. A no ser que seas oftalmóloga o hayas estudiado biología hace poco, es muy probable que no lo supieras pero, aun así, has sido capaz de apreciar su belleza. Pues, de la misma forma, no hace falta ser naturalista o conocer el nombre en latín de todas las plantas para poder salir a disfrutar de la naturaleza, ya que, en realidad, es mucho más divertido no saber y así poder de veras acompañar a vuestros hijos en sus descubrimientos. Los niños son curiosos por naturaleza y solo con que busquéis respuesta a una parte ínfima de sus preguntas, en muy poco tiempo, ¡seréis unos expertos! Puede que un día tu hijo se fije en una planta y que activamente te pregunte por ella, pero puede que no. He aquí tu gran herramienta: la observación. Si estás atenta, lo verás jugando con la planta y al llegar a casa podrás buscar información para identificarla. No hace falta salir siempre cargados de guías, puedes tomar unas fotos con el móvil y luego mirarlas en casa con tranquilidad. El siguiente día que visitéis vuestro espacio especial le podrás decir: «¿Te acuerdas de aquella planta de flores amarillas? ¡Ya sé qué es! ¿Y sabes qué? ¡Se puede comer!», y podréis tomar unas pocas y añadirlas en vuestra ensalada a la hora de cenar. El primer día que tu hijo se fijó en la planta, se hizo la primera conexión, una conexión fina, como un hilo de coser. Al segundo, cuando ya la conocíais más, ese hilillo se convirtió en un cordel que pasó a ser una cuerda en el momento en que la comisteis. Ahora la planta ya forma parte de vosotros y ya no tiene importancia si os sabéis su nombre en latín. Para apreciar la belleza hace falta tomar consciencia de esta usando todos nuestros sentidos, pues amar sale del corazón y no del intelecto. Los nombres en latín no son más que etiquetas subjetivas.

Eso sí, aunque para amar y valorar la naturaleza no hace falta ser un experto, siempre hay que tenerle respeto, como hemos dicho en varias ocasiones, y debemos ser conscientes de que no podemos domarla. Cada año, los equipos de emergencias deben rescatar decenas de excursionistas sin experiencia que se han extraviado o se han lanzado a la aventura sin el equipo adecuado. Y es que es de sentido común, aunque a veces parezca que no es tan común como su nombre indica. Así que tened en cuenta que, como os hemos explicado antes, para disfrutar de la naturaleza a nivel familiar no hace falta hacer grandes excursiones, basta con encontrar un «campamento base» en el que podamos explorar. Cuando nos apetezca andar, buscaremos rutas que estén bien reseñadas y siempre tendremos en cuenta que los tiempos necesarios para recorrerlas en familia pueden ser tranquilamente el doble o el triple de los listados «para adultos». Los CEA (centros de educación ambiental) pueden ayudarnos mucho en este sentido.

El problema: la seguridad.
La solución: la gestión activa

Por lo general, abordamos la seguridad desde nuestros miedos (normalmente emocionales) y no desde las capacidades de nuestros hijos. Por eso somos capaces de soltar veinte «¡Ten cuidado!» y «¡Vigila!» por minuto, pero nos gustaría invitaros a reflexionar sobre los riesgos reales. ¿Cuán peligroso es que tu hijo tropiece? Si no lleva nada que pueda dañarlo en las manos (como un palo puntiagudo), lo peor que puede pasar es que se caiga y aprenda a levantarse. A cada momento decimos que queremos hijos resilientes, autónomos y con espíritu crítico, pero nos da miedo hasta el más mínimo rasguño. Creemos que el error es el motor del aprendizaje (y no una disminución de nuestro valor), pero, aun así, no dejamos que yerren. Y con eso no estamos diciendo que vayamos a prestarle un cuchillo de carnicero a un bebé de un año, pero sí podemos ofrecer a nuestros hijos la

oportunidad de enfrentarse a riesgos adecuados a su madurez mental, física y emocional. Se trata de brindarles la oportunidad de enfrentarse a riesgos controlados. Y, como os hemos dicho antes, este es para nosotras uno de los grandes beneficios de jugar y pasar tiempo en la naturaleza, pues esta ofrecerá a nuestros retoños innumerables oportunidades para retar su cuerpecillo y su mente.

La gestión de riesgos a nivel familiar es muy diferente de la gestión de riesgos en el ámbito laboral, puesto que, en el primer caso, la exposición a ciertos riesgos trae consigo beneficios (autocontrol, autoconocimiento y conocimiento del entorno) mientras que en el entorno laboral eso no sucede y se trabaja, en la medida de lo posible, en la eliminación de riesgos. En su lugar, a nivel familiar trabajaremos por la seguridad activa, es decir, que cada individuo aprenda a cuidar de sí mismo (y, por extensión, de los demás). Se trata de poner nuestro foco en los objetivos a largo plazo: «Para que mi hija aprenda a correr, primero deberá aprender a levantarse y se caerá numerosas veces; luego andará, y se tropezará otras tantas, y poco a poco logrará el control suficiente de su cuerpo para empezar a correr. Entonces aprenderá que, si corre en un terreno irregular, es más fácil caerse. Puede que se tope con algún agujero escondido o con alguna rama en el suelo o que caiga de rodillas sobre una piedra, lo que sin duda le ocasionará alguna que otra herida. Pero, con cada tropiezo, mi hija estará integrando nueva información sobre su entorno y sobre sí misma, y la usará en tomas de decisiones futuras, con lo que estará desarrollando su espíritu crítico».

Sabemos que a veces es muy complicado morderse la lengua, que las advertencias salen solas, pero en realidad no ayudan, sino que incrementan el riesgo al distraer a nuestros hijos, que dejan de prestar atención a su situación presente (esa que nos parece arriesgada) para prestarnos atención a nosotras, y es que no hay nada mejor que una advertencia vacía para boicotear las experiencias de nuestros retoños. Las llamamos «advertencias vacías» («ten cuidado», «vigila») porque, si os fijáis, son frases que no aportan información específica. «¿Cuidado con qué? ¿Qué debo vigilar?», se preguntará mi hija.

Otro problema de estas advertencias es la pérdida de confianza en uno mismo, pues estamos traspasando a los niños nuestros propios miedos. El niño se siente capaz de cruzar el riachuelo saltando de piedra en piedra, pero, ante nuestra advertencia, se lo piensa mejor y decide que si mamá cree que no es buena idea cruzarlo, puede que sea porque no es capaz, y ya no lo intenta. Sin querer, le hemos saboteado el aprendizaje y mandado un mensaje muy negativo: que no confiamos en sus capacidades, ni físicas ni de toma de decisiones. De nuevo, se trata de aplicar sentido común teniendo muy presentes las capacidades de nuestros hijos. Por ejemplo, si mi hija de 8 años decide que quiere escalar una pared de veinticinco metros de altura sin cuerda ni sujeción alguna, voy a impedirlo (le daré explicaciones y buscaré alternativas), pero lo cierto es que la gran mayoría de las veces que interferimos con una advertencia se trata de situaciones en las que los beneficios de realizar la actividad superan los riesgos con creces.

Es importante entender la diferencia entre «riesgo» y «peligro». Un peligro es cualquier cosa que, potencialmente, puede herir a alguien: un cuchillo, un agujero en el suelo, una caída desde una buena altura... El riesgo es la probabilidad de herirse y, como adultos, trabajaremos para que sea lo más baja posible. Por ejemplo, manejar un cuchillo puede resultar incluso en muerte (si se seccionan arterias mayores), con lo que podríamos considerar su uso como de alto riesgo, pero, si le ofrecemos a nuestro hijo un cuchillo con un filo adecuado a sus capacidades y lo supervisamos, ¿es ahora la situación de alto riesgo o nuestras acciones lo transforman en un riesgo moderado? Sin tener en cuenta los beneficios: que nuestro hijo aprenda a alimentarse de forma autónoma. Como padres, estamos haciendo evaluaciones constantemente, sopesando riesgos y beneficios, en busca de la seguridad física y emocional de nuestros hijos. Pero no solemos ser conscientes de que nuestras acciones (del tipo que sean) tienen un gran impacto en nuestros vástagos. Si queremos eliminar las advertencias vacías de nuestro vocabulario, hay alternativas:

- Optar por el silencio. Antes de hablar podemos preguntarnos: «¿Está realmente en peligro la integridad física o emocional de mi hijo? ¿Qué está aprendiendo ahora? ¿Qué puede pasar si se equivoca?». En muchas ocasiones, después de una pequeña reflexión podemos optar por mordernos la lengua y no decir nada.
- Ampliar la percepción de riesgo. Si identificamos un peligro y queremos estar seguros de que nuestros hijos son conscientes de este, seremos específicos y descriptivos: «¿Has visto...?», «¿Te sientes seguro...?», «¿Crees que puedes dañar a alguien?».
- Fomentar la solución de problemas: «¿Cómo planeas...?».
- Ser informativo. Hablar en primera persona y demostrar lo que se dice con acciones: «Voy a apartarme porque...», «Yo siempre ... para ...» (por ejemplo, decimos «Yo siempre sujeto la manzana así para evitar cortarme», al tiempo que lo demostramos).
- Reformular en positivo. Cuando nos entran los miedos, tendemos a abusar de las negaciones: «No corras», «No tires piedras», pero podemos darles la vuelta y convertirlas en una frase (a poder ser descriptiva) positiva: «Cuando hay agujeros, es mejor andar despacio» o, mejor aún, «¿Has visto los agujeros?»; «Tiraremos piedras donde no podamos dañar a nadie. ¿Se te ocurre algún lugar adecuado?» o, mejor todavía, «¿Crees que puedes dañar a alguien si tiras piedras?». No debemos pretender darles una orden que puedan obedecer o desobedecer, sino invitarlos a hacerse las preguntas necesarias que los ayudarán a cuidar de ellos mismos.

A veces, si estamos inmersos en un proceso de paso del control a la confianza, hay quien tarda más que otros en cambiar el chip. Es el caso de Bei, que sufría mucho con las alturas porque tiene vértigo. Delegar en el padre al tiempo que les explicaba a sus hijos que era su propio miedo y no la falta de confianza en las habilidades de ellos lo que la paralizaba permitió que siguieran con su proceso a pesar de esa actitud. Poco a poco fue soportando mejor los riesgos relacionados con alturas y ahora hasta hacen bromas al respecto. Al final, lo único que importa es la conexión.

En el caso de Nitdia, le pasó algo parecido con las alturas, pero no con sus hijos, sino con unos hermanos que asistían a sus sesiones de Escuela Bosque y que subían a árboles enormes y saltaban de rama en rama. Al principio los veía muy confiados, muy seguros, pero, puesto que no los conocía, no sabía de sus habilidades, así que cuando la madre de los chavales acudió a la escuela a recogerlos, le preguntó al respecto. La madre le explicó que vivían en una granja, donde los niños pasaban el día en lo alto de los árboles. También habló con ellos y le dieron a Nitdia un par de consejos que comparto siempre que tengo oportunidad: por una parte, explicaron que nunca saltan a ramas delgadas y, por otra, aseguraron que las «testeaban» antes de subirse. El concepto de «rama delgada» necesitaba un poco más de precisión y menos subjetividad, así que lo adaptamos y decimos desde entonces a todos los grupos de la escuela que debemos evitar ramas más delgadas que nuestra muñeca.

Hasta ahora hemos hablado básicamente sobre cómo gestionar nuestros miedos. A nivel práctico, os ofrecemos algunas recomendaciones para garantizar la seguridad de la familia:

- Informar a alguien externo (que no vaya con vosotros) sobre adónde vais y cuándo pensáis regresar a casa. No hace falta ser muy específico con el tema horarios, solo informar sobre si vais a pasar el día fuera o dos días o...
- Llevar la ropa adecuada y ropa de recambio (hemos hablado de ello en el punto anterior).
- Llevar agua y comida suficientes.
- Llevar un pequeño botiquín (con manta térmica para emergencias, son económicas y os pueden salvar la vida).
- Llevar un silbato. Si a vuestros hijos les gusta merodear y pasar mucho rato fuera de vuestro alcance visual, podéis llevar un silbato cada uno y usarlo como llamada para reunirse de nuevo en el campamento base (o para encontrar a un niño extraviado en caso de que fuera necesario).

EJERCICIO:
Tu brújula interna

Tenemos tendencia (al menos nosotras) a intelectualizarlo todo, desde la crianza de nuestros hijos hasta los paseos por la naturaleza. No obstante, a menudo, las mejores experiencias son aquellas que nacen de seguir nuestros instintos. Recuerdo una vez (Nitdia) que fuimos a buscar setas con mis hijos, era sábado por la mañana y en época de luna llena (cuando normalmente encontramos más setas). Íbamos con la idea de recoger ceps (*Boletus edulis*), chantarelas (*Cantharellus cibarius*) y lenguas de vaca (*Hydnum repandum*), tipos que conocemos bien y que habíamos recolectado en otras ocasiones. El caso es que una vez en el bosque empecé a alejarme y a dirigirme hacia un margen, donde básicamente había helechos. Mi cabeza me decía: «¿Adónde vas? ¡Dirígete hacia los árboles caducifolios! ¡O hacia los pinos! Entre los helechos no encuentras nunca nada», pero algo dentro de mí me decía que debía seguir en aquella dirección, hacia el lugar en el que apenas minutos después hicimos un gran descubrimiento. Había unos cuantos troncos de abedul caídos ¡repletos de políporos! El políporo del abedul (*Fomitopsis betulina*) no es el hongo ideal para comer (aunque se puede), pero es genial como medicina y nos ofrece otros usos: para afilar herramientas y ¡como tiritas! Solo mis dos hijos mayores lo conocían y fue una gran experiencia para todos (sin contar que ahora sabemos adónde dirigirnos si necesitamos alguno). Seguir nuestro radar natural, deambular sin rumbo, curiosear dejando de lado planes y agendas debería ser una asignatura obligatoria cuando estamos al aire libre, y a nuestros hijos se les da de maravilla.

Con este ejercicio queremos que conectes con tu radar corporal, tu brújula interior, y te dediques a pasear muy poco a poco por la naturaleza. ¿Qué te llama la atención? ¿Qué sientes? Si quieres, puedes llevarte una lupa y observar todo lo que a veces pasa desapercibido. Normalmente vamos muy rápido por la vida, siempre con objetivos en mente. Este simple ejercicio te ayudará a desacelerar y a entender que lo importante no es el destino, sino todo lo que encontramos a lo largo del camino.

No hace falta que te vayas al bosque para llevarlo a cabo; lupa en mano, puedes descubrir todo un mundo a los pies del único árbol de la plaza. Las maravillas de cambiar de escala.

Hermanos de distintas edades

Preparar diferentes ambientes en los que cada niño pueda satisfacer sus necesidades en todo momento es, sin duda, muy útil para la convivencia. La naturaleza nos da el marco ideal en el que las necesidades de todos pueden ser satisfechas de forma orgánica, simple. Y, de la misma manera, de vuelta a casa, el ambiente preparado es clave para poder disminuir los conflictos entre hermanos.

Con niños pequeños de distinta edad suele funcionar tener espacios separados en una misma zona (por ejemplo, con una barrera o diversas actividades a diferente altura). En cambio, los más mayores empiezan a necesitar espacios donde puedan tener más privacidad, organizar sus cosas, decidir qué no quieren compartir y qué sí, así como espacio y tiempo para jugar solos o con amigos que los visiten en casa.

Siempre cuento (Bei) que cuando mis hijas mayores empezaron a necesitar un espacio exclusivo para ellas y su hermana bebé no las dejaba, me pidieron una «cárcel de bebés», un parque o corralito donde encerrarla para poder hacer ciertas tareas en calma. Yo se lo argumentaba desde la pedagogía Montessori o desde las teorías de libertad de movimiento de Pikler y siempre me decían lo mismo: «Pero ¿esa Montessori o esa Pikler tenían hermanas?». Pues bien, centrarme demasiado en mi dogma provocó que infravalorara la necesidad de mis hijas, es decir, que yo no asegurara su pertenencia y su contribución. Finalmente accedí a poner una vallita de escalera en el cuarto de Vega, la bebé, una solución respetuosa para ellas, para mí y para la situación. Quizá Vega no estuviese muy de acuerdo con aquel final y nos lo hacía saber expresando su necesidad o incluso buscando sus propias soluciones, como coger el escalón del baño para intentar trepar por la valla. Poco a poco fuimos ajustando y llegamos a acuerdos nuevos, como que, si había un adulto disponible para acompañar a la bebé, podía pasar al cuarto o podíamos mover la actividad a la cocina o incluso utilizar materiales parecidos pero ajustados a la edad de cada una.

En nuestro hogar (Nitdia) hasta hace muy poquito tres de mis hijos compartían una misma habitación. No porque lo hubieran pedido, sino por no tener más espacio. Al poco tiempo nos dimos cuenta de que Lluc y Heura (los dos mayores del trío) necesitaban un espacio que pudieran sentir suyo, al que retirarse para leer en paz; en definitiva, su refugio, con el añadido de

que Teia (la pequeña) no respetaba sus objetos privados, sus tesoros. Pues bien, la solución pasó por transformar las tres camas de la litera que compartían en sus pequeños refugios: cortinas para la privacidad, pequeñas estanterías para guardar las lecturas del momento, lámparas... Nada excepcional, pero lo escogieron ellos y así cada uno pudo crear su pequeño rincón de paz. Por otro lado, como los mayores entendían que Teia aún era pequeña y estaba aprendiendo a respetar las propiedades privadas, decidimos comprar cajas de herramientas de metal, de esas que se abren en acordeón y tienen mil y un compartimientos para guardar cosas, y las cerramos con candado (de combinación, pues mantener las llaves a salvo nos pareció demasiado complicado). Al cabo de un tiempo los candados dejaron de ser necesarios, pero en ese momento fueron la solución. Como veis, esta normalmente no se halla en el *más* (una casa *más* grande, *más* materiales...), sino en la escucha a nuestros hijos y en la búsqueda de soluciones en equipo. Dar a cada uno lo que necesita no es acceder a sus caprichos, sino nuestra forma de decirles: «Te entiendo, me importas, vamos a buscar juntos una solución que satisfaga las necesidades de todos».

Por otro lado, para ajustar un mismo ambiente a las necesidades de todos los peques, tendremos que enfocarnos no en los períodos sensibles, sino en las tendencias humanas, que podemos satisfacer para todos al mismo tiempo (exploración, movimiento, arte, etc.). Por ejemplo, usando recursos como:

- Todo lo que permita el juego desestructurado y libre (palitos, troncos, piedras preciosas, rocas, carretes, tapones, etc.).
- Todo lo que permita el movimiento libre (estructuras para escalar, braquear o elementos para balancearse, ajustados a las necesidades de los niños).
- Todo lo que permita crear y que sea fácilmente lavable, es decir, mejor elegir lápices de madera o ceras que rotuladores, así como pergaminos de caligrafía o usar pinceles para pintar con agua en el exterior, etc.).

Cuando compartes la vida con niños de distintas edades, te das cuenta de algo muy bonito: su capacidad de desarrollar una misma actividad a diferentes niveles de profundidad. Cuando encontramos una seta en el bosque, los más pequeños se quedan en la superficie: una seta de color rojo; y los mayores puede que decidan que quieren identificarla o puede que empiecen a hablar del papel que desempeñan las setas en el ecosistema o que investiguen las diferentes partes de los hongos y descubran que son como una flor, pues el micelio se expande por debajo, razón por la que las cortamos en lugar de arrancarlas. Cada niño, en función de sus capacidades y de sus intereses, vivirá una misma situación de forma única. Es importante recordar que la naturaleza es el gran ambiente preparado, a coste cero, y siempre permite maximizar tanto tendencias humanas como períodos sensibles.

Por último, creemos que algo que funciona cuando sentimos que aumenta la rivalidad entre hermanos (o más bien que nos estamos desconectando de nuestros peques) es buscar huecos para pasar tiempo de plena presencia con ellos y ellas. Si bien no es un concepto adleriano, ya que puede alimentar una meta errada de atención, en nuestra experiencia sí ha sido un punto de inflexión, quizá no por el tiempo especial en sí, sino por la presencia plena y la escucha activa y consciente; en todo caso, os animamos a probarlo cuando penséis que os falta conexión e incluso a institucionalizarlo, calendarizarlo y ritualizarlo si así funciona en vuestra familia.

SEGUNDA PARTE:
LOS RETOS COMO
OPORTUNIDADES DE
MODELAR Y CONECTAR

El día a día cuando nuestros hijos son pequeños puede ser algo totalmente agotador, no solo tenemos que acompañar sus emociones sino también cuidarles en el sentido más primitivo de la palabra cuidar, tenemos que mantenerlos con vida. Y además trabajar, mantener la casa, cuidarnos a nosotras mismas... Para poder disfrutar de una crianza que nos nutre a todos en lugar de sufrir una crianza agotadora podemos aceptar que los primeros años son muy intensos y cambiar nuestra forma de ver los retos diarios: en vez de como mero conflicto, vamos a vivirlos como una oportunidad de hacer nuestra relación más sólida y practicar las habilidades que todos los peques traen ya preinstaladas (y que necesitan ejercitar en un entorno seguro).

Primera infancia (0-6 años)

Vínculo y autocuidado

Debido a la posición de bipedestación de las hembras humanas y al extraordinario desarrollo de la corteza cerebral, sería imposible que la mujer pudiera dar a la luz a un bebé en condiciones de desarrollo similares a las de otros mamíferos. Por ejemplo, un ternero nada más nacer ya podrá caminar solo y un delfín nadará junto a su madre para tomar su primer aliento. Sin embargo, un bebé humano tardará meses en desarrollar un mínimo de autonomía. Y no sabemos exactamente cómo se produjo ese cambio evolutivo: quizá fue la bipedestación y el desarrollo del cerebro lo que provocó que las crías nacieran inmaduras y hubiesen de tener un contacto estrecho con su madre o, al revés, tener un contacto estrecho con su madre fue lo que permitió que se produjeran la bipedestación y el desarrollo cerebral. Conjeturas aparte, lo que sí está claro es que el *Homo sapiens* es el último eslabón de ese proceso evolutivo, a pesar de que, a nivel biológico, en miles de años apenas nos hemos diferenciado de nuestros antepasados más remotos.

Desde que empieza nuestra vida, desde que el material genético que nos construye se une, existe ya cooperación. Óvulo y espermatozoide crean un cigoto, un nuevo ser que, a su vez, si se dan ciertas condiciones, se subdividirá formando nuevas células que se irán especializando, uniendo y conformando en grupos. Todas y cada una de ellas cooperan por la supervivencia de este nuevo ser. La cooperación se encuentra implícita en todos los seres vivos y en especial en los *Homo sapiens*, que, al nacer tan inmaduros, necesitamos de los adultos (normalmente a la madre) para poder sobrevivir.

El embarazo es el período de nuestra vida en el que comienza a establecerse el vínculo con nuestra madre, en el que se ponen en marcha mecanismos hormonales para que esta circunstancia se dé de la mejor forma posible. El parto es otro momento en el que nuestra biología cuida sobre todo de que se produzca esa vinculación y cuando el parto no es medicalizado, el baile hormonal que va a favorecer que mamá y bebé se vinculen es apoteósico: con cada contracción uterina, la madre segrega oxitocina endógena (u hormona del amor), que va a permitir que el parto progrese. También se producen endorfinas, las hormonas del placer, y de la misma forma llegan al bebé. En definitiva, ambos cuerpos cooperan para que el parto se produzca. Sin embargo, este equilibrio es delicado y si la mujer tiene miedo por encontrarse en un entorno que considera hostil o en el que no puede tomar decisiones o si no se siente respetada por aquellos que en teoría deberían protegerla, lo más probable es que su organismo genere hormonas como la adrenalina o el cortisol, que van a paralizar las contracciones, lo que interferirá en el desarrollo del parto y quizá provocará que se desencadene una cascada de intervenciones que, ¡oh, sorpresa!, el mismo entorno ha provocado. En todo caso, madre y bebé pueden establecer un diálogo interno: «Estoy contigo, estamos juntos, todo va a salir bien, somos un equipo», porque un bebé antes de nacer es exactamente el mismo bebé que después del nacimiento y tiene emociones que podemos acompañar incluso cuando aún no ha salido del útero.

Justo antes del nacimiento se segregan catecolaminas, que tienen la función biológica de provocar contrac-

ciones intensas de expulsivo y de proteger a su vez al bebé de estas fuertes contracciones. Finalmente, en el momento del nacimiento, cuando la madre ve por primera vez a su criatura, se produce un pico en los niveles de oxitocina que promoverá el vínculo, la impronta: amor incondicional puro. Esta potente subida del nivel de esta hormona tiene también otro objetivo: favorecer la expulsión de la placenta.

Por otro lado, el instinto hace que la madre coloque al bebé junto al pecho y que este lo huela, incluso lo lama, lo bese, lo acaricie, con lo que se producirán aún más endorfinas y oxitocina, que, a su vez, generarán la eyección de la leche. Por si fuera poco, cada vez que el bebé mama, la madre produce prolactina, la hormona encargada de la producción de leche materna y de aumentar la necesidad de cuidar y atender al bebé.

Otra ventaja del parto vaginal no medicalizado es que el proceso por el que el bebé se desliza a través del canal de parto permitirá que los reflejos primitivos con los que nacemos (y que nos ayudan a sobrevivir en esta primera etapa tan vulnerable) tengan más posibilidades de desarrollarse de forma correcta.

Por supuesto, no todos los partos son iguales y, en ocasiones, se producen intervenciones, ya sea porque es necesario o porque se ha producido iatrogenia, es decir, un daño causado por la actuación médica. Una cesárea puede salvar una o dos vidas, ¡bienvenidas sean! Lo único que queremos poner de manifiesto en estas líneas es que los bebés ponen todo de su parte para nacer, es decir, cooperan en el parto, y obviar eso es no entender cómo funciona la naturaleza humana. Por otro lado, debido a su vulnerabilidad, llegan a este mundo con la necesidad de vincularse, por lo que si se produjera la separación de su madre al nacer experimentaría mucho miedo, lo que nos lleva a reclamar que no se realicen separaciones entre madre e hijo por rutina, tan solo en el caso de extrema urgencia médica. Durante los primeros nueve meses de vida, el período llamado «exterogestación», el bebé no puede entender que es un ser separado del cuerpo de su madre, por lo que necesita de su contacto; no olvidemos que hace nada sus dos cuerpos eran uno solo. El pediatra neonatólogo sueco Nils Bergman expone que esta no-separación debe durar al menos mil minutos después del nacimiento, es decir, algo más de dieciséis horas y media, tiempo durante el cual podemos observar y limpiar al bebé colocado sobre su madre, y otras tareas, como pesar, medir y explorar de forma más profunda al bebé, pueden esperar. Cuando se produce la separación entre la madre y el hijo, ambos sufren. Quizá la madre pueda racionalizar la situación, pero el niño solo experimenta soledad y abandono, lo que le provoca un gran estrés que a su vez pondrá en marcha la secreción de adrenalina y cortisol en grandes cantidades, sin duda nocivas para su organismo y sin posibilidad de regularlas, pues carecen de la madurez cerebral adecuada para ello.

Así pues, cuidar las condiciones en las que un niño o una niña va a nacer es cuidar el vínculo. A veces el nacimiento no discurre como nos habría gustado, una situación en la que de nada sirve sentirse culpable, pues no podemos cambiar el parto que ya se produjo. No obstante, sí que podemos decidir cómo vamos a actuar a partir de ahora, y es que tenemos el resto de su vida para darle amor. Nuestro cerebro es plástico, los seres humanos somos resilientes y todo se puede compensar a través de más y más vínculo, más contacto, más oxitocina y, en definitiva, más amor.

Durante las cuarenta semanas que dura aproximadamente un embarazo, madre y criatura viven en un *continuum*, una simbiosis por la que siempre permanecen juntos. El parto será la primera crisis que sufra el feto, también la más necesaria, porque no puede permanecer para siempre dentro del cuerpo de su madre. En su libro *Un ser humano*, la discípula de la doctora Montessori, Silvana Quattrocchi, expresa que el nacimiento es la primera crisis del desarrollo que vive el bebé. Cuando un bebé llega al mundo, se separa del cuerpo de su madre y empieza una nueva etapa en la que sigue necesitando de ella, pero fuera de su vientre: su contacto, su olor, su voz, su cercanía... Y la madre, por instinto, siente la necesidad de tomarlo en brazos. Para el pediatra y psiquiatra inglés Winnicott, «la madre sabe cómo hacerlo, no porque sea inteligente o llevara a cabo un entrenamiento, sino simplemente porque es la madre natural».

Como decíamos, a veces durante el parto se producen complicaciones: no va como esperábamos o quizá sí, pero el cuerpo de la madre no ha reaccionado como sería de esperar y, en lugar de vínculo, lo que siente es rechazo hacia el bebé. En estas situaciones lo mejor que puede hacerse es compartir la experiencia, abrirse a alguien de confianza: una doula, una matrona o un terapeuta especializado en la etapa perinatal. Es imprescindible pedir ayuda, sin culpas.

Los cuidados de la madre contribuyen a que el recién nacido se encuentre más seguro en un entorno que para él es hostil, pues no lo conoce. Ya desde antes de nacer, aparte de con su madre obviamente (su latido lo calma), el bebé establece una relación especial con las personas que ha tenido cerca durante el embarazo. Así, reconocerá la voz de, por ejemplo, el otro progenitor y la de los hermanos, si los hubiera. Para el psicoanalista británico John Bowlby, esta capacidad del pequeño de establecer un vínculo con su cuidador es innata y no aprendida, similar a la impronta que tienen otras especies. Y es que los humanos, de forma parecida a otros mamíferos, como los marsupiales, necesitan mucha atención y cuidado para poder sobrevivir durante los primeros años de vida. Los canguros nacen extremadamente inmaduros, por lo que deben trepar desde el útero de su madre hasta el marsupio, una bolsa que tienen las hembras en la que la cría pasará varios meses, al principio largos períodos y al final apenas nada. Pues bien, esta etapa de exterogestación, como ya adelantamos, se produce también, aunque de una forma menos evidente, con nuestros bebés.

Es muy importante dejar que fluya esta exterogestación e incluir a los niños pequeños en nuestra vida cotidiana, de forma que no se vean olvidados en cunas, hamacas, parques o carritos, pues eso hace que les sea imposible participar en la que será, de hecho ya es, su sociedad y su familia. Así las cosas, en contacto estrecho con su madre, quizá porteado (es decir, usando un portabebés, actividad que permite cierto movimiento y a la vez cierta contención, como sucedía en el útero) y escuchando de forma continua los latidos del corazón de su madre esta transición será más sencilla, ya que el entorno le resultará familiar y se sentirá protegido. Y es que los seres humanos construimos nuestros aprendizajes y percepciones basándonos en las experiencias pasadas, en el caso del bebé, la vida intrauterina.

Ya avanzaba la doctora Montessori que los primeros seis años de vida, y en especial los primeros tres, son decisivos en la formación del ser humano. Es más, parece ser que el primer año es fundamental en la salud mental de los niños, por lo que no hay que perder de vista que una vinculación sana, un apego seguro, permitirá posteriormente una desvinculación de las mismas características.

Recapitulemos: hay una serie de necesidades que tienen los bebés recién nacidos, a saber, el contacto directo con su madre para proporcionarle alimento nutricional y emocional; el respeto por sus ritmos biológicos (la lactancia y el sueño deben ser siempre a demanda del niño); el ritmo en las actividades diarias, pues el orden y la repetición lo ayudan a sentirse seguro; y, por último, espacio libre en el que poder desarrollarse, es decir, un colchoncillo en el suelo que no constriña el movimiento del niño —como sí hacen las hamacas, los carros y las cunas— y favorezca la exploración sensorial, porque, según Maria Montessori, el niño en esta etapa aprende con la información que le llega a través de todos los sentidos. En definitiva, un recién nacido necesita los brazos de una madre consciente y relajada (y de una familia también relajada), libertad adecuada para su edad y mucho mucho suelo.

Como ya adelantábamos, una de las formas más sencillas de permitir esa vinculación al tiempo que seguimos con nuestra vida cotidiana es portear a los bebés. En algunas culturas es algo totalmente interiorizado, presente en sus tradiciones (encontramos muchos ejemplos en zonas de África, Asia o América del Sur), pero en Occidente todavía no está normalizado. Y es una lástima porque los beneficios son innumerables: los niños porteados lloran menos y observan todo el ambiente que les rodea; socializan con llamadas de atención, gorjeos y sonrisas a los adultos que encuentran alrededor, lo que los vincula de manera muy temprana con su cultura, con su tradición, con sus raíces. La mente del niño no solo absorbe esa vinculación con el grupo social al cual pertenece por nacimiento, sino que también la interioriza.

En el vínculo establecido con la madre se produce una simbiosis. Alguien podrá decir que es solo el pequeño el que, con esta vinculación madre-hijo, satisface sus necesidades físicas y emocionales. Nada más lejos de la realidad: para la madre —o el padre u otro cuidador— también resulta algo muy positivo, pues incrementa el apego y el vínculo seguro. Cuando el bebé es porteado, suele quedarse dormido si tiene sueño y gimotea si tiene hambre para que su madre lo alimente. Además, al estar en continua sintonía con los progenitores gracias al contacto físico, es más fácil que estos detecten las necesidades de los bebés en el momento. Por ejemplo, si están cansados de permanecer dentro del portabebés y desean explorar en el suelo. En definitiva, los bebés solo necesitan brazos y suelo para crecer felices, unos brazos amorosos y un suelo que permita el movimiento libre en un entorno seguro.

Al nacer, el cerebro del bebé es muy inmaduro y tardará años, hasta veinticinco o treinta, en acabar de desarrollarse. De hecho, este proceso nunca termina, pues ahora sabemos que las neuronas tienen la cualidad de ser plásticas, es decir, que son capaces de cambiar y reorganizarse incluso en la edad adulta. Así pues, en este constante desarrollo del cerebro del bebé, la capacidad para modular emociones y racionalizar situaciones es limitada, por lo que el acompañamiento del adulto resulta de vital importancia. Y de aquí se desprende el hecho de que los sistemas de premios y castigos, al centrarse en el control, son nocivos para nuestra conexión y más aún en esas tempranas etapas de la vida, en las que el cerebro puede quedar fuertemente dañado. Por lo que, si el bebé o el niño vive situaciones de estrés, su desarrollo cerebral se verá también afectado.

Por lo general, durante los primeros años de vida se produce una gran neurogénesis, es decir, la formación de nuevas neuronas, así como una sobreproducción de sinapsis, las famosas conexiones entre neuronas. Luego, durante la adolescencia, se llevará a cabo una «limpieza» o poda sináptica, por la que muchas de esas conexiones se eliminan con el fin de potenciar el resto. Además, durante toda la infancia se produce un proceso denominado «mielinización» por el cual la mielina envuelve y protege los axones de las neuronas, lo que redunda en una mayor velocidad de conexión entre neuronas así como en una mayor eficiencia en estas. Pues bien, si se experimentan grandes niveles de estrés durante los primeros años de vida, los procesos de neurogénesis y de creación de nuevas sinapsis se ven mermados mientras que los de poda siguen adelante. Como resultado observaremos regiones cerebrales con tamaños y funciones inadecuados, como amígdalas hipertrofiadas o hipocampos pequeños, por ejemplo.

No os contamos todo esto para que os preocupéis, pues debe producirse un estrés constante, repetido en el tiempo, para que eso suceda. Y podéis estar seguras de que eso no va a pasar por que un día no podáis tomar en brazos a vuestros retoños. El objetivo de esta información que os ofrecemos aquí es contar con argumentos para defender vuestra postura en caso de necesidad. Y no estamos hablando de una moda, el apego seguro es lo que necesita nuestra especie para sobrevivir: amor y cuidado (es decir, amor hecho visible). En definitiva, si el adulto de referencia no atiende la necesidad del bebé de la forma que este precisa durante largos períodos, es posible que la vinculación se ponga en riesgo y, en vez de desarrollarse un apego seguro, evolucione uno no seguro. Veamos a continuación algunos tipos de apego no seguro y sus consecuencias:

- Apego inseguro evitativo: se produce cuando la figura de apego atiende las necesidades físicas del bebé/niño (hambre, cansancio, frío o calor), pero no está presente, física o emocionalmente, ante la necesidad emocional del bebé. El niño va a aprender que no puede expresar sus emociones si quiere vincularse con su adulto de referencia. Si el adulto responde, no lo hace de la forma que el bebé necesita, pues no atiende la regulación emocional y este, para poder lograr la pertenencia, va a dejar de visibilizar su vulnerabilidad.

- Apego inseguro ansioso (ambivalente): se produce cuando la figura de apego reacciona unas veces de la manera esperada (atiende la necesidad emocional del bebé) y otras justo lo contrario. Atender a estos pequeños resulta muy exigente (de ahí el concepto de «ansioso»), ya que apenas pueden regularse a sí mismos, por lo que la relación que se establece resultará muy ambivalente. La figura de apego en este caso suele alternar tres formas de actuar: sobreprotectora y rescatadora (se impresiona demasiado y reacciona de forma desmedida); sin responder a la necesidad emocional del bebé (distrae para no acompañar la emoción); y sin ningún tipo de respuesta, es decir, ignora su necesidad en el momento en el que la situación se convierte en insostenible para el cuidador. En los tres casos, el niño no sabe a qué atenerse, lo que generará en él mucha inseguridad y ansiedad debido a la incoherencia del adulto de referencia. Así que no puede explorar, porque no sabe cómo va a ser acogida su emoción disparada. Esto no significa que si nuestro bebé llora en el coche y tardamos en parar para cogerle va a generar un apego no seguro, como hemos dicho, tiene que ser algo sostenido en el tiempo.

- Apego desorganizado: se produce cuando el niño transmite una necesidad y no recibe ningún tipo de respuesta. Esto es muy frecuente en casos de maltrato y negligencia. Las figuras de referencia no son capaces de colmar las necesidades de sus hijos y esto asusta a los pequeños, pero, al mismo tiempo, los pequeños los siguen necesitando, aunque abusen de ellos, lo que hace que se produzca un vínculo desorganizado.

Al contrario que en el caso del apego no seguro, en el seguro, cuando los niños y las niñas transmiten sus necesidades, los adultos de referencia responden de forma sensible, ofreciéndoles exactamente lo que necesitan. Gracias a ello, los pequeños encontrarán el equilibrio entre la seguridad y la autonomía, entre la exploración y los límites, lo que los alentará y motivará a asumir nuevos retos. Esos adultos acogerán a sus hijos también cuando expresen emociones difíciles, y lo harán sin sobrerreaccionar y sin minimizarlas, pues son capaces de empatizar y así comprender sus demandas. Un apego seguro es aquel que echa raíces, es decir, establece una vinculación sólida y proporciona alas para la exploración.

Tipos de apego

SEGURO	EVITATIVO	ANSIOSO AMBIVALENTE	DESORGANIZADO
Responden a las necesidades emocionales de sus hijos encontrando el equilibrio entre seguridad y exploración.	Responden a las necesidades físicas, pero no a las emocionales, generando represión emocional.	Responden a las necesidades emocionales de forma exagerada, lo que genera inseguridad en los niños.	No son capaces de responder a las necesidades, lo que ocasiona abandono, negligencia y abuso en los niños y niñas.
El futuro adulto podrá autorregular sus emociones y tendrá más posibilidades de acompañar a sus futuros hijos de forma adecuada.	El futuro adulto podría evitar sus emociones y desconectarse de ellas, y, cuando sus futuros hijos las muestren, tenderá a reprimirlas.	El futuro adulto podría tener dificultades para regular sus emociones y tendrá dificultades para distinguir las suyas de las de sus hijos.	El futuro adulto podría caer en situaciones de violencia y negligencia con sus propios hijos, además de tener conductas nocivas para sí mismo.

El apego seguro se refleja en el cerebro de los niños y las niñas en forma de confianza, pues comprueban una y otra vez que, ante una necesidad determinada, son atendidos. Interpretan que son seres amados y reconocidos, y construyen con ello la creencia de que son valiosos, de que sus adultos de referencia son individuos en los que se puede confiar y de que el mundo en el que viven es seguro. Con estas herramientas, podrán tomar decisiones mucho más enfocadas hacia el *Gemein-schaftsgefühl*, hacia el sentimiento de comunidad o interés social.

Al principio, por mandato biológico, las relaciones que se establecen entre el recién nacido y sus cuidadores son de dependencia, pero día a día el bebé construye el camino de la exploración hacia la autonomía. Y así como es muy difícil explorar un territorio nuevo sin contar con la seguridad de un campamento base bien pertrechado, nuestros bebés no podrán partir hacia la aventura si nosotros, que para ellos somos ese campamento base, no somos de fiar, si no les proporcionamos un sitio seguro desde el que partir y al que volver y en el que se satisfacen todas sus necesidades. De esta forma, cuanto más satisfechas estén sus demandas, más vinculación segura lograremos. Sin embargo, no hay que perder de vista que, en el fondo, nuestro objetivo como cuidadores es ser cada día un poco más prescindibles. Durante la primera infancia, el niño es dependiente de sus cuidadores, y estos son responsables de sostener al pequeño para que en el futuro pueda hacerlo solo. El niño deberá recorrer este sendero que lleva de la corregulación a la autorregulación sin prisas, sin restricciones y, sobre todo, sin olvidar que para ello es necesario nuestra presencia plena, solo sostenida por el autocuidado.

¿Y cómo practicamos el autocuidado cuando tenemos bebés a nuestro cargo y no contamos con ningún tipo de soporte o simplemente nos sentimos sobrepasados por la situación? Pues bien, para empezar, cuando aceptemos que las cosas son como son y no como nos gustaría que fueran, estaremos emprendiendo la ruta hacia el autocuidado. *Aceptar* no significa resignarse, sino agradecer que lo estamos haciendo lo mejor que podemos, a pesar de que la situación que vivimos no nos parezca fácil. Se trata de un gran aprendizaje, que quizá tarde en llegar. Mientras tanto, te animamos a que dejes de enfocarte en lo que no estás haciendo y comiences a hacerlo en lo que sí, en lo mucho que llevas a cabo. Olvida lo que no te parece suficiente y piensa en cómo ser un poquito mejor cada día, sin aspirar a la perfección. Revisa las cosas que sí puedes hacer con tu hijo, pues tener información sobre lo que es esperable rebaja las expectativas. Y eso ayuda a minimizar la frustración y apartar la culpa. Contar con un ambiente preparado óptimo (que no perfecto) ayuda a que los peques sean más autónomos, lo que redunda en que crezcan con la creencia de que son valiosos, capaces y de que los errores forman parte del aprendizaje y no algo por lo que culparse.

Te animamos a que sobre todo cambies tu punto de vista, que busques otras perspectivas, que tomes distancia, relativices y pienses que es un privilegio tener a ese pequeñín contigo a pesar del cansancio, y rechaces concentrarte en lo difícil que está siendo ser madre o padre. Y, por supuesto, pide ayuda si la necesitas y busca soluciones. En este camino, la autorregulación de nuestros hijos empieza por la heterorregulación por parte del adulto de referencia, por lo que si este no está conectado con el niño a causa de sus creencias y expectativas, el resultado no será satisfactorio. Y lo mismo si la causa de esa desconexión son las prisas o la falta de autocuidado. De ser así, el adulto acaba por vivir con el piloto automático, olvidando que debe hacerlo desde el amor. En definitiva, es necesario interiorizar esta gran verdad: para poder cuidar es necesario cuidarte y no estamos hablando de egoísmo, sino de generosidad.

Autonomía e «hitos» del desarrollo

Si el vínculo es pertenencia, ser parte, sentirse querido, la autonomía tiene que ver con la contribución, con sentirse importante, reconocido, visto. Y, por supuesto, también es un camino desde la dependencia a la interdependencia. La época de ser dependientes es la primera infancia, meterles prisa es tan contraproducente como impedirles avanzar. Siempre en su justa medida, ajustando lo que necesitan a través de la confianza y la observación.

Imagina un bebé en el útero de su madre: aunque pueda resultar paradójico, es tremendamente autónomo, pues duerme cuando quiere, hace lo que desea, come cuando tiene hambre, todas sus necesidades están siempre satisfechas y sin ninguna dilación, no siente

incomodidad ni dolor físico, no percibe ni el frío ni el calor. En definitiva, tiene la máxima libertad (que puede conocer, claro). Cuando nace, no solo debe aprender nuevas funciones vitales como respirar, defecar o succionar para alimentarse, sino que además pierde toda su autonomía y pasa a depender de su madre y del resto de los cuidadores principales si los hubiera (antes también dependía de ellos, pero no lo sabía). Los necesita para sobrevivir y, sin embargo, aunque por suerte cada vez suceda con menos frecuencia, a veces se separa a los recién nacidos de su madre tras el parto, proceso que luego se extiende en el tiempo, pues la sociedad insiste en hacerlo con todo tipo de tretas, desde carritos y hamacas hasta cunas *supuestamente* Montessori.

El niño o la niña logra sobreponerse a estas primeras violencias y, poco a poco, irá soltando esa necesidad de conexión con sus cuidadores primarios hasta darse cuenta, de nuevo, alrededor de los 2 años, de que tampoco los necesita tanto: puede correr, saltar, comer, dormir y decidir lo que quiere (¡o eso cree!). «No», esa palabra que los adultos se han pasado veinticuatro meses diciendo, por fin la utilizan también los niños: es la primera lección de horizontalidad que recibimos los adultos.

El «Yo solito» es un grito descarnado de autonomía, un indicador de que tú como adulto responsable estás haciendo de más y alentando de menos. Y es que, si tuviéramos que resumir la filosofía Montessori en dos frases, una sería «Sigue al niño», y la otra, «Ayúdalo a hacerlo por sí mismo». Para Maria Montessori, la infancia era el mejor momento para dotar al niño de autonomía; que asimilara las herramientas necesarias para gestionar su aprendizaje, tomar sus decisiones o elegir cómo vivir su vida era algo de vital importancia. Pensad en vuestros hijos, contad las veces que en un día os han dicho «Yo solito», pensad en todas las ocasiones en que se han enfadado porque nos hemos empeñado en hacer algo por ellos, en la cantidad de veces que los hemos subestimado. Impedir el desarrollo de la autonomía de nuestros hijos es algo habitual, pero no muy recomendable. «Autonomía» no significa simplemente «aprender a hacer algo solos», sino también «aprender a pensar solos» en el segundo plano del desarrollo, que va a sostenerse sobre el primero.

Como padres, debemos responder a las necesidades de nuestros hijos, por supuesto, pero no extralimitarnos y adoptar un rol que no nos corresponde. Cuando los niños nos replican «Yo solito», nos están dando a entender que nos hemos pasado. Fomentar la autonomía de nuestros hijos significa también cultivar nuestra confianza, porque si confían en nosotros no tienen miedo de equivocarse y, por lo tanto, se lanzan a hacerlo: al hacer, se equivocan, y al equivocarse perfeccionan la técnica. Con la práctica terminarán por dominar lo que se propongan.

No es arriesgado admitir que a los padres nos cuesta aceptar el deseo de autonomía de nuestros hijos, bien porque hoy en día tenemos pocos hijos y nos cuesta asumir que pronto ya no habrá más bebés en casa, bien porque aceptar la autonomía de nuestros hijos es asumir que tienen elecciones propias. Confiar en nuestros pequeños no es tarea sencilla, pero es algo que tendremos que hacer tarde o temprano y creemos que es mejor que se equivoquen decidiendo en la infancia que en la adolescencia. Hay que equivocarse mucho para aprender a tomar decisiones.

En todo caso, siempre podemos ofrecer elecciones controladas. Por ejemplo, si nos produce inquietud que elijan su propia ropa y salgan en invierno con un vestido de tirantes a la calle, siempre podemos ofrecerles la elección entre varios conjuntos previamente decididos con nosotros, o asegurarnos de que en el armario solo hay ropa de temporada que hemos seleccionado juntos.

Permitir que nuestros hijos tomen sus propias decisiones les brinda la oportunidad de descubrir cuáles van a ser las consecuencias de sus actos. Los niños viven el presente y no son capaces de anticiparse, pero nosotros sí. Cuando surge un conflicto, podemos explicarles cuáles van a ser las consecuencias de sus acciones o podemos dejar que las aprendan mediante la experiencia. Si les permitimos confundirse, también les estamos facilitando que desarrollen su capacidad de anticiparse y tomar decisiones sobre la marcha. Y, además, ¿no os parece precioso que vivan en un presente continuo? Que no tengan la cabeza llena de preocupaciones como nosotros es grandioso. Que puedan vivir solo en el presente es una inspiración que ha llenado páginas y páginas del tópico literario *beatus ille*, y ellos lo traen de serie.

La autonomía no es un proceso recto, lineal y universal para todos los niños; se trata de no frenar su desarrollo, no de obligarlos a crecer más rápido de lo que necesitan. La autonomía permite al niño construirse a sí mismo, formar las bases de su personalidad y confianza, pero más valioso que la autonomía es nuestro amor incondicional y no podemos imponerles que sean autónomos; lo serán cuando llegue su momento. Por lo tanto, nuestro objetivo como padres no debe ser que nuestros hijos sean lo más autónomos posible cuanto antes, sino, más bien, refrenarnos de hacer las cosas por ellos, al tiempo que les ofrecemos un ambiente en el que desarrollar la autonomía sea sencillo.

Siempre nos preguntan qué hacer con los niños que en el proceso de afianzar su autonomía se frustran y acaban teniendo una «rabieta». Siempre decimos que los niños que se frustran lo hacen porque son tenaces. La tenacidad es una cualidad maravillosa para la vida y os animo siempre a que lo recordéis en esos momentos. Aun-

que somos partidarias de intervenir lo mínimo posible en los procesos de los niños, creemos que la máxima «sigue al niño» se aplica perfectamente en esos casos. Cuando un niño «tenaz» acaba teniendo una «rabieta» porque se ha frustrado por algo, os animamos a reflexionar sobre lo siguiente:

1. Asumir que no es culpa nuestra: ¡no podemos responsabilizarnos de todo lo que acontece a nuestros hijos!
2. Antes del estallido, podemos intervenir con dulzura, no para hacer por ellos la tarea en cuestión, sino para demostrarles que estamos a su lado. Quizá una caricia en el hombro, un «Estoy contigo» y una sonrisa sean suficientes para reducir un poco su estado de frustración y puedan llevar la tarea a cabo más tranquilos. Quizá verbalicen que necesitan ayuda o tal vez no podamos impedirlo y acaben por perder los nervios, pero al menos habrán sentido nuestro amor y empatía
3. Si verbalizan la petición de ayuda: «No puedo (hacerlo solo)», podemos decirles algo así como: «Estás pudiendo», al tiempo que ofrecemos nuestra ayuda, que dependerá del caso concreto: decirles que empiecen de nuevo; hacer nosotros «el paso» difícil o toda la secuencia de pasos despacio y, al terminar, preguntarle si le apetece probar de nuevo. Lo que quizá no debemos decirle es: «Sí que puedes», ya que podemos frustrarle

aún más (¿alguna vez os han dicho «Relájate» en un momento de estrés? Pues eso...).

4. *A posteriori*, revisad la bondad del ajuste, es decir, ¿estamos ofreciendo un material/actividad demasiado complicado para lo que puede conseguir en ese momento? Si la respuesta es sí, hay dos opciones: si es algo que el niño desea hacer para superarse no podemos intervenir mucho, solo acompañar; pero si pudiéramos cambiar algo, es el momento. Por ejemplo, en vez de ofrecerle una caja entera de bloques de construcciones, darle veinte o treinta bloques, animarlos a que nos pidan ayuda exactamente en el punto en el que se atascan, etc.

5. Recordad que todas las emociones son buenas y valiosas y que nosotros solo tenemos que ayudarlos a transitar, *a priori*, las «difíciles», las que puedan superarlos, como el enfado, la ira o la frustración. Frustrarnos es lo que nos lleva a mejorar, tengamos 3 o 30 años.

Es importante no intervenir sin pedir permiso, hacer la tarea en cuestión sin más (el mensaje sería: «Es verdad, no puedes, no eres capaz de hacerlo») o recriminar o reprochar. ¡Ah! Y, sobre todo, no debemos meter prisa. Si en algún momento tenemos prisa y necesitamos intervenir, podemos decir algo así como: «Sé que podrías hacerlo si te diera el tiempo que necesitas, y tengo mucha prisa, siento no haber planificado mejor nuestro tiempo, esta tarde lo intentas de nuevo, ¿te parece?». Por supuesto, si se enfada está en todo su derecho de hacerlo y la responsabilidad de no llegar tarde es nuestra, no del pequeño.

No nos gustaría terminar sin deciros unas palabras a los padres más recientes. Tener un bebé es renunciar un poco a nuestra vida en favor de cuidar a otra persona, de hacerlo todo por él y, a veces, deseamos que crezcan deprisa para que empiecen a cuidarse solos y recuperar un poco nuestra vida anterior. No obstante, nuestra experiencia nos permite deciros que el tiempo pasa muy rápido, los días son largos, pero los años son muy cortos. Dejad volar a vuestros hijos, pero nunca los forcéis a tirarse del nido, aunque sepáis que vuelan perfectamente. Disfrutad de cada muestra de autosuficiencia y recordad cada última vez que os dejan que los ayudéis en algún aspecto. La conquista de la autonomía les llevará unos años, pero la complicidad y el cariño que ofrecemos a nuestros hijos durante los primeros momentos perdurarán en sus recuerdos toda su vida.

Un punto álgido de esta necesidad de autonomía es la etapa de los 2-3 años, cuando el niño necesita afirmarse y para poder hacerlo va a negar lo que ya conoce. Esta etapa no tiene nada de terrible, salvo que desconozcamos lo que significa ser un niño o niña de 2 años, que veamos su crianza como un desafío en vez de como una oportunidad, que vayamos con prisa, porque esta edad es *aquí* y *ahora* a tope. Además de tratar de entender las formas razonables de actividad, algo que podemos hacer es modelar con el sí: redirigir a los niños hacia lo que sí pueden hacer. Quizá estemos demasiado acostumbrados a decirles a los niños lo que no pueden hacer, sin pararnos a pensar que el lenguaje tiene un impacto tremendo. Es complicado, pero cambiar el mensaje y decirles a los niños lo que sí pueden hacer es mucho más útil. Imagina que el niño está dando saltos y nos preocupa que pueda golpearse al caer. Lo más habitual es que le digamos: «No saltes en el sofá», pero será más efectivo trasladar el mismo mensaje de forma afirmativa, es decir: «Salta en el suelo», o, por ejemplo, cambiar «No corras» por «Para». Y, por supuesto, que el objetivo de esto sea nuestra necesidad de protección real y no nuestra necesidad de control adulto. Hay gente que no sabe hacer esto sin castigar, amenazar, sobornar o chantajear, y es normal, no podemos dar lo que no hemos tenido. Y a nosotros nos han disciplinado así. Cuando pasa esto nos sentimos irritados, retados o incluso dolidos. Y ese es el fallo, tomarnos algo esperable de su desarrollo como algo personal, y reaccionar como si fuera una amenaza.

¿Quieres tener más paciencia? Deja de tomártelo como una ofensa a tu persona, para lo que es necesario observar y tener conocimientos sobre lo que es esperable y razonable según la edad. Y entonces solo necesitas confiar y sonreír; ese es el truco para la paciencia y para todo, porque los niños, y la vida, no son difíciles, lo difícil es lidiar contra nuestras expectativas, luchar contra nosotros mismos, contra el control y contra el caos, surfeando entre ambos sin perder el equilibrio. ¿Cómo podemos cambiar? Lo primero es la observación para distinguir lo que «es» de «cómo se comporta» y lo segundo, la autoescucha: si nos remueve, seguramente sea porque estamos viviendo a través de nuestro sistema de creencias limitantes, así que también deberíamos observarnos a nosotros mismos, el ambiente para darle lo que necesita y nuestra relación para evaluar si falta conexión. El comportamiento que nos remueve es siempre una petición de ayuda del niño o niña o una pista de algo en lo que tenemos que trabajar nosotros. Una vez que desde la observación científica (observación sin juicios y, a poder ser, con registro) y la autoobservación hemos podido tomar distancia de la situación, relativizarla, aceptarla, es el momento de buscar una solución que sea respetuosa para nosotros, para los niños y para las situaciones, además de que resulte útil. Así de difícil y así de fácil. Sí hay varitas mágicas y todas están en ti y en tu mirada, en dejar de ver el comportamiento como reto para tu comodidad y verlo como una oportunidad de enseñar; porque, como ya hemos dicho antes, esa es la raíz de la palabra *disciplina*: que todas las emociones son necesarias y útiles (amabilidad/libertad) y que es necesario respetar a los demás porque todos merecemos ser tratados con dignidad (firmeza).

Así que no, los niños y las niñas de 2 años no son terribles, son magníficos, son auténticos, sinceros, cariñosos, divertidos, espontáneos. Y es un error desear que esa etapa pase pronto, pues nos puede servir para construir unos cimientos sólidos en forma de vinculación segura, unos cimientos para sostener el resto de «toda» su vida. Si no lo estás viviendo así, mira dentro de ti: ¿te estás cuidando?, ¿hay mucho estrés en tu vida?, ¿demasiadas expectativas frustradas?, ¿mucha exigencia?, ¿exceso de culpa?, ¿estás propiciando la autonomía que necesita tu peque?, ¿estás preparando su ambiente para que maximice sus períodos sensibles? El ambiente preparado es físico y psíquico, como hemos comentado ya en varias ocasiones; por eso un buen ambiente empieza por ti, en tu lucha contra el orgullo y la ira, la prisa y el estrés. Es eso, y no la edad de tu pequeño que empieza a volar solo, lo que hace que esta etapa sea un desafío en vez de una oportunidad.

Nuestra función como padres es servirles, pero eso no significa hacer «todo por ellos» (darles de comer, vestirlos, bañarlos y entretenerlos todo el tiempo), sino ofrecerles los recursos que estén en nuestra mano y esperar a ver qué hacen con ellos. Nuestra función es ayudarlos a crecer, no desde la opresión y soberbia de creer saber qué es lo que necesitan, sino desde la humildad y la confianza mutua que se producen cuando nos agachamos y los miramos directamente a los ojos, como iguales. Nuestra función no es actuar en su lugar ni dirigirlos como marionetas, sino ayudarlos y guiarlos, como un faro en la oscuridad o un lazarillo a su dueño. Al confiar en el niño, podemos descubrir que detrás de cada no que nos dice a nosotros, se esconde el sí que se dice a sí mismo.

Desde que nacen los tratamos como si fueran nuestras muñecas de trapo, decidiendo qué deben hacer o no, sin darnos cuenta de que impidiéndoles el libre movimiento estamos obstaculizando la construcción de su propia personalidad. Cuando nosotros los dirigimos, su pensamiento no se desarrolla junto con la acción, ya que esta obedece ahora a las leyes de otra persona (nosotros) y el desarrollo de la voluntad ya no es posible. Sin esta dualidad pensamiento-acción no puede existir la verdadera obediencia entendida, en Montessori, como algo que emana de dentro afuera y no al revés.

Ahora que ya sabemos que las necesidades de la primera infancia son vínculo y autonomía, procederemos a tratar el tema de la alimentación, el sueño, el movimiento, el control de esfínteres y las emociones.

Sueño

Ya hemos hablado de la exterogestación, de la necesidad que tienen los bebés hasta los 9 meses de edad de permanecer en estrecho contacto con su madre (o con sus cuidadores principales). La evolución de la sociedad es mucho más rápida que la evolución biológica, por lo que el niño que nace en el siglo XXI, aunque lo haga en un mundo del todo diferente, a nivel genético sigue siendo prácticamente igual que el primer niño *Homo sapiens*. Para ese niño primitivo era de vital importancia pasar las veinticuatro horas del día en contacto continuo con su familia, no solo en otra habitación, ni de noche, ni de día, aunque tenga móviles de inspiración Montessori.

Es cierto que según la filosofía Montessori los niños no deberían dormir en cunas, sino en unos colchones en el suelo, donde tengan la máxima posibilidad de visión de la habitación y libertad de movimientos, y donde puedan elegir en qué momento acostarse y levantarse sin que tenga que llegar ningún adulto a «rescatarlos». Pero, por supuesto, no tendría mucho sentido que un recién nacido estuviera durmiendo en otra habitación cuando su mandato biológico es hacerlo cerca de su madre. Y es que el niño, por supervivencia, necesita dormir acompañado, así que si vuestro hijo no admite dormir solo, no os inquietéis ni penséis que hacéis algo incorrecto.

Los despertares de los bebés tienen que ver con la supervivencia: se despiertan de forma instintiva para comprobar que su figura de apego sigue estando ahí, es un proceso evolutivo. Hay personas que recomiendan «métodos» conductistas para enseñar a dormir a los bebés, que intentan extinguir la conducta en intervalos de tiempo progresivos. La realidad es que los bebés no entienden de minutos y la presencia intermitente no proporciona seguridad, sino todo lo contrario: que se sientan hipervigilantes y que estén en estado de alerta constante. No podemos traspasar nuestras acciones o nuestras necesidades de adultos a los niños, porque nuestra madurez cerebral es distinta: los adultos podemos calmarnos a nosotros mismos, los niños no. Con lo que conocemos de la teoría del apego y las investigaciones en neurociencia, ya sabemos que los bebés, por inmadurez cerebral, no pueden calmarse sin ayuda de su figura de referencia, pues aún no tienen la capacidad de gestionar el aumento del cortisol y la adrenalina, y aquí interviene el adulto. Como hemos explicado, niveles altos de cortisol durante períodos largos tienen un impacto negativo en el desarrollo del cerebro infantil. Los niños y las niñas no necesitan aprender a dormir, sino una vinculación segura, por lo que nuestra función es proporcionarles esa seguridad, calmarlos, arroparlos, abrazarlos, darles de comer.

Aunque en algún momento nos hayan dicho que lo mejor es que los niños lloren para dormirse y hayamos seguido estos métodos de extinción gradual, de nada sirve sentirse culpable. Como ocurre en la medicina, cuando un nuevo estudio prueba que lo anterior no era efectivo o tenía muchos efectos adversos, se cambia de tratamiento, sin culpa, desde la responsabilidad de poder ofrecer a nuestros hijos la mejor crianza posible con las cartas con las que nos ha tocado jugar esta partida. Siempre podemos compensar y reparar el vínculo con nuestros hijos e hijas.

Cada niño es un mundo y pronto dormirá solo. Y si duerme solo toda la noche a una edad muy temprana, ¡tampoco os inquietéis si por el día está a pleno rendimiento! No obstante, si os encontráis entre los mil tonos de gris que hay entre medias, tomad las decisiones que sean mejores en global para la familia, sin sentiros juzgados o presionados. Para muchas familias colechar (dormir en la misma cama o en la misma habitación) es una buena solución, mientras que para otras no lo es. Sea cual sea la opción familiar de sueño nocturno que toméis, nunca perdáis la conexión con vuestros hijos e hijas.

Las necesidades de sueño de los niños varían enormemente. Los hay que con 18 meses necesitan dos o tres siestas y otros que no necesitan ninguna. Por nuestro modo de vida, criando solos y sin tribu, que un niño se eche la siesta nos viene bien, pero en realidad si ya no tiene la necesidad de hacerlo y lo obligamos, eso supondrá un conflicto. Ojo, no nos referimos a cuando dicen que no tienen sueño pero se rascan los ojos y están irascibles; hablamos de niños que no acusan la falta de siesta, que ya no la necesitan, pero a los que presionamos para que se la echen porque necesitamos ese tiempo tranquilos, que quizá podamos sustituir por un ratito de cuentos.

Alimentación

Cuando el niño nace, si se le permite, reptará hasta el pecho de su madre de forma totalmente instintiva y se prenderá del pezón sin que nadie le diga o le enseñe cómo hacerlo. Unos minutos antes, madre e hijo se habrán mirado a los ojos y se habrá producido el pico de oxitocina más alto de su historia (hasta ese momento). La leche materna es todo lo que un niño necesita durante más o menos los primeros 6 meses de vida: rica en nutrientes y anticuerpos, le permite crecer y desarrollarse de forma óptima. A nivel emocional también es nutrición, pues los bebés tienden a recurrir al pecho de su madre en situaciones estresantes: desde empezar la escuela infantil hasta tener un hermanito nuevo.

A pesar de que nos referiremos en las siguientes líneas a la lactancia natural, si esta no ha sido tu opción, las recomendaciones son las mismas: dar el biberón con la máxima presencia posible y hacerlo a demanda. Así pues, hay que tenerlo claro: la lactancia es a demanda, ya sea artificial o natural, es decir, el niño elige cuánto y cómo quiere comer, y con ello está tomando sus primeras decisiones. Si percibes a tu bebé molesto, consulta a un pediatra, pues puede haber intolerancias o enfermedades, como el reflujo, que le pueden provocar indigestión.

Siempre que sea posible, alimenta al bebé en un sitio tranquilo, sin ruidos que lo desconcentren y, especialmente, sin familiares que opinen al respecto. Además de cultivar un clima de intimidad, es importante que bebé y mamá (o cuidador secundario), ya tome pecho o biberón, se miren a los ojos, se dé la plena presencia. Como madres de familia numerosa, sabemos que, sobre todo si hay hermanos en la casa, es complicado dedicarle plena conciencia y dedicación al bebé en cada una de las tomas, así que no nos sintamos culpables por ello y reservemos al menos un par de tomas diarias como especiales. ¡Sintamos el privilegio que es tener un bebé pequeñito en brazos!

La decisión de cuánto debe durar el amamantamiento es de la mujer, junto con su hijo o hija. Para los primeros *Homo sapiens* este momento se producía entre los 3 y los 7 años. Por supuesto, no estamos diciendo que tengas que dar teta a tu peque hasta primaria, sino que, si ambos queréis hacerlo, está bien, biológicamente es lo esperable. De ningún modo debería intervenir una tercera persona, ni con sus juicios ni con sus prejuicios infundados. A veces los niños se destetan antes de que

la madre quiera, en raras ocasiones suelen sentir el deseo de abandonar a la vez y en la mayoría de los casos suele ser la madre la que decide terminar con el proceso. Hacerlo de forma suave y lo menos traumática posible para el niño es de gran importancia; es esencial ser muy honesta con tu decisión y validar sus emociones si se siente triste, enfadado o decepcionado.

La alimentación complementaria

De la misma forma que el bebé obtenía un gran placer al mamar del pecho de su madre (durante los primeros meses solo distinguen entre placer y displacer), con la alimentación complementaria debería seguir obteniéndolo, pues esta no debería ser una fuente de estrés y conflictos.

Alrededor de los 6 meses de edad, el niño empieza a interesarse por la comida al tiempo que pierde el reflejo de extrusión, que hasta ahora hacía que expulsara lo que se le ponía en la parte anterior de la boca y que lo ha protegido de posibles atragantamientos; coordina mano y ojo, y comienza a sentarse sin apoyo. Entonces solemos introducir la alimentación complementaria. En los últimos años esta introducción se ha hecho sin tener en cuenta al niño, triturando la comida y ofreciéndosela en forma de puré, sin permitir que se llevara él mismo la comida a la boca. Cuando el niño empieza a tomar algo que no es leche, comienza a degustar el mundo, lo que es algo magnífico, por lo que es importante poner mucho cuidado en evitar los conflictos alrededor de la comida, que solo aportan sufrimiento a toda la familia.

Siguiendo el principio de autonomía que queremos que nuestros hijos desarrollen, deberíamos tenerlos en cuenta a la hora de introducir la alimentación complementaria, bien ofreciéndoles la comida a trozos (el llamado *baby-led weaning*, «alimentación autorregulada por el bebé») o bien ofreciéndoles una cuchara llena ya con la comida si les damos purés, en vez de solo introducirles la cuchara dentro de la boca. Recordemos que el término es «alimentación complementaria», es decir, que «complementa» a la lactancia, ya sea natural o artificial; tiene como objetivo ser una transición desde esta hasta la completa introducción del resto de los alimentos. Así pues, hay que tener claro que su función principal es la de exploración y no realmente de nutrición. Si le ofrecemos al niño trozos de comida (junto con triturados o en exclusiva), tendrá una oportunidad estupenda de usar la pinza digital y fortalecer los músculos de las manos. Además, al cabo de un tiempo, por pura imitación, empezará a usar los cubiertos y a servirse la comida que desee, lo que evitará posibles conflictos y nos permitirá disfrutar de uno de los grandes placeres de la vida: compartir la mesa con nuestros seres queridos. Espero que lo recordéis cuando, en su proceso de aprendizaje, lo ensucien todo. Por otro lado, es recomendable haber asistido a algún taller de primeros auxilios, por si fuera necesario intervenir en caso de atragantamiento, situación, por otro lado, que se puede dar con cualquier objeto que no sea comida.

Movimiento

Para Maria Montessori, el movimiento es un instrumento clave para expresar y enfocar la energía, directamente relacionado con la construcción de la inteligencia. Que aprendemos a través del movimiento es algo que ella intuía y hoy es ya un principio demostrado por la neurociencia. Los niños, por lo tanto, no tienen caprichos o manías, una percepción que deriva de nuestra ceguera adulta, sino que más bien es su naturaleza la que los impulsa a llevar a cabo determinadas acciones para las que los adultos no encontramos respuesta, pero que son necesarias para su desarrollo. Debemos, pues, permitir e incentivar todas y cada una de las formas razonables de actividad a pesar de que no las comprendamos. Esto es del todo necesario en los primeros 3 años de vida del niño y en lo que se refiere al movimiento.

Como decíamos antes, la exterogestación es el tiempo que tarda un bebé humano en adquirir las habilidades motoras similares a las de otros primates recién nacidos, que desde que nacen se sujetan a la piel de su madre con las manos. Los seres humanos no pueden hacerlo porque el proceso de mielinización se concentra en las estructuras cerebrales implicadas en la alimentación, lo que deja clara la prioridad del recién nacido: alimentarse (y vincularse). Debido a esta ausencia de mielina, apenas logran sostener la cabeza y necesitan permanecer al principio en nuestros brazos o sobre un colchoncillo. El período de mielinización tarda en desarrollarse unos 12 meses, en los que pasa de ser un individuo prácticamente desvalido en lo que a movimiento se refiere hasta lograr caminar erguido sobre las piernas, algo exclusivo de los seres humanos.

Este proceso de arrastrarse, caminar a cuatro patas y caminar en dos piernas es una analogía del proceso evolutivo del hombre: peces en el agua (como en el útero), reptiles que se arrastraban, mamíferos de sangre caliente que caminaban a cuatro patas y seres humanos que lo hacemos erguidos. Y requirió de miles de años de evolución, pero al niño le toma tan solo un año. La doctora Montessori decía que al terminar este período los niños son héroes, y vaya si lo son. Nosotras nos los imaginamos dando sus primeros pasos, levantando los brazos como si acabaran de batir un récord olímpico.

Poco a poco irán desarrollando el libre movimiento, incluso algunos bebés pueden llegar a reptar en poco tiempo por la casa. El libre movimiento no solo es importante para la mielinización y la creación de sinapsis, sino también para la construcción de las emociones y la inteligencia, un aprendizaje vivencial que ya desde esta tierna etapa trabaja las funciones ejecutivas. Es decir, el movimiento libre permite que se construya la inteligencia, por eso no es necesaria la estimulación temprana en niños sanos, basta con permitirles moverse y preparar un entorno rico en experiencias para ellos.

Muchos consideran a los niños recipientes que hay que rellenar de conocimiento, seres pasivos que no tienen mucho que decir en este proceso; no es cierto. Los adultos realmente deberían intervenir poco o nada en ese proceso de despliegue de habilidades y capacidades, y su función debería ser proteger solo la concentración y favorecer un ambiente adecuado para que el niño pueda desarrollar todo su potencial.

Para Maria Montessori, la acción y el movimiento guardaban relación con la espiritualidad, lo que nos conecta con el Universo, visto desde un punto de vista no necesariamente religioso. Mediante la no restricción del movimiento, el niño puede ser su yo auténtico y, con ello, llegar a completar su tarea cósmica (la tarea con la que va a contribuir y pertenecer al grupo social). Por eso es tan importante el movimiento libre del niño, porque al no restringir su necesidad de movimiento estamos permitiendo que el niño desarrolle toda su inteligencia, se siga a sí mismo, no pierda su esencia, continúe siendo auténtico.

El desarrollo del movimiento es uno de los aspectos más importantes del desarrollo en los primeros años de vida de todos los mamíferos y los seres humanos no somos una excepción. El movimiento es una herramienta esencial de supervivencia y también una forma de expresión, al igual que el lenguaje, por el que los seres humanos ejecutamos una idea, así que también contribuye al desarrollo de la creatividad.

Durante las primeras semanas simbióticas, el ambiente preparado del recién nacido será el cuerpo de su madre, que lo alimentará nutritiva y emocionalmente. Lo ideal es utilizar un sistema de porteo que permita que el niño pueda desarrollar los músculos al tiempo que se siente contenido y cómodo, en *continuum* con la vida que tenía en el útero. Además del tiempo en brazos, el ambiente preparado del niño deberá tener un espacio grande en el suelo que permita el movimiento libre, con seguridad y con algunos objetos, preferentemente de materiales nobles, que le posibiliten explorar.

Según la ley céfalo-caudal, el movimiento empieza a dominarse de la cabeza a los pies, en orden descendente, y según la ley próximo-distal, de la parte más próxima al eje del cuerpo a la parte más alejada. Desde que nacen, los niños son capaces de reptar, así que si los dejamos sobre un colchoncillo en el suelo, empezarán a girar, muy poco a poco, sobre sí mismos, siguiendo el sentido de las manecillas del reloj.

El proceso de mielinización también se produce en los músculos oculares. Desde el primer mes el bebé empieza a seguir con la mirada, y ya no es un ser pasivo y desvalido, sino que puede observar lo que sucede a su alrededor y participar, en la medida de sus posibilidades, del entorno. Es el principio de la observación del ambiente.

A los 2 meses empieza a sostener los músculos del cuello y la cabeza, lo que es un hito muy importante, pues le permitirá ser partícipe del ambiente sin necesitar los brazos de su familia. En los entornos donde hay varios hermanos se puede ver muy bien este hecho: el bebé, capaz de sostener la cabeza, puede observar a sus hermanos jugar en el mismo plano visual, sin necesitar un adulto que lo sostenga y entretenga, y sin tener que utilizar tampoco hamacas. Es el principio de la independencia en el ambiente.

En torno a los 3 o 4 meses de edad, dependiendo del niño puede ser antes o después, empiezan a descubrirse las manos, que pueden coordinar y utilizar para alcanzar objetos, tocarlos y manipularlos. Es el principio de la transformación del ambiente.

A los 6 o 7 meses, el niño es capaz de sostener el tronco y permanecer erguido sobre el regazo de su madre u otro familiar, un momento que suele coincidir con el interés por los alimentos.

Entre los 6 y los 8 meses, el niño pasará de arrastrarse a gatear y atravesará varias etapas intermedias: levantar la parte superior del tronco, doblar las rodillas y los tobillos para elevar la espalda, girarse hacia un lado y hacia el otro, sentarse. Después perfeccionará la técnica del gateo y también comenzará a incorporarse con la ayuda de algún apoyo, como una barra en la pared junto a un espejo, y a permanecer erguido durante un tiempo en torno a los 9 meses. Finalmente, hacia el año, empezará a andar. Es el principio de la independencia física.

Durante este primer año, el niño, desde que empieza a respirar por sí mismo hasta que comienza a andar, experimenta un proceso de individualización y de separación de su madre a través de estos movimientos coordinados.

Queremos dejar claro que portear no tiene nada de perjudicial para los niños, sino que, al contrario, les permite construir una separación natural sin prisas. Si lo combinamos con mucho movimiento libre en el suelo, alentaremos al niño a desarrollar su sentido de pertenencia y observar un modelo que seguir, un entorno en el que puede aprender cómo nos relacionamos los seres humanos. Sin embargo, si los constreñimos en hamacas, cunas y parques (corralitos), no podrán ejercer ni el movimiento libre ni esta observación de su entorno. Si no modificamos en absoluto el ambiente adultocéntrico y, por ejemplo, mantenemos adornos a la altura de un bebé que empieza a caminar y estamos todo el tiempo diciendo «no»

y prohibiéndole el libre movimiento, le estaremos dando a entender que él no es importante, que no pertenece a su familia y que no es un miembro activo, sino secundario. Como adelantábamos unas líneas atrás, todo este proceso redunda en la inteligencia, pues con cada movimiento que hace un bebé aumentan las conexiones entre las células nerviosas implicadas en ese movimiento, creando nuevas sinapsis que se especializan en funciones concretas.

En el ambiente preparado del niño podemos situar algunos objetos, no muy grandes y fáciles de usar, que tengan la dificultad justa para que no se aburra de ellos, pero no le resulten demasiado difíciles de usar para que no se desmotive. Al tomar cualquier objeto en estos primeros meses, el niño debe pensar «es posible» y «puedo hacerlo». Por ejemplo, podemos ofrecerle una pelota de gateo, un tipo de pelota que tiene gajos en vez de ser lisa, que permiten que los niños pequeños puedan tomarla con mucha mayor facilidad que una pelota tradicional; al rodar, también lo hará a una distancia mucho menor que una pelota esférica tradicional.

Cuando los niños empiezan a caminar, liberan las manos y necesitan que se les dé un nuevo uso. Entonces podemos ofrecerles materiales para que trabajen con un uso específico, ya sea en bandejas que puedan tomar y llevar a una mesa, ya sea en la estantería donde las tenemos almacenadas. Con la posición erguida también podemos empezar a ofrecerles tareas de vida práctica que podemos hacer juntos: preparar alimentos con nosotros con útiles adecuados en cuanto a seguridad y tamaño, vestirse, poner la mesa, tareas de higiene personal, lavar platos, limpiar, barrer, fregar, etc.

Es esencial, pues, que confiemos en los niños, en sus procesos, en sus habilidades, en sus propósitos. Además de preparar un ambiente de forma adecuada, es esencial también que seamos conscientes de qué tipo de ropa les ofrecemos para que puedan llevar a cabo el movimiento libre y el desarrollo de la autonomía y la independencia. Es importante elegir con cuidado la ropa que les ponemos u ofrecemos a los niños estos primeros años. Por supuesto, la estética, la limpieza y la protección ante las inclemencias del clima son cuestiones que hay que tener en cuenta, pero lo más importante en esta etapa es elegir prendas que permitan la libertad de movimiento de los niños.

Control de esfínteres

Como en el resto de sus procesos, los niños y las niñas no necesitan que les enseñemos a controlar los esfínteres, por lo que no deberíamos ser nosotros los que les quitemos el pañal. Ellos mismos lo harán cuando se sientan preparados, así que nuestra función es adecuar el ambiente, físico y emocio-

nal, en el que podrán desarrollar esas habilidades (en este caso, acceso al váter o al orinal), es decir, que tome conciencia de cómo controlar las funciones de su cuerpo. Entrenar al niño para que deje el pañal con métodos basados en premios y castigos puede ser muy nocivo para ellos, tanto a nivel físico como emocional.

Os contábamos que el niño antes de nacer es muy autónomo y que después va a necesitar asistencia para poder asearse, así que podemos sentar las bases de la cooperación desde esos primeros momentos, pidiendo permiso, aprovechando para interactuar como un momento de cuidado, diciendo lo que estamos haciendo. Así, por ejemplo, en cuanto se mantengan de pie, podemos cambiarles el pañal en esta posición, preferiblemente frente a un espejo, con el fin de que vea lo que estás haciendo y sea consciente del proceso. Piensa que al tumbarle no verá nada y el cambio de pañal será un proceso externo, por lo que no lo vivirá como suyo.

El niño es el protagonista, nosotros somos sus meros asistentes en lo que él no pueda realizar y deberíamos permitirle que decida cómo, cuándo y con qué pañal cambiarle. Así pues, hazle partícipe, pídele que elija entre varios y señálale la diferencia entre seco y mojado. Muéstrale también cómo tiramos la caca al váter y explícale que es porque ya no la necesitamos. Enséñale a lavarse las manos y lo importante que es hacerlo cada vez que usemos el baño. Pronto empezará a hacerlo él también. Distraerlo con juguetes, libros o el móvil puede ser necesario en un momento puntual, pero no es lo más indicado para que tome consciencia del proceso.

Cuando observes que ha comenzado su proceso, puedes proponer comprar con el peque braguitas de aprendizaje, tanto si usas como si no usas pañales de tela, y que las elija él. Muéstrale cómo quitárselas y ponérselas solo. En algún momento decidirá que quiere usarlas, ¡cuando él decida que le apetece y no antes! Al principio puede que necesite cierta ayuda (llevarlas con leggins o incluso con pantalones de entrepierna abierta son la mejor opción), pero pronto lo dominará. Aunque no controle aún los esfínteres, el hecho de poder quitarse unas y ponerse otras sin ayuda de nadie ya es un paso enorme en su autonomía, le ayuda a normalizar el proceso en pequeños pasos.

Crea un «ambiente preparado» en el baño, organízalo de forma accesible, un orinal cómodo o un taburete junto con un reductor, y permite que pase contigo para ver lo que estás haciendo.

En ningún caso el objetivo debería ser obligar o manipular, ni quitarles el pañal, pues si queremos que el niño o la niña vivan este hito como un logro, tiene que partir de ellos mismos. Un día dejarán de llevarlo porque sentirán que pueden controlar sus esfínteres con seguridad. Por supuesto, no es necesario que lo dejen de día y de noche a la vez. Muchos niños se muestran atentos por el día y duermen de forma muy profunda por la noche. Quizá incluso quieran volver al pañal y, pese a lo que dicen muchas personas, no hay nada de malo en que lo hagan si ellos quieren hacerlo. Es su proceso, no el nuestro; solo estamos para acompañar y alentar.

Incluso si por circunstancias externas tenemos que acelerar el proceso (por desgracia, en muchos centros escolares este tema no está bien planteado y muchas familias no tienen más opciones), siempre podemos seguir al niño. Dosis extra de mimos y compresión durante su acompañamiento y, sobre todo, la máxima flexibilidad que puedas darle. Que sea realmente porque no nos queda más remedio, no porque nos sintamos condicionados por otras personas, porque acelerar el proceso puede tener consecuencias como la encopresis, un tipo de estreñimiento que aparece por estímulo doloroso y que genera miedo.

El único mensaje que debemos transmitirles a nuestros hijos es: «Te apoyo, estoy contigo», pues nuestro amor incondicional es mucho más valioso que dejar antes o más tarde el pañal. Nosotros le pusimos su primer pañal, pero no podemos decidir cuándo ponerle el último. De hecho, quizá conocéis la filosofía de la higiene natural, también llamada «comunicación de la eliminación». Esta teoría va más allá y nos hace reflexionar sobre los pañales, un «invento» que ponemos a nuestros hijos por nuestra comodidad. Las familias que practican la comunicación de la eliminación no usan pañales (o solo en ocasiones puntuales).

Acompañar las emociones

Los niños y las niñas vienen al mundo completos, listos para aprender y adaptarse. Saben perfectamente sobre emociones, no necesitan cuentos ni juegos ni canciones ni nada, solo que nosotros los ayudemos a validarlas, a ponerles nombre y a darles sentido con el fin de que se construyan gracias a ellas y no a pesar de ellas. Un niño o una niña sabe muy bien lo que siente. Sin embargo, suele pasar muy a menudo que, por ejemplo, un adulto cree que el niño está enfadado y en el fondo lo que está es triste, pero los niños lo tienen claro. Así pues, nuestra función es ayudarlos a pasar de la heterorregulación a la autorregulación. A pasar de necesitar nuestra ayuda y acompañamiento para modular emociones a hacerlo ellos solos.

La empatía no se enseña, sino que surge cuando el cerebro está preparado para ello, porque es parte de nuestra humanidad, entendiendo «humanidad» como lo que nos define como *Homo sapiens*, un animal que aprende y se desarrolla junto con su grupo de iguales. Los niños y las niñas vienen completos, no necesitan que les enseñemos, sino que seamos su guardián entre el centeno, sin duda, el trabajo más duro. Precisan,

en definitiva, que les quitemos algunos obstáculos de su camino.

Las emociones se generan en el sistema límbico, aportan información muy valiosa y nos sirven para decidir si hay algo que cambiar o no; no son meros impulsos anárquicos que invaden nuestro cerebro. No obstante, tal y como vimos en el modelo de la palma de la mano de Daniel Siegel, la corteza prefrontal, responsable de gestionar las emociones, no está completamente madura hasta los 25 o 30 años, así que resulta prácticamente imposible para los niños, para los adolescentes y para algunos adultos comprender y gestionar lo que sienten. No obstante, el ser humano aprende por imitación, así que si somos capaces de gestionar nuestros sentimientos de forma adecuada, los niños captarán el mensaje y nos imitarán gracias a las neuronas espejo. Aquí es también crucial que compartamos nuestras experiencias, que hablemos de nuestras emociones y sentimientos de forma que sean parte de nuestro día a día. Visibilizar y validar nuestros sentimientos les aportará una información invaluable.

Todas las emociones son sanas y nuestra labor como padres o docentes es acompañarlas, dejarlas fluir, ayudar a los niños a gestionarlas, no desde la represión, sino ayudándolos a autorregularse, pasando primero por la corregulación. La única manera que tienen de aprender a gestionar sus emociones, a aprender de verdad a no reprimirlas, es comprenderlas, y eso llegará cuando empiece a surgir el cerebro racional. Así pues, tenemos una tarea muy importante en este sentido: verbalizarlas sin emitir ningún tipo de juicio ni culpabilizar. De esta forma, el niño va comprendiendo sus emociones, siente que puede expresarlas en confianza y poco a poco irá reconociéndolas en sí mismo, incluso en los demás, con lo que desarrollará la empatía, una habilidad esencial para la vida. A continuación te ofrecemos algunas ideas al respecto:

- Dibujar una representación de lo que sienten (si son muy pequeños, pueden colorear su enfado).
- A niños un poco más mayores se les puede pedir que hablen en lugar de actuar ante el sentimiento. Se les pueden formular preguntas sencillas que se contesten simplemente con un sí o un no. Esto puede ayudar a que un niño comprenda lo que está sintiendo.
- Preguntar al niño dónde sitúa la emoción o si nota algún cambio corporal (por ejemplo, apretar los dientes, cerrar con fuerza los puños, fruncir el entrecejo, aumento de las pulsaciones, respiración acelerada, etc.). Todos estos signos pueden trabajarse con ellos para que reconozcan cuándo están enfadados y puedan expresarlo de una forma más constructiva, sin dañar a nadie.
- Puede ser muy útil usar con el niño una tabla con expresiones faciales que simulen los distintos sentimientos para que ellos los identifiquen (al final del libro tendrás un código QR para descargar la que te regalamos) o hacerles fotos actuando y fabricar un pequeño álbum casero en el que participen.
- Podemos preguntarle si le ayudaría a expresar sus sentimientos moverse de alguna forma, como, por ejemplo, correr, golpear un cojín, aplastar plastilina o jugar en familia con churros de goma espuma o guerras de cojines. También se puede poner música y empezar a bailar. El movimiento permite que el cerebro pueda integrarse de nuevo.
- Practicar técnicas de respiración lenta. Incluso se les puede enseñar a sentir sus pulsaciones y que aprendan la diferencia entre un ritmo cardíaco acelerado cuando estamos enfadados y un ritmo cardíaco lento cuando estamos tranquilos. Es muy útil para ello un estetoscopio.
- El uso de literatura infantil que hable sobre los sentimientos y las emociones puede ser un buen punto de partida, sobre todo si nosotros no hemos hecho mucho trabajo personal con nuestras emociones.
- En un momento en el que el cerebro del niño está desconectado, acompañar desde la presencia y ofrecerle un tiempo positivo fuera (una pausa que nos permita tomar consciencia y perspectiva en la que salgamos fuera de la situación, pero nos metamos dentro

de nuestra emoción) puede ser una herramienta muy poderosa en el caso de niños mayores (los pequeños necesitan otro tipo de acompañamiento, el tiempo fuera sería para el adulto cuando no pueda hacerse cargo de la situación). Recordad que el tiempo positivo fuera puede ser divertido y, en todo caso, debe ser alentador; no es un castigo, es solo una forma para facilitar que el cerebro vuelva a funcionar como un todo.

- Prevenir, si es posible. Por ejemplo, si sabemos que suele tener reacciones de ira si le metemos prisa, intentaremos levantarnos antes; si sabemos que suele tener miedo cuando hay mucha gente, vamos a explicárselo previamente para que pueda anticiparse; si sabemos que le pone triste que hagamos un viaje de trabajo, le daremos toda la información antes, marcaremos en un calendario las fechas del viaje y le dejaremos notitas de amor para que pueda leerlas durante los días en que no estemos.

- Forzar que se arreglen las cosas para que el niño no siga enfadado no es útil; en el fondo, les mandamos un mensaje de «haré lo que sea con tal de que no sigas enfadado» que, a largo plazo, no aporta nada positivo. Si hay algún momento en el que podamos hacer algo para remediar la situación será cuando el niño lo decida y para ello necesita calmarse primero. Cuando notemos que su lenguaje corporal comienza a relajarse, podemos

ayudar haciendo o diciendo algo sorprendente para distraerlo (no para reprimirlo).

- Lo más importante es que elija la forma en la que quiere expresar sus sentimientos, y para ello se puede confeccionar una rueda de opciones. Por ejemplo, la rueda de opciones para la ira, donde aparecen reflejadas diferentes formas de expresar los sentimientos mediante dibujos o fotos, para que el niño elija la que mejor le convenga en ese momento. Lo podéis ver en las páginas 251-253, en el apartado «Rueda de opciones». El objetivo es que tenga opciones, no que esté obligado a elegir una (es posible que no elija ninguna).

- Explicar las causas y los propósitos de las emociones —las nuestras y las suyas—, así como describirlas, nos ahorrará el paso de una mala interpretación por parte del niño, puesto que reprimirlas o enfatizar nuestra acción en exceso puede provocar en él sentimientos de culpa (ya que en esta primera etapa de vida es egocéntrico por naturaleza).

Como ya hemos dicho, el aprendizaje de los niños tiene una parte importante de imitación, por eso nuestro modelaje es vital para la construcción de sus emociones. Que un niño pequeño no sepa utilizar su habilidad lingüística no quiere decir que no sepa entender la comunicación, pues son verdaderos maestros a la hora de ver y comprender nuestros signos físicos, esto es, la comunicación no verbal. Los niños son expertos en captar la energía de las emociones a través de nuestros actos, aunque con nuestro lenguaje estemos tratando de decir lo contrario. Y muchas veces sucede justo eso, lo que genera una gran confusión en los niños y las niñas. Quizá en nuestra infancia reprimieron nuestras emociones y ver cómo nuestros hijos e hijas las expresan puede hacer que nos conectemos con ese momento no resuelto (no se acompañó, no se le dio sentido) y que quedó almacenado en nuestra memoria emocional.

Repasemos las emociones más características.

LA IRA

Se habla mucho de controlar la ira, de controlar emociones «negativas», como si las emociones fueran algo controlable, como si algo tan necesario para la supervivencia como una emoción pudiera ser negativo. Todas las emociones tienen una función, todas, las más agradables como la alegría y el amor, y las más desagradables, como la ira y la tristeza, y todas son positivas. Son las conductas que elegimos las que a veces son más adaptativas que otras.

Cuando nos enfadamos, estamos recibiendo información, por lo que debemos aceptar la ira para permitir que fluya, tenemos que transitarla, vivirla, sentirla, para después aprender de ella. ¿Recuerdas la última vez que te enfa-

daste?, ¿qué sentiste? Quizá te embargaba la ira (emoción), lo notabas en tu cuerpo (sensaciones), te sentías muy frustrada (sentimiento), pensabas que estabas viviendo algo injusto (pensamiento) y estabas tomando una decisión (si la ira ha llegado a niveles muy altos, puede que no sea posible resolver el problema que la causó, pero una opción para sostenerla puede ser relativizar, siempre y cuando tengas habilidades del cerebro racional). Como ya hemos dicho anteriormente, el cerebro racional no está desarrollado del todo hasta los 25 o 30 años más o menos. Y eso si el niño ha crecido en un ambiente seguro, algo que por desgracia en demasiadas ocasiones no se da, pues es posible que sus emociones se hayan reprimido, trivializado, ninguneado o criticado.

La rabia y la ira son legítimas. Cuando les decimos a nuestros hijos que «no se pega», les estamos mandando un mensaje muy contradictorio: por un lado, invalidamos la emoción que el niño experimenta y, por el otro, puede que para determinados niños cale tan hondo el mensaje de inadecuación que dejen incluso de defenderse si se ven en peligro. Por supuesto, eso no significa que dejemos de protegerlos si es necesario, estamos ahí para evitar que se hagan daño, sin enjuiciar y ayudándolos a buscar soluciones. Por ejemplo, si hay una agresión, podemos impedirla, incluso físicamente y después decir: «Veo dos niños que están enfadados» y, a continuación, según la edad, explicarle: «Voy a sentarme aquí a tu lado para poder ayudarte» (y evitar que se hagan daño, poniendo la mano o nuestro cuerpo entre medias como límite físico), o: «Qué necesitas?, ¿cómo puedo ayudarte?» si ya tienen más de 3 o 4 años (y según las circunstancias). Quizá esto no sea fácil de gestionar por nuestra historia personal. Y, a la vez, la verdadera educación emocional no consiste en cambiar emociones, sino en aceptarlas, en explicar al niño que durante el día va a tener cientos de emociones y todas están bien, que puede cambiar su emoción y nadie va a ningunearlo ni manipularlo para que la cambie.

Como ya hemos dicho, los niños no necesitan que nadie les enseñe emociones, las llevan de serie y las sienten, las viven, son puras y maravillosas, así que nuestra función es acompañarlas y ayudarlos a que puedan ponerles nombre, recordarles que todas son necesarias, que no hay buenas o malas. También es importante modelarlas, dar ejemplo cuando nos sea posible. Así, cuando experimentemos ira, nos sintamos enfadados, vengativos o dolidos, como es posible que hagamos daño a los demás, lo mejor es darnos un tiempo para manejar la ira y calmarnos. Nuestra función es ver los conflictos como oportunidades, como las *masterclass* del día a día, el gimnasio de las habilidades sociales y de vida. Es posible que intentemos evitar la ira porque no podemos soportarlo, porque nos conectamos al rechazo que vivimos de pequeños al expresarla, pero no deberíamos hacerlo. Tampoco podremos controlar la ira de los peques cuando experimentan un secuestro amigdalar (lo que los adultos despectivamente llamamos «rabieta»). Es más, podemos preguntarnos: «¿Cómo me voy a enfadar cuando mi hijo (o cualquier persona) está sufriendo tanto?». Para ello es necesario que dejemos de tomarnos su ira como algo personal. Y para que así sea, lo único que podemos hacer es trabajar en nosotros mismos, aceptar que tenemos emociones y que si las escuchamos nos permitirán crecer y aceptarnos de forma incondicional. De este modo, cuando nuestro hijo exprese su ira, lo primero que deberíamos hacer es conectarnos con el niño que tenemos delante en el momento presente y no con el niño que fuimos en el pasado. Podemos sentirnos agradecidos de que nuestro hijo sea un niño emocionalmente sano que se muestra lo bastante seguro con nosotras para expresarla. Por último, vamos a acompañarlo. Puesto que cada persona y cada situación son distintas, a veces con validar la emoción del pequeño es suficiente; se puede abrazar, escuchar de forma activa, dar espacio (que no es lo mismo que castigar en aislamiento). Y, por supuesto, contenerlo físicamente solo si hay peligro de que se haga daño. También puede existir el caso contrario, peques que reprimen su ira, y que también necesitan acompañamiento; en este caso, normalizar y alentar a soltar el enfado en vez de controlarlo. En todos los casos, quizá pueda ser necesario tener el acompañamiento de un terapeuta infantil.

MIEDO

Otra emoción que nos embarga a veces es el miedo y es muy necesaria, aunque no tanto hoy en día como en los tiempos de los primeros *Homo sapiens,* cuya supervivencia en un entorno muy hostil dependía en gran medida de esta emoción. Como ya hemos dicho, el cerebro del niño necesita años para madurar y no es capaz de modular emociones como el miedo. Así, no deberíamos decirle frases como: «No tengas miedo». Nuestra función, una vez más, es estar presentes, validar la emoción, acompañarla, protegerlos y, por supuesto, cuando estén preparados, ayudarlos a relativizar.

Analizar de dónde vienen esos miedos siempre es buena idea, quizá la televisión o incluso la radio pueden hacer que de repente los desarrollen al escuchar cosas que aún no están preparados para asimilar. También hay que pensar de dónde vienen nuestros miedos, si son profundos y relacionados con nuestra historia o quizá están relacionados realmente con su/nuestra supervivencia; por ejemplo, subirse a un árbol, dependiendo de la edad y de las habilidades, puede estar relacionado con una cosa u otra. Si el miedo se debe

a experiencias personales, tendremos que trabajar en nosotros mismos (hemos hablado de ello en «Ambiente preparado», al tratar en el apartado «En la naturaleza» el problema de la seguridad, en la p. 125) y, de provenir de nuestro instinto de supervivencia, deberemos informar del peligro, es decir, poner un límite y acordar una acción alternativa. En ocasiones, el miedo lo produjo en el pasado un suceso traumático, para lo cual es necesario hablar de ello, validar la emoción, explorarla y, cuando sea posible, relativizarla. Por supuesto, hay traumas de mayor o menor calado. Habrá que valorarlo y pedir ayuda a un profesional si sentimos que es necesario.

En todo caso, cómo gestionan nuestros hijos sus miedos tiene mucho que ver con cómo lo hacemos nosotros. Decíamos al comienzo del apartado que los primeros *Homo sapiens* necesitaban el miedo para sobrevivir, y nosotros lo seguimos precisando; el problema se produce cuando la respuesta primitiva (lucha, huida o quedarnos paralizados) la aplicamos a cada pequeña decisión de la crianza, y no hablamos de las acciones necesarias para proteger a los niños. Criamos con miedo, con miedo de los «Y si», de los «Sí, pero», de los «Es que». El miedo nos desconecta de nuestros hijos, de su esencia, de su autenticidad, de lo que ya son; nos impulsa a moldearlos acordes con nuestros propios miedos, y nos ancla en la confusión, en la culpa, en el hacer de más y en el querer de menos.

Nuestra influencia es mucha, especialmente en la primera infancia, y nuestros miedos empañan esta influencia, que debería ser de amor incondicional y empoderamiento. Y resulta que muchos miedos —al percentil bajo (pero sano); a que no deje el pañal, el chupete o nuestra cama; a que sea un tirano; a que sea una egoísta; a que suspenda; a que no termine la ESO; a que no tenga un buen trabajo— son tuyos, están en tu cabeza, no en la de tu hijo. Puesto que las expectativas son lo más duro de gestionar en la crianza, el miedo a no cumplir con ellas, tanto las que nos han impuesto como las que nos hemos autoimpuesto, suele ser muy elevado.

A veces incluso tenemos miedo de cuidar demasiado, de que nuestros hijos desarrollen un exceso de apego seguro si respondemos a todas sus necesidades. Sin embargo, no existe suficiente apego seguro, aunque sí dependencias y apegos no seguros. Por lo tanto, nuestro objetivo es tomar consciencia de lo absolutamente nocivo que es mantener con nuestros hijos unas relaciones en las que no se sientan seguros, y, desde la responsabilidad consciente y no desde la culpa, escucharnos cuando nos sintamos removidos. ¿Cuál es nuestro miedo? ¿Por qué nos sentimos cuestionados y poco importantes o poco escuchados? Casi seguro que no tenga nada que ver con el aquí y el ahora, sino con el pasado. No necesitamos la aprobación de los demás, tan solo la de la persona más importante de nuestra vida:

nosotros mismos. Así pues, si te hace daño enfrentarte a los conflictos, solo podemos recomendarte dos cosas: compasión y, si aún no estás preparado, la distancia necesaria.

¿Cómo podemos transmitir nuestro mensaje de paz y amor incondicional a personas con mochilas llenas de resistencias? ¿Cuánto sufrimiento hay detrás de ese comportamiento? No lo sabemos, pero lo que sí tenemos claro es que el mejor camino es la compasión (con-pasión): desde la mirada compasiva, que empatiza, que entiende, que transmite con asertividad y que, ante los baches, se levanta y sigue trabajando con pasión porque sabe, lo tiene clarísimo, que es el único camino. ¿Y cómo no empatizar si todos vivimos con el miedo encima? Y está bien, porque el miedo nos permite seguir vivos; simplemente debemos tener claro si se trata de un miedo real o pertenece a nuestro sistema de creencias.

El miedo, en ocasiones, es más bien un «ataque de futuro»: cuando te preocupas en vez de ocuparte, sufres dos veces, porque cuando crías desde el miedo, te desconectas de los niños que tienes delante. Somos conscientes de que cuesta no tener miedo, así que solo podemos confiar en darles raíces y alas y una familia a la que llamar «hogar», al que puedan volver siempre. Y si no podemos evitarlo, criemos con miedo a que algún día se sientan insignificantes y démosles, para prevenir, amor incondicional.

TRISTEZA

Al igual que el miedo, la tristeza es una emoción que tendemos a evitar en la infancia. Frases como: «No se llora», «No llores, que te pones fea» u otras del estilo son tan habituales y están tan enquistadas en nuestras memorias implícitas que no siempre es fácil dejar de usarlas. La tristeza, como todas las emociones, tiene un objetivo y, sin embargo, la reprimimos, incluso en espacios donde existe seguridad. Tanto es así que muchas personas se disculpan por llorar en público, reprimen y ocultan el llanto. No obstante, la tristeza es una de las emociones más relacionada con la tendencia de agrupación social, pues, al expresarla, los otros miembros del grupo pueden darse cuenta de que estamos experimentando una emoción intensa, que interpretarán como una petición de ayuda. Se trata de pertenecer al grupo y contribuir, de cohesión e interés social.

Así las cosas, no pedimos ayuda, preferimos ser independientes antes que interdependientes; tenemos tanto miedo a defraudar, a ser rechazados, que nos echamos encima más carga de la que podemos soportar. Sin embargo, a los niños y las niñas aún no se los ha condicionado de esta manera, por lo que su vulnerabilidad es fortaleza, y su dependencia y su petición de ayuda legítima, lo esperable. De este modo, si están tristes y lo demuestran, lo que en verdad están reclamando es nuestra ayuda, contención y protección.

Si estuvieras en una situación en la que te encontraras profundamente triste, desde suspender una oposición hasta perder a un ser querido, ¿cómo te gustaría que te trataran? Con «No pasa nada» o validando, aceptando tu emoción y preguntándote qué necesitas. Nosotras hemos pasado épocas de nuestra vida en las que ciertas circunstancias nos hicieron sentir mucha tristeza. Si nos hubiéramos escondido a llorar, les habríamos mandando un mensaje muy contradictorio a nuestros hijos e hijas, pues el lenguaje no verbal nos habría traicionado. Habría sido evidente que estábamos tristes y a la vez decíamos que no nos pasaba nada. Esta manera de comunicarse lo único que puede generar es confusión en los niños, que pueden llegar a interpretar que ellos son los responsables de la tristeza al no tener otra aclaración.

Es necesario explicar a los niños, en un lenguaje que pueda ser adecuado para ellos y con los detalles pertinentes, que estamos tristes, que es una emoción igual de válida que el resto y que nos permite pedir ayuda para que nos den aliento. Instintivamente recibiremos abrazos, besos y secarán nuestras lágrimas, porque todos hemos sido así al principio (hasta que nos condicionaron), y con ello les estaremos ofreciendo un modelo de qué hacer en estos casos y podrán permitirse estar tristes y expresarlo cuando lo necesiten

OTRAS EMOCIONES

La alegría nos sirve para tener energía e impulso para vivir la vida que nos gustaría; nos mueve, es la emoción del aliento, de la curiosidad, de la esperanza. La sorpresa nos permite focalizar la atención selectiva y es uno de los lenguajes con los que podemos relacionarnos con los niños y las niñas. El asco nos permite rechazar o evitar aquello que nos perjudica y también está directamente relacionado con la supervivencia: tendemos a experimentar aversión hacia aquellas cosas que pueden dañarnos.

Hay otras emociones secundarias como los celos, la culpa, la frustración y la vergüenza. Los celos se componen de miedo y rabia, y en nuestra opinión se producen cuando los niños y las niñas tienen la creencia de que están perdiendo su pertenencia a la familia. Desde nuestro enfoque, hay que verlos como una estrategia para recobrar su pertenencia, por lo que, si queremos ayudarlos además de acompañarlos, tendremos que asegurar su lugar en la familia. La frustración se compone de rabia y tristeza. La rabia tiende a ser una emoción explosiva y, en nuestra experiencia, cuando existe frustración es necesario ayudarlos a expresar la rabia antes que a ver todo su valor a través del aliento. En momentos de calma, deberemos planificar para poder anticiparnos, lo que reducirá el sentimiento de injusticia, y dividir la tarea en pequeños pasos, que los ayudará a sentir-

se más capaces. La culpa, por su parte, es una emoción que nos ancla y nos impide aceptar nuestra imperfección, los actos de los que no nos sentimos orgullosos, nuestros errores, la incomodidad que es reconocer que no podemos controlar la vida... Es una emoción que podemos provocar sin ser conscientes y es una losa enorme tanto para los adultos como para los peques. ¿El mejor antídoto?: el amor incondicional y el enfoque en soluciones. La vergüenza tiene como finalidad evitar la incomodidad que es sufrir el rechazo de los demás, es decir, una estrategia de pertenencia para poder considerarnos incluidos en el grupo social. Visto así, parece bastante adaptativo, sin embargo, estamos pagando un precio muy alto: perdemos nuestra autenticidad. Hay otro tipo de vergüenza, que está relacionada con la culpa y que provoca una profunda sensación de no sentirnos adecuados e importantes y puede producir mucho dolor en los niños.

En definitiva, nuestras emociones tienen un «para qué». Esta teleología es fundamental para entender cómo funciona nuestra lógica desde el punto de vista adleriano. Así, en verdad, no nos enfadamos *por* algo, sino *para* algo: en el caso de los adultos, para controlar, para evadirnos, para permitirnos ser menos compasivos de lo que nos gustaría... ¿Quieres un ejemplo? Imagina una pareja que está discutiendo a voz en grito en el ascensor, este se detiene en tu planta y dejan de discutir, te sonríen, te preguntan por tu bebé, hacen algún comentario sobre el tiempo y se despiden con una sonrisa y un saludo, para retomar la discusión en cuanto se cierran las puertas. Con nuestro cerebro racional ya maduro, somos capaces de decidir y escoger entre diversas opciones, y si nos decantamos por una u otra es porque nos compensaba una más que otra. Y eso, lejos de hundirnos en la culpa, lo que debe darnos es esperanza, pues desde nuestra responsabilidad podemos tener un impacto en nuestra vida y en la de la gente que nos rodea.

Nos sentimos tristes para darnos permiso de recordar a quien hemos querido tanto y darle su espacio; tenemos miedo para no enfrentarnos a peligros o incomodidades; sentimos vergüenza para no enfrentarnos a la incomodidad de poder resultar rechazados, y culpa para no tomar otras decisiones. Para nosotras darnos cuenta de eso ha supuesto un punto de inflexión en la forma de relacionarnos con los demás y especialmente con nosotras. Ahora pensamos que nuestras emociones, todas, las agradables y las difíciles, tienen un mensaje que nos envía la necesidad que estamos intentando satisfacer, y aunque quizá no podemos hacerlo de forma inmediata, ahora somos conscientes de ello y podemos ponerlo en los puestos más altos de nuestra escala de prioridades.

INFANCIA (6-12 años)

Cultivar la conexión

Lo más importante para nosotras en este segundo plano del desarrollo es tener presente que la conexión y el contacto son igual de importantes que en la etapa anterior. Parece que con los niños pequeños nos resulta más sencillo. Puede que al sentirlos más vulnerables nos resulte más fácil no entrar en luchas de poder con ellos. En esta segunda etapa la conexión y el contacto son igual de importantes, como lo es comprender sus comportamientos. Al verlos más mayores a menudo nos olvidamos de que son niños todavía y tendemos a reaccionar en vez de gestionar los conflictos de forma más asertiva.

La primera infancia es el momento de asegurar la pertenencia al grupo, la conexión, el vínculo. Que se sientan seguros con nosotros. Una vez que la conexión está asegurada, solo hay que mantener esta confianza.

Teniendo en cuenta que los niños y niñas en este plano atraviesan un período sensible de adquisición de la conciencia moral, de exploración de lo que es justo y lo que es injusto, tendríamos que ayudarlos a desarrollar el pensamiento crítico.

Creemos que es preciso ofrecerles la información de la manera más neutra posible, intentando mantener nuestros juicios y opiniones a un lado. Podemos estudiar juntos la historia, la mitología y la filosofía, pues es el momento de explorar lo que es justo e injusto y entender que la verdad puede estar en cada una de las tonalidades del gris; toca incidir en la importancia de ser flexibles.

Según la teoría montessoriana, en este plano también están en un período sensible de adquisición de la cultura, así que es importante ofrecérsela de la forma más variada posible: viajando mucho (no hace falta que sea físicamente, hoy en día tenemos a nuestro alcance libros y documentales que nos permiten hacerlo desde nuestro sofá, así como visitas virtuales a museos y exposiciones), descubriendo distintos posibles trabajos (también poniéndolos en contacto con amigos que disfruten su trabajo), que puedan ver cómo se fabrican las cosas o incluso fabricarlas ellos mismos, ofrecerles materiales para que puedan construir las cosas que se imaginan. El lema del primer plano del desarrollo en Montessori era «ayúdame a hacerlo por mí mismo»; el de este segundo plano es «ayúdame a pensar por mí mismo», y es que es el momento en el que nace la mente razonadora. Maria Montessori, brillante en muchos planteamientos, nos confirma lo que ya nos aporta la neuropsicoeducación: el cerebro, que se desarrolla desde atrás hacia delante, necesita cinco o seis años para lograr una mente razonadora, analítica, con empatía y capacidad de ponerse en el lugar de los demás. La mente absorbente del primer plano del desarrollo interiorizaba

y facilitaba el aprendizaje necesario para la supervivencia; la función de la mente razonadora del segundo plano es otra, un buen desarrollo en este plano es lo que nos va a permitir ser seres humanos con espíritu crítico.

«Enséñame a pensar por mí mismo.» ¿Sería necesario ayudar a pensar a los niños? ¿No nacen sabiendo pensar? ¿No es pensar lo que nos hace humanos?

No creemos que sea preciso hacer pensar a los niños, ya nacen sabiendo pensar; sin embargo, sí es importante saber cuál es nuestra influencia en esta etapa. Cuando preguntamos si los niños y niñas nacen sabiendo cooperar, siempre nos encontramos opiniones enfrentadas. Tenemos clara nuestra opinión: no solo nacen sabiendo cooperar, sino que está codificado en su ADN que la mejor forma de sobrevivir es cooperar. Pero cuando se encuentran en plena etapa de la mente absorbente, durante la que interiorizan lo que les rodea como si fuera lo adecuado —que los adultos humillan, mandan, manipulan; en definitiva, controlan a los niños y niñas—, aprenden algo contrario a su naturaleza: que la mejor forma de sobrevivir es oprimir, no cooperar.

Así, lo que necesitan son adultos coherentes que sean ejemplo, no creemos que sea necesario nada más que acercar a los niños y niñas a la cultura en todas sus formas posibles. El adulto prepara el ambiente (físico y emocional) y el aprendizaje se produce de forma espontánea cuando existe curiosidad.

Y, por supuesto, durante esta etapa es momento de soltar aún más nuestra necesidad de controlar. Hace falta confiar, permitir; es más, deberíamos alentarlos a que se formen su propio criterio sobre determinadas variables.

Y quizá una de esas variables seamos nosotros. Es el momento de asegurar el amor incondicional; antes de que llegue la etapa mucho más convulsa que es la adolescencia, podemos ir puliendo los errores que hayamos podido cometer para estar preparados para recibirla de la mejor forma posible.

Una de las grandes preocupaciones de esta etapa es que los niños y las niñas digan mentiras. La mentira es, simplemente, una herramienta que las personas hemos aprendido para solucionar una situación en la que teníamos sentimientos de inferioridad. Y sí, los adultos también las decimos.

Si estamos irritados porque nuestros hijos mienten, quizá podamos hacer el ejercicio inverso, es decir, ¿siempre decimos la verdad?, ¿siempre, siempre? Cuando hemos mentido, ¿por qué lo hemos hecho?, ¿tenemos miedo a la reacción del otro?, ¿al rechazo?, ¿a sentirnos controlados o incómodos?, ¿a sentirnos amenazados o en un callejón sin salida?, ¿queremos proteger al otro?, ¿hemos cometido un error y no

queremos reconocerlo?, ¿cómo está nuestra autoestima?, ¿nos sentimos lo bastante valiosos?

En el fondo, mentir es la punta del iceberg; el objetivo es averiguar por qué un niño tiene necesidad de mentir para asegurar su pertenencia al grupo, así que vamos a reflexionar sobre cuál es nuestra responsabilidad en el asunto: ¿cómo me tomo yo mis errores y qué ejemplo estoy dando a mis hijos?, ¿cómo gestiono yo sus errores? Aunque no castiguemos, ni reprochemos, ¿pueden sentirse decepcionados?, ¿quizá esté en una meta errada?, ¿estoy controlando a mi hijo?

Una vez que hemos hecho este proceso mental, mientras tratamos de ir responsabilizándonos de nuestra parte, por supuesto podemos buscar soluciones en vez de culpables a través de preguntas de curiosidad (véase p. 229), de la honestidad emocional (véanse pp. 227-228) e incluso de la relativización de la mentira (quizá a través del juego, del humor —no la ironía— o dando la información justa, sin juzgar y agradeciendo que hayan dicho la verdad cuando al final lo han hecho). O incluso si la mentira se produce para tapar sus propios errores, será necesario ayudarlos a rebajar la exigencia que ya puedan estar sintiendo. Y una bonita forma es cada día verbalizar un error que hayamos cometido y lo que hemos aprendido de ello.

Los acuerdos como herramienta de convivencia

Si bien en la primera infancia los acuerdos son importantes para favorecer el bienestar familiar, en este segundo plano del desarrollo toman protagonismo, porque los niños y las niñas ya tienen un cerebro más racional y pueden comprometerse en mayor medida a cumplir estos acuerdos. Lógicamente, si hemos sentado las bases de la cooperación en el plano anterior, cumplir los acuerdos va a resultarles más sencillo; si nuestro primer contacto con esta forma de educar es en este período de la infancia, primero habría que consensuar unas pautas y la reunión familiar (p. 232) puede ser una buena idea.

Alcanzar acuerdos puede ser una de las mejores maneras de evitar conflictos dentro del núcleo familiar. Es importante establecer un diálogo en el que todos puedan compartir sus opiniones y sentimientos acerca de un tema determinado. Es imprescindible que como paso previo a la resolución del problema se desarrolle una lluvia de ideas con posibles soluciones. En una lluvia de ideas, todas las opciones se apuntan; no se juzga, no se critica. Con esto pretendemos satisfacer la necesidad de pertenencia y de contribución al grupo (en este caso, la familia), que nuestros hijos se sientan seguros y alentados.

De entre estas ideas se elegirán aquellas en las que todos estén de acuerdo. En tercer lugar, se acordará también un plazo específico tras el que se evaluará si el acuerdo se ha cumplido y qué efectos ha podido tener. Si durante este tiempo se observa que el acuerdo no se está cumpliendo, evitaremos hacer juicios y críticas; será más útil utilizar el lenguaje no verbal o recordarlo mediante una pregunta de curiosidad: «¿Cuál fue nuestro acuerdo?». Si sigue sin llevarse a cabo, podemos comenzar una discusión de por qué no funciona y volver a sugerir una nueva lluvia de ideas.

Por supuesto, los acuerdos no son unilaterales: nuestros peques también podrán decirnos lo que sienten y necesitan, y nosotros cooperar para que puedan lograrlo. De otro modo, llegar a acuerdos sería una herramienta de control adulto en vez de una herramienta de cooperación.

También es importante que tengamos cuidado con las expectativas que estamos poniendo sobre nuestros niños y niñas; por ejemplo, quizá hemos decidido hacer un acuerdo sobre cómo actuar cuando nos supera la frustración, un objetivo muy loable que puede convertirse en una dificultad y no en una oportunidad si no cambiamos el foco.

EJERCICIO:

Si queremos llevar a cabo una crianza más consciente, es necesario revisarnos nosotros primero, así que os proponemos algunas preguntas:

- En primer lugar, ¿qué se supone que es baja tolerancia a la frustración (o el motivo por el que se ha llegado a un acuerdo)? ¿Entran en escena nuestras expectativas sobre lo que es apropiado o no?
- En segundo lugar, ¿queremos ayudarlos a gestionar su frustración o nos molestan las expresiones de ira de la infancia? ¿Nos cuesta acompañar la ira y permitirla (protegiendo, por supuesto)? ¿Queremos ayudar o queremos que no se quejen tanto?
- La siguiente, ¿cómo estamos nosotros gestionando nuestra frustración para modelar en ellos una gestión óptima? ¿Estamos mostrando cómo pedir ayuda cuando la necesitamos, cómo valorar el error como aprendizaje, cómo buscar soluciones? ¿Cómo son nuestras expectativas sobre nosotros, sobre ellos, sobre la vida? ¿Estamos pidiendo demasiado, estamos pidiendo a niños que apenas tienen desarrollado el cerebro racional que gestionen su frustración?
- ¿Estamos enseñando habilidades, preparando el ambiente para que necesiten la ayuda justa y dándoles tiempo para practicar? ¿Estamos dando aliento y valor a su esfuerzo y sus progresos? ¿Estamos reconociendo la dificultad, estamos observando lo que vemos sin juzgar, estamos preguntando en vez de haciendo? ¿Estamos validando sus emociones, estamos reconociendo que tienen derecho a estar frustrados cuando las cosas no salen como ellos esperan o estamos minimizando?
- En definitiva: ¿estamos poniendo el foco en las emociones de los niños en vez de en las nuestras?

Como nos hemos criado en el resultado y no en el proceso, no somos capaces de ver que lo bonito es el camino, que aprendemos de lo difícil y que si cooperamos todo marchará mucho mejor (o como mínimo será más alentador y divertido) y quizá antes de empezar a trabajar acuerdos podemos intentar observar y verificar otros aspectos como:

- Buscar la parte sumergida del iceberg (lo que no se ve a primera vista). ¿Hay un sentimiento de inferioridad? ¿Hay creencias sobre sí mismo y el mundo que se están enquistando? ¿Hay un comportamiento esperable para la edad de desarrollo?
- No tomárselo como algo personal y

preguntar a los niños qué necesitan y qué se les ocurre.

- Capacitarlos si falta habilidad, validarlos si pensamos que quieren herirnos con sus emociones intensas, soltar control y ofrecer más autonomía y poder, y dedicarles nuestro tiempo y presencia plena.
- Demostrar amor incondicional; no solo mostrarlo, manifestarlo, decirlo, sentirlo, que en cada uno de nuestros actos (o en la mayoría de ellos), sientan que su madre y su padre lo quieren así, como es, de forma incondicional, pase lo que pase, la líe lo que la líe, se enfade mucho o poco, esté triste o feliz.

Gestionar los conflictos

Si bien los conflictos son parte de la vida social y casi seguro que ya hayamos participado de ellos en la primera infancia, con el cambio de etapa cambian sus necesidades y habilidades, y nuestro rol es distinto. Antes el acompañamiento era absolutamente esencial y cercano; no puede ser de otra manera, porque los niños y niñas en primer plano tienen un cerebro racional inexistente, que, por supuesto, se va a desarrollando poco a poco y que progresivamente le va a permitir resolver los conflictos de una forma cada vez más alentadora si les permitimos la práctica. Y es que como sociedad tenemos la tendencia de intervenir de más en los conflictos de los peques. Nuestra actitud debería ser de manejo ex-

pectante y por lo general acaba siendo de juez y parte.

Durante la infancia, es más habitual que quieran jugar solos, sin nuestra mirada, un paso más en su conquista de la autonomía, y muchas veces no va a ser posible este acompañamiento emocional tan cercano.

Si estamos disponibles para ellos, no para interrogarlos o sacarles la información, sino solo de forma casual, vamos a poder tener más información de lo que les preocupa. Por supuesto, si hay un comportamiento disruptivo puede que sea una estrategia de pertenencia: a causa de una pérdida de conexión en el grupo social, que no se atreva a exteriorizar allí y que lo haga en casa, donde se siente seguro, donde va a poder demostrar toda su vulnerabilidad, quizá a través de comportamientos disruptivos o incluso violentos.

Si estamos presentes, el acompañamiento podría centrarse en dos ámbitos: el primero, validar sentimientos (véase p. 220), a través de la escucha activa (véanse pp. 223-224) de ambos implicados y el enfoque en soluciones (véanse pp. 214-215); para que esto suceda, el cerebro racional tiene que estar accesible, pues si el cerebro primitivo ha tomado el control, va a ser difícil llegar a soluciones desde la lógica y la comprensión.

En disciplina positiva hablamos de tres S para gestionar conflictos:

- Soportarlos, la traducción queda un poco forzada, nos referimos a quedarnos al margen sin intervenir salvo si hay violencia. Igual sería más bonito decir sostenerlos, estar con ellos y sus emociones.

- Separarlos, terminar o redirigir el conflicto poniéndolos en el mismo barco sin tomar partido.
- Salirnos, recordándoles que pelearse es normal y que estamos a su disposición si necesitan mediación, algo que habremos practicado antes en momentos de calma, y, por supuesto, observando que su desarrollo permita que podamos realizar esta observación expectante y no la intervención directa.

Pero también deberemos validar sus emociones, mirar qué ocurre en la parte invisible del iceberg, explicar cómo funciona el cerebro y nuestras emociones, y, por encima de todo, buscar soluciones. Empatía y conexión, en definitiva; no tomárselo como algo personal, y para ello tenemos que practicar el autocuidado. Desde Montessori, observaremos qué necesidades tratan de cubrir con este enfrentamiento (períodos sensibles y tendencias humanas) y buscaremos cómo satisfacerlas en equilibrio, velaremos por que tengan sus espacios y mostraremos maneras de relacionarnos de forma respetuosa (modelar habilidades).

Conflictos entre hermanos

Cuando llega un nuevo bebé a la familia, todo se descoloca. Antes de ese momento, quizá cada uno tenía su sitio y, de repente, ese lugar se ha perdido, además de que las figuras principales de apego tienen un extra de trabajo, de cansancio y por lo tanto un déficit de atención y cuidado a los hermanos «mayores» (o quizá no tan mayores).

Si os acordáis, al principio del libro hablábamos de la lógica privada, de cómo se construye y cómo en torno a los 3 o 4 años ya queda bastante fijada.

Cuando hay un conflicto con otro hermano, lo primero que tenemos que revisar es que no haya una falta de conexión que lo mueva a entrar en metas erradas de atención (o reconocimiento), de poder (control de su vida), venganza (o paliar la injusticia) o insuficiencia (falta de habilidad); todas estas metas son inconscientes.

Si la conexión es fuerte, si la pertenencia y la importancia del niño o la niña están aseguradas, podemos pasar a investigar otras causas. Si sus actos nos despiertan emociones intensas como irritación o culpabilidad, desafío o reto, dolor o incredulidad o desesperación o incapacidad, os recomendamos volver a esas primeras lecciones sobre metas erradas.

Una vez que nos hemos asegurado de que esa conexión con el grupo familiar es fuerte, pensemos qué puede estar pasando para que existan conflictos.

Los conflictos son parte de la convivencia, que los niños y las niñas peleen es algo normal y esperable, en especial cuando se llevan pocos años.

Si nos fijamos en la naturaleza, son muchos los animales que, en épocas de escasez de alimento, tienen comportamientos violentos con sus hermanos, incluso hasta provocarles la muerte; el tiburón toro es un claro ejemplo de esto, pues devora dentro del cuerpo de su madre a todos sus hermanos.

El mandato biológico de la naturaleza es así; si hay escasez, los hermanos tienen que competir por los recursos. Por suerte, no somos tiburones toro y tenemos recursos para poder alimentar y cuidar a dos o más hermanos. Nuestros hijos pueden crecer en un entorno de abundancia, ya no tanto material como de presencia, de nuestra atención. Nuestra función no es eliminar la rivalidad entre hermanos, puesto que en cierto modo es esperable y biológica, nuestra función es no agrandar o alimentar, no hacer mayor la rivalidad con nuestro impacto.

Para ello, quizá lo más importante sea dejar de tomarnos el comportamiento que tienen nuestros hijos entre ellos como algo personal, porque nuestra necesidad es proteger, no impartir justicia. La justicia de sus procesos es suya y de nadie más, nosotros solo podemos proteger y, sobre todo, crear un ambiente en el que exista cooperación, que es lo contrario de la competición; es decir, asegurarnos de que todos están recibiendo lo que necesitan y entender que sus comportamientos son estrategias de pertenencia para encajar, incluso entrar en conflicto puede ser una estrategia para conectar con nosotros o pueden no ser más que conflictos de convivencia, todo depende de cómo lo vivamos nosotros.

Hay personas que piensan que, ante un conflicto, lo mejor es interrumpir en todo momento; hay otras partidarias de no intervenir jamás. Nosotras estamos en el punto medio: intervenir si sentimos que es necesario porque el conflicto se está yendo de las manos y, sobre todo, intervenir sin tomar partido, sin ser juez y parte, para proteger (evitar que se hagan daño), validar (reconocer, permitir y normalizar esas emociones) y capacitar (darles nuevas herramientas).

A la hora de intervenir ante una agresión, podemos poner un límite físico para evitar la violencia, validar las emociones de ambos y explicitar cuál es nuestra necesidad: protegerlos. Por último, buscaremos soluciones. Por ejemplo: «Veo que estáis enfadados, os estáis haciendo daño y yo necesito protegeros, por eso os estoy separando. ¿Cómo lo hacemos? ¿Cómo puedo ayudaros?». En muchos lugares dicen «entiendo que estáis enfadados y aquí (en esta escuela) no dejamos que os hagáis daño». El mensaje que le llega al niño no es que esté «mal» emplear la violencia, sino que en ese espacio concreto hay unos adultos que cuidan y velan por que todos se sientan seguros.

Hay otras herramientas, como la escucha activa (véanse pp. 223-224), ayudarlos a expresarse a través de la comunicación no violenta y, sin duda, el acompañamiento que pueden sernos muy útiles en esos momentos, y ninguna será tan útil como cambiar nuestro pensamiento: aceptar que la rivalidad entre hermanos puede suceder, interiorizar que tomar partido y tomárnoslo como algo personal no aporta nada a largo plazo y agradecer que no sean tiburones toro sino *Homo sapiens*.

Bromas aparte, cuando contemplamos las situaciones a través de la mirada de la gratitud, es más fácil actuar de la mejor forma posible. Por supuesto, para que eso pase tenemos que estar calmados, tranquilos, haciéndonos la vida fácil y, en definitiva, viviendo en modo relajado en vez de en modo supervivencia.

Eso es lo que nos va a permitir garantizar que pueda existir el respeto mutuo entre mis necesidades, las necesidades de ellos individualmente y la necesidad de las situaciones.

En ocasiones, nos cuesta enfrentarnos a las peleas de nuestros hijos e hijas porque nos conectan con determinadas situaciones de nuestra infancia o porque nos conectan con algún sentimiento profundo o intenso: miedo a que de mayores no se quieran, vergüenza porque no nos sentimos buenos padres o no lo bastante buenos, culpa porque quizá consideremos que estemos cometiendo errores en nuestra forma de actuar, ira porque se repite todo el tiempo y es agotador, o incluso tristeza que enmascara esa ira.

Si queremos gestionar estas situaciones para que sus conflictos se conviertan en oportunidades para practicar habilidades, es necesario que reflexionemos acerca de por qué nos incomoda tanto. Tomar distancia y relativizar es del todo necesario para poder gestionar sus conflictos de la mejor forma posible.

Además de gestionar los conflictos de esta forma, podemos tomar una serie de decisiones que nos van a ayudar a prevenir estos conflictos:

- Pasar tiempo especial con cada niño, tanto de forma individual madre/padre-hijo como ambos con el peque o la peque, de forma excepcional. En mi caso estos días, «los días de hijas únicas» (Bei), han sido una solución maravillosa cuando notamos que estábamos perdiendo la conexión. Sea como sea, sin grandes dispendios, es importante tener tiempo especial con cada uno para que no busquen, inconscientemente, la conexión a través de las peleas entre ellos.
- Crear recuerdos en familia, a través también del tiempo especial: desde jugar sin más (juego desestructurado o estructurado, como los juegos de mesa) hasta pasar momentos en la naturaleza o de excursión va a permitir que conecten y podamos crear recuerdos para toda la vida.
- Cada vez que se plantee un conflicto en casa, tenga o no que ver con los conflictos entre hermanos, podemos

tomarlo como una oportunidad para enseñar habilidades de resolución de conflictos y fomentar la autonomía, buscando soluciones y no culpables, y enfocándonos en conectar en vez de en corregir lo que haya podido suceder.

- Si en algún momento estamos demasiado irritados o enganchados con lo que ocurre con los peques, quizá podamos pensar si dentro de veinte años esto tendrá importancia y si nuestra gestión del conflicto ayudará o no a que tengan el tipo de relación entre hermanos que nos gustaría.

El orden de nacimiento

Tal y como vimos al principio, una parte muy importante de la teoría adleriana es la que trata de estudiar el sentido de pertenencia y significado dentro de una sociedad. Una familia es una sociedad en miniatura y por ello los niños tienden a buscar su hueco en la idiosincrasia familiar. Desde luego, no es algo cien por cien determinante, pero el orden de nacimiento influye en su personalidad. Los niños sienten, piensan y actúan todo el tiempo, y todo ello constituirá la lógica privada que los llevará a desarrollar determinadas conductas y habilidades.

Los padres tampoco somos los mismos, es un chiste muy antiguo ese que dice que si tu primer hijo come tierra lo llevas al pediatra, al segundo se lo permites y con el tercero te preguntas si tendrá hambre a la hora de comer. Con nuestros primogénitos nos preocupamos más, en parte por la inexperiencia y en parte porque tenemos más tiempo, pero cuando llega el tercer hijo a casa estamos ya curtidos en mil batallas y hay muchos otros problemas que atender antes que nimiedades como que coman tierra. Cada niño nos encuentra de diferente manera y establece relaciones distintas conforme a su temperamento, sí, pero también respecto del orden de nacimiento.

Antes de empezar a explicarlo, nos gustaría dejar claro que habrá muchas excepciones a los comportamientos asociados a ese orden y depende mucho de si los hijos son o no del mismo sexo y de los años que se lleven (dos hermanos con mucha diferencia de edad es posible que se sientan como dos hijos únicos y dos hermanos del mismo sexo y que se lleven poco probablemente polarizarán las personalidades). En todo caso, aportará ventajas y desventajas, no hay un lugar mejor o peor para venir al mundo (aunque muchos hermanos discutirán a menudo sobre los privilegios del otro...). En ningún caso se trata de etiquetar a los niños, sino que es una forma de ayudarnos a descubrir el gran iceberg que se esconde detrás de su conducta.

El primogénito

El primer hijo se lleva numerosas cosas buenas, como unos padres con mucho tiempo, pero también una cierta inseguridad y también una tendencia excesiva a rescatarlo. Suelen ser el centro de atención durante mucho tiempo y todos sus pequeños acontecimientos, desde el primer cumpleaños al primer diente, se festejan de forma excepcional e incluso desmedida. Serán los primeros en aprender a nadar, en traer buenas notas a casa, en graduarse... Una gran responsabilidad que los hace o bien ser perfeccionistas y destacar o bien abandonar cuando no se sienten a la altura de las circunstancias. Su frase es «yo primero».

Segundos

Existe la hipótesis de que los segundos, se conviertan o no en medianos, serán los hijos de los que se tengan menos fotos. Y tenemos que reconocer que es cierto. Los segundos van siempre a remolque de sus hermanos y en ocasiones encontrar su hueco consiste exactamente en ser lo opuesto a su hermano. Su frase es «yo también».

Medianos

Si los segundos se convierten en medianos, pasan a estar en un lugar incómodo, con presión por arriba y por abajo, ya que no disfrutan de los privilegios del mayor ni de los del bebé, con la presión constante de los logros por edad del mayor y los gorjeos del tierno bebé menor. En ocasiones, se sienten perdidos en esta nueva dinámica que tienden a suplir desarrollando habilidades sociales excepcionales. También son geniales tomando perspectiva de las situaciones, pues pueden ver ambos lados de una situación. Su frase es: «¿Y yo qué? No soy ni mayor, ni pequeño».

El pequeño

Cuando llega el último miembro de la familia, el resto le dedica todo su tiempo y cariño; además, por pura supervivencia las normas y las expectativas se habrán relajado notablemente. Los padres se muestran reacios a dejar ir a su último bebé y es probable que lo rescaten en exceso. También exhibe grandes habilidades sociales y una gran capacidad de adaptación. Su frase es: «Apartaos, que quiero mi sitio».

Los hijos únicos

Dicen que los hijos únicos son egoístas, nosotras no lo creemos. Lo que sí es cierto es que el ser un único hijo sin competencia lo hará crecer en un entorno de adultos en el que podrá avanzar sin comparaciones y a su propio ritmo. Tendrá todo el cariño, tiempo y atención de sus padres, que no tendrá que compartir. Quizá se sienta solo, aunque nada que una buena tribu y muchos niños cercanos con los que jugar no arregle.

En todo caso, cabe decir que las primeras decisiones que tomamos según las primeras experiencias de vida se deciden desde el subconsciente. Si tenemos en cuenta el orden de nacimiento, podemos ayudarlos a encontrar su sentido de pertenencia y ampliar sus experiencias.

La escuela

La incorporación de nuestros peques al sistema escolar es algo que suele preocuparnos bastante a todas las familias, en especial a las que buscamos una educación más vivencial y en la que los niños y niñas sean los protagonistas.

Además, es habitual que debido a las casi inexistentes políticas de conciliación familiar nuestros hijos e hijas empiecen en el sistema escolar demasiado pronto. Esto, unido a que quizá nosotros tuvimos experiencias desagradables durante nuestra infancia, en las que nuestras emociones no fueron alentadas ni sostenidas, puede hacer que nos conectemos con esas situaciones y pongamos todavía más carga emocional en la incorporación de los niños y niñas a la escuela.

No nos engañemos, las separaciones tempranas son difíciles. Nuestros hijos no están preparados, son aún muy dependientes (necesitan de una figura de apego) y vulnerables (están construyendo su identidad), y esto despierta nuestro instinto de protección. Es natural, es lo que marca nuestra biología, pero si bien no podemos (ni queremos) hacer que nuestros hijos maduren más rápidamente, sí podemos trabajar la otra parte de la ecuación: nosotros, los adultos. Como hemos dicho, a menudo la separación de nuestros hijos nos conecta con experiencias de nuestra niñez. Se trata de un acto inconsciente, pero traerlo a la conciencia nos ayudará a que sea más llevadero tanto para nosotros como para nuestros hijos. Dar sentido a esas experiencias es un primer paso para poder confiar en las personas que van a ser los futuros adultos de referencia de nuestro tesoro.

A lo largo del libro tienes muchas herramientas que pueden ayudarte a llevar mejor la separación de tus hijos, pero te dejamos aquí un pequeño resumen:

1. Respira. Permítete sentir y reconoce tus emociones. ¿Tienes miedo? ¿De qué?
2. Responsabilízate. Como progenitores hace falta entender que nuestras decisiones son nuestras y muy a menudo hay más margen de maniobra del que pensamos. Podemos decidir retrasar la incorporación al sistema escolar, aunque implique reorganizar nuestra vida. E incluso cuando se quiere pero no se puede o cuando no hemos podido acceder a la escuela que nos hubiera gustado, siempre siempre podemos responsabilizarnos de nuestra decisión y dejar de sentirnos víctimas.
3. Pon distancia emocional. Si la separación de tu hijo te supera, intenta tomar perspectiva. Recuérdate que el protagonista es él, no tu dolor. Recuérdate que él estará en sintonía con tu sentir. Intenta alejarte de la situación (en sentido metafórico) y mírala como si fueras un espectador.
4. Confía. Confía en la escuela que has escogido. Confía en los docentes. Confía en tu hijo.

5. Comparte. Busca personas que sepan escuchar (sin dar juicios ni opiniones) y habla sobre cómo te sientes. Al compartir tu experiencia, al hablar de ella, estás creando un espacio para explorar tus sentimientos de forma profunda.

6. Acepta. Escoge sentirte en paz.

El tema escuela es un tema complejo, del que se han escrito libros enteros. Nosotras creemos que es importante tener el punto de vista de un docente con largo recorrido y no solo nuestra visión como madres, por eso hemos invitado a Miguel (el compañero de Bei, profesor de Ciencias Sociales y educador de disciplina positiva) a que nos cuente qué significa enseñar desde el corazón y cómo podría ser la relación familia-escuela, que sin duda, cuanto más estrecha, fluida y respetuosa sea, mejor será para los niños y las niñas que acuden a ese centro. Os dejamos con él:

Me llamo Miguel Ángel, soy padre de cuatro niñas y docente desde hace quince años, así que en el triángulo niño/a-familia-escuela tengo el privilegio de poder ser a la vez padre y profe, y eso me permite ver las distintas situaciones desde diferentes puntos de vista.

Desde la disciplina positiva intentamos tomar siempre decisiones basadas en el respeto mutuo, es decir, respetando las necesidades de los demás, las mías propias y las de las situaciones, así que cuando exista algún conflicto familia-escuela, es importante garantizar que todas las necesidades de las personas implicadas estén cubiertas.

Pero antes de hablar de los posibles problemas que puedan surgir, me parece importante hablar de la conexión como forma de generar confianza, seguridad y respeto mutuo. Si cuando hablamos de relacionarnos con la infancia desde el respeto nos referimos a hacerlo sin necesidad de acudir a herramientas de disciplina punitiva, con las personas adultas sucede exactamente lo mismo. En este sentido, los centros educativos son lugares donde se encuentran múltiples intereses, dependiendo de a qué colectivo pertenezcas. Nos hemos empeñado en creer que esos intereses son contrapuestos y por lo tanto los colectivos deben estar enfrentados: los padres y madres son defensores a ultranza de sus hijos, a los docentes les toca defender la educación que van a recibir sus alumnos, y los propios centros deben garantizar que el alumnado pueda desarrollarse con la menor conflictividad posible y cumpliendo con la legalidad vigente.

No debemos engañarnos y pensar que esta fórmula ha sido perfecta. La crítica a la labor docente y a la escuela es algo muy habitual y cada vez es mayor el número de familias que optan por sistemas de educación alternativos. Yo no me considero culpable, pero sí responsable de haber alentado en cierto sentido esa visión; sin embargo, si leemos detenidamente las últimas líneas del párrafo anterior, vemos que hay un elemento común que puede unir a los tres colectivos: el alumnado.

Quizá ser conscientes de esto, darnos cuenta de que el objetivo es común, de que nuestro propósito va en la misma dirección y no en direcciones opuestas, nos permita aunar esfuerzos para cambiar la situación. No debemos perder de vista que el alumnado es el centro de todo y hemos de ocuparnos de su formación en todos los ámbitos. Por suerte, en los últimos años se ha podido demostrar que la formación a nivel humano y emocional es mucho más importante que la formación en meros contenidos. Las últimas leyes educativas, nos gusten más o menos, han ido también encaminadas a reconocer esa formación integral, más que en parcelas, en una formación competencial. Aunque también es cierto que las herramientas que muchos docentes hemos estado utilizando siguen ancladas en el pasado. No me malinterpretéis, no considero que la evolución sea única y exclusivamente usar pantallas, tabletas o formación a través de vídeos. La idea es muchísimo más profunda, y es necesario que los profesores nos desprendamos de la armadura que la propia legislación nos otorga y nos descubramos ante nuestros alumnos de la forma más humana y humilde posible. Ser sinceros con ellos, empatizar, pedir disculpas cuando nos equivocamos, incluso decirles si estamos enfadados por algo que haya podido ocurrir en clase, sin faltar al respeto, no nos hace más débiles; todo lo contrario, nos otorga la oportunidad de incidir en una formación humana muchísimo más importante que lo que podemos encontrar en los libros.

Y esto es absolutamente extrapolable a las familias. Es necesario que los docentes no nos tomemos de forma personal las críticas que puedan hacernos los padres; deberíamos recibirlas desde la máxima apertura y siendo conscientes de que están defendiendo algo que para ellos es muy valioso. En vez de entrar en luchas de poder o situaciones que pueden hasta rozar la venganza de forma sutil, es necesario dar reconocimiento a las familias, porque su labor es básica. ¿Cómo conseguirlo? Haciendo todo lo posible por escucharlas, por garantizar que su necesidad de pertenencia esté cubierta y por que nuestras acciones siempre sean coherentes y enfocadas a la búsqueda de soluciones en vez de culpables. Y solo con la apertura a la participación ya estaremos logrando que no se perciban a sí mismos como obstáculos, sino como parte indispensable de un equipo con un objetivo común, porque eso es en verdad lo que somos: un equipo por la infancia (y con la infancia).

De forma similar, las familias, los padres y las madres, tenemos que hacer exactamente el mismo recorrido: confiar en el docente, confiar en los procesos, confiar en nuestros hijos e hijas. Esto no quiere decir que no supervisemos, pues es una de nuestras labores principales, ni que permitamos abusos, injusticias o que dejemos de dar nuestra opinión sobre las cosas que pueden ser mejorables.

De nuevo, la estrategia es la escucha, el enfoque en soluciones, tomar distancia, no tomarnos lo que suceda de forma personal y hablar delante de los niños con el mayor de los respetos hacia sus docentes, porque cuando no estamos nosotros presentes —durante todas las horas que pasan en el centro— estos no dejan de ser una de sus figuras de apego.

En ambas direcciones, lo que nunca falla es ofrecer aliento, centrarse en las fortalezas de la otra persona y quedarse con lo que podemos sacar de positivo de algo que no ha salido como esperábamos, sin necesidad de machacar la autoestima de la otra persona; es decir, considerar los errores como oportunidades de aprendizaje.

Suele suceder que muchas personas no se atreven a cuestionar al docente por temor a que esto pudiera ocasionar una merma en su autoridad. La autoridad tal como yo la entiendo no es algo que venga impuesto con la nómina, ni que sea inherente al miedo y la superioridad; la autoridad se conquista día a día fortaleciendo el vínculo docente-alumno. Con las familias pasa lo mismo: si durante un conflicto las familias aprecian la voluntad del docente por alcanzar una solución que no implique la humillación, sin olvidar el cumplimiento de la normativa impuesta, el vínculo familia-docente se va a mantener y va a ser más sencillo capear el temporal.

En definitiva, buscar soluciones desde la escucha, el aliento y la participación implica que todos los que integramos la comunidad educativa viajemos en el mismo barco, aunque haya tormenta.

Pensando en cuestiones más concretas, como cuando en los centros se imponen castigos, se obliga a hacer deberes, se restringen los recreos o incluso se falta a la dignidad de los niños y las niñas, creo que es necesario que las familias, desde el respeto y el reconocimiento de la dificultad de la labor docente, se lo hagamos saber a los centros, informando de nuestros límites con la mayor asertividad posible. Además de buscar una solución respetuosa, relacionada, razonable y resolutiva (útil), estaremos dando un ejemplo inspirador a nuestro hijo o hija de cómo se resuelven los conflictos, desde la comunicación respetuosa. Incluso en situaciones en las que la adversidad es máxima y nuestro margen de maniobra pueda verse reducido, me parece importante hacerle saber a nuestros hijos e hijas que la familia es un equipo y que, pase lo que pase, los amamos de forma incondicional.

Nuevas tecnologías y pantallas

En unos pocos años, las pantallas se han colocado en las primeras posiciones en el ranking de conflictos dentro de la familia. Para nosotras son un claro ejemplo de la rapidez con la que se mueve nuestra sociedad y lo complicado que nos resulta adaptarnos al cambio. Sentimos que estamos aún en una primera etapa de miedo y rechazo a lo nuevo, a lo desconocido, pero nos gustaría adentrarnos en una nueva etapa de aceptación y entendimiento. Las que tenemos hijos adolescentes (de 13 o 14 años o más) e hijos pequeños, hemos podido experimentar el cambio en nuestras propias carnes, pues cuando nuestros mayores tenían 2 y 3 años, no había tabletas y casi no había apps infantiles. Parece mentira, pero ¡es cierto!

Sentimos que, en la actualidad, hay dos corrientes completamente opuestas: o estás en contra y en casa no hay una sola pantalla o estás a favor y tus hijos pasan varias horas al día frente a diversas pantallas desde que tienen unos pocos meses. Lo que ha ocurrido en muchos casos es que, ante la dificultad de manejar el tema, algunas familias de entrada «estaban a favor», pero han cambiado de bando y han eliminado todas las pantallas de su vida para recuperar algo de paz. Nosotras no creemos en ninguno de los extremos, no nos gusta ver el mundo en blanco y negro, sino en multicolor. Esto no quiere decir que no seamos conscientes de los peligros de las pantallas mal gestionadas, sino que creemos que con una buena gestión las pantallas pueden aportar beneficios a nuestra familia. Seamos realistas: si no fuera por los blogs que ambas empezamos a compartir hace años, es probable que no nos hubiéramos cruzado en tu camino. Sería muy hipócrita por nuestra parte que nos dedicáramos a demonizar las nuevas tecnologías, ¿no crees? La verdad es que las pantallas forman parte de nuestro presente y negarlas significa rechazar parte de la realidad, así que nuestro objetivo debería ser minimizar (eliminar idealmente) los daños y maximizar los beneficios.

Pantallas y primera infancia

Tres líneas atrás os hablábamos de mundo multicolor; pues bien, aquí nos olvidamos un poco de ello, porque en esta etapa del desarrollo de nuestros hijos nos decantamos por la fotografía en blanco y negro. El uso de pantallas durante los primeros años de vida (sobre todo durante los tres primeros) supone un riesgo grande y lo cierto es que los niños aún no tienen la madurez necesaria como para obtener grandes beneficios. En este período, las nuevas tecnologías suelen suponer una barrera para el desarrollo correcto, porque las prioridades y las necesidades del niño se encuentran en otro nivel. El niño necesita vínculo, movimiento y oportunidades para explorar el mundo que lo rodea y así recoger información mediante todos sus sentidos. Con ella construirá su lógica privada y su identidad. Los programas y apps infantiles van a demasiada velocidad, suponen una sobreestimulación. Introducir las nuevas tecnologías de 0 a 3 años supone privarlos de un tiempo que podrían haber dedicado a otras actividades que les aportarían acceso a una información que ellos pueden procesar e integrar fácilmente, con el añadido de que, si se los expone a pantallas de forma constante, pueden acabar acostumbrándose a estos niveles altos de estimulación y luego tener problemas cuando se encuentran en ambientes sin sobreestimulación.

Con esto no estamos diciendo que tengáis que esconder todas las pantallas de vuestro hogar y no sacarlas de nuevo a la luz hasta que no llegue el sexto cumpleaños de vuestro hijo. Los niños pequeños y las pantallas pueden cohabitar en un mismo espacio, tan solo durante esta etapa no favoreceremos que las usen. Si necesitamos tenerlos entretenidos durante un rato, podemos ofrecerles mil y una alternativas, y es que de los 0 a los 3 todo es nuevo para ellos y unas ollas y unas cucharas los entretendrán igual y les aportarán aprendizajes de valor: desde hacer ruido-música a explorar la permanencia de los objetos (¿quién ha dicho que los materiales Montessori son caros? El niño puede introducir objetos en una olla con tapa, dejar de verlos al ta-

parla y, al abrir de nuevo, entender que los objetos no desaparecen aunque no los veamos. En las Casas de Niños, este aprendizaje se logra mediante un material llamado «caja de permanencia»).

Por otro lado, es posible que tengas más de un hijo y, como pasa con la alimentación y muchos otros temas, los hermanos pequeños por lo general se exponen a edades más tempranas; forma parte del hecho de ser hermano pequeño. Algunos aspectos no son ideales (como cuando, aún pequeños, observan a su hermano mayor jugar a *Minecraft*, perchados de su hombro a lo loro pirata), pero se compensan con todos los beneficios de tener más referentes en casa; más seres con los que conectar, compartir y aprender; más seres que los aman y a quienes aman. El gran riesgo de las pantallas es que impiden la conexión, pero si permiten que se produzca vínculo y juego, quizá deberíamos replantearnos nuestro dogma.

El papel del adulto

Muchos adultos usamos las pantallas como herramienta de trabajo, como acceso a nueva información, como herramienta de comunicación... No es necesario eliminarlas de nuestra vida mientras tengamos niños pequeños. Sin embargo, debemos recordar que nosotros somos su ejemplo y que ellos aprenderán a relacionarse con las nuevas tecnologías observando cómo lo hacemos nosotros. Si el día de mañana no queremos tener adolescentes que comen con el tenedor en una mano y el móvil en la otra, desde el primer día nosotros vamos a evitar los teléfonos mientras estamos sentados a la mesa.

La llegada de los hijos nos hace replantearnos muchas cosas y el uso que damos a las nuevas tecnologías no es una excepción. El primer paso para que los hijos tengan una relación sana con las pantallas es que nosotros, sus padres, tengamos una relación sana con ellas. ¿Es así? ¿O las pantallas te suponen algún obstáculo para ser la mejor versión de ti mismo?

Nuevas tecnologías como «tapaemociones»

Probablemente hayas leído que las adicciones a las pantallas se deben a un vacío emocional: nos sentimos mal, desalentados o desconectados, y, de forma consciente o inconsciente, «tapamos» el dolor con el uso de las nuevas tecnologías. En cierto modo, nos sirven de anestesia. Esto puede pasar tanto en adultos como en niños y llegados a estas situaciones la solución no está en prohibir las pantallas, sino en reconocer qué falta, cuál es la carencia. Si, en su lugar, nos dedicamos a hacer juicios del tipo «¡Es que siempre estás pegado a la tele/tableta/ordenador!», lo único que lograremos es que aumente el dolor. Cuando se trata de niños, a veces podremos tener una conversación con ellos y descubrir qué está pasando. Si tienen un problema en el colegio, si se han peleado con un buen amigo... Pero

también hay niños a los que les cuesta abrirse o que ni siquiera son conscientes de qué les pasa. En estas situaciones pasar tiempo juntos (conexión) o salir a moverse en la naturaleza suele funcionar muy bien. La conexión y la naturaleza son las medicinas indispensables en cualquier botiquín.

Infancia, adolescencia y madurez. ¿Cómo tener una relación sana?

Hace unos años, el acceso a la información era un privilegio. Hoy en día, todos tenemos a un clic de distancia más información de la que nunca podremos procesar. Vamos a intentar sacarle el máximo provecho. En nuestros hogares, las pantallas nos han regalado momentos de conexión cuando hemos compartido una película, la hemos disfrutado juntos, hemos entablado conversaciones gracias a ella... Nos han ayudado a aprender idiomas, a practicar las matemáticas, a conocer distintos lenguajes de programación, a aprender a tocar el piano, a resolver dudas, a comunicarnos con familiares y amigos que viven a miles de kilómetros de distancia... Y sí, alguna vez también nos sirven de anestesia o de entretenimiento de emergencias. Porque somos humanos y en ocasiones nos vemos desbordados. Te pilla un resfriado de esos que te incapacitan y, después de cumplir con las comidas, te sientas en el sofá a ver una peli con tus hijos. O un día estás agotada y necesitas una ducha desesperadamente y la ven ellos solos mientras tú sientes el agua caliente en la piel. Está claro que no vamos a usar las pantallas como cuidadores principales de nuestros hijos, pero igual que algún día podemos meter una pizza precocinada en el horno (y disfrutarla), también podemos abusar de las pantallas en situaciones especiales. Algunas claves para reconocer una relación sana con las pantallas son:

- Su uso nos genera bienestar. Sobre todo con las redes sociales, es fácil caer en comparaciones, sentirse frustrado o sentirse «menos». Si esto sucede, podemos trabajar un poco en nosotros mismos y aprender a poner perspectiva.
- Se trata de una relación «pública». No nos escondemos. Sobre todo cuando tenemos hijos mayores, queremos que confíen en nosotros. Para ello, nosotros habremos mostrado nuestra confianza en ellos durante muchos años. Es normal que quieran tener una vida privada, pero si crees que esconden algo, trabajad el vínculo.
- No hay dificultades para parar. Cuando soltar las pantallas se convierte en una guerra, hace falta revisar. Puede que se estén quedando otras necesidades descubiertas o puede que nuestros hijos aún no tengan la madurez necesaria para la actividad en cuestión.
- Seguimos atendiendo el resto de nuestras necesidades. Si nos quedamos pegados a las pantallas en lugar de dormir un mínimo de horas, hace falta revisar. Si nuestros hijos prefieren renunciar a una tarde de cine (o algo muy especial para ellos) para jugar diez minutos más, vamos a revisar si es posible que las pantallas se estén usando como «tapavacíos».

Como hemos dicho antes, con las nuevas tecnologías (y con todo) la herramienta más potente que tenemos en nuestras manos es modelar con el ejemplo. Recuérdalo la próxima vez que repases WhatsApp de reojo al tiempo que «escuchas» las aventuras que tu hija ha vivido en el colegio.

El poder de la escasez

Nos parece importante también remarcar el poder de la escasez. Cuando estamos limitando el acceso a algo (las pantallas en este caso), lo que estamos haciendo, en realidad, es incrementar su valor. Si solo puedo jugar con la tableta media hora el domingo, cada uno de esos treinta minutos se convierte en oro y perder o ganar uno más pasa a ser de gran importancia. En estas situaciones puede pasar como con las rebajas, que por no desaprovechar una ganga, acabamos comprando cosas que no queremos/necesitamos. Cuando nuestras limitaciones crean un clima de escasez, lo que logramos es que nuestros hijos no «desaprovechen» ocasión alguna para pasar tiempo frente a las pantallas. Aunque no les aporte nada, aunque ni les apetezca..., pero les estamos ofreciendo oro gratis. ¿Quién no pondría la mano?

Autorregulación

De nuevo, como con el resto de los aspectos de la vida, lo que nos gustaría es que nuestros hijos pudieran autorregularse y fueran seres equilibrados en todo momento, pero seamos realistas. Hemos estado hablando de que, a menudo, quienes más problemas tenemos con las pantallas somos precisamente los adultos. Si a nosotros nos puede costar encontrar nuestro equilibrio (lo que funciona para nosotros), a nuestros hijos también. Así que vamos a acompañarlos sin perder de vista nuestro amor incondicional hacia ellos.

Con las nuevas tecnologías no vale meterlo todo en un mismo saco. No es lo mismo tener problemas con la tele que con la tableta. Por un lado, podemos decirte que, igual que con la comida, si no quieres que lo coman, de entrada no lo compres. Pero sabemos que la situación es más complicada, pues vivimos en sociedad/comunidad y puede que la mejor amiga de tu hija haya ido al cine a ver ESA película, esa que a ti te parece horrible..., y ahora tu hija quiera verla también. No lo vivas como un problema, vívelo como una oportunidad. ¿Y si la veis juntas y luego compartes con ella tus puntos de vista? Esto si crees que tu hija tiene la madurez necesaria. Si no es el caso, igual que protegemos a nuestros hijos impidiendo que metan los dedos en un enchufe, los podemos proteger evitando que vean determinados programas que creemos que pueden dañarlos. Ahora, recordemos no limitar a la ligera y evaluar cada situación de forma individual, pues cada niño es único. Que nuestro objetivo sea la práctica de habilidades y no ejercer el control adulto. Si los acompañamos de forma activa, las pantallas pueden regalarnos muchos momentos de conexión y reflexión.

También es preciso establecer la diferencia entre ver un programa/película/documental y jugar a un juego de ordenador o una app. La primera es una actividad mucho más pasiva, que puede incluso llevarse a cabo desconectando el cerebro (que levante la mano quien no se haya dormido nunca con la tele de fondo). En los juegos, el nivel de estimulación es, por lo general, más elevado. Requiere que el jugador responda a la situación, que tome acción. Tener presente esta diferencia nos puede ayudar también a determinar qué es mejor en un momento dado.

Sistemas de regulación

En casa hemos tenido etapas de todo, en las que no había limitación alguna o en las que hemos usado algún sistema de regulación: *tokens* en forma de monedas de madera que equivalían a horas de uso, un tiempo determinado por día o por semana, etc. Cuando las pantallas se convierten en un problema, nos sentamos juntos en una reunión familiar y buscamos soluciones. A veces la solución pasa por implantar un sistema de regulación, y está bien. Podéis inventaros el sistema que os parezca (vuestros hijos seguro que tendrán mil y una ideas) y usarlo hasta que deje de ser útil o necesario.

Queremos remarcar que cuando hemos establecido sistemas de regulación, hemos diferenciado también por tipo de actividad, pues creemos que no es lo mismo usar una pantalla como herramienta que como entretenimiento «no constructivo». Por ejemplo, en casa usamos tabletas para aprender a tocar el piano, para repasar matemáticas, para aprender idiomas, para dibujar..., y este tipo de actividades no las limitamos. Por supuesto, esto podría ser otro debate, ya que el aprendizaje está implícito en todas las acciones de nuestra vida y algo visto en una serie o película, que *a prori* pudiera calificarse de entretenimiento no constructivo, ha podido ser el germen de una curiosidad que ha derivado en grandes aprendizajes. Simplemente es necesario ser conscientes de que las pantallas pueden ser una fuente de conocimiento o también de evasión y adicción, y la autorregulación no es fácil, ni siquiera para los adultos, que ya tenemos el cerebro racional bien amueblado.

Temas «tabú»: sexualidad y muerte

Si bien es frecuente hablar de «rabietas», de despertares nocturnos o de adaptaciones escolares, hablar de sexualidad y muerte sigue siendo algo tabú. O bien pensamos que es un tema «para más mayores» o uno en el que tan solo no queremos pensar, pero la verdad es que, si algo caracteriza la vida, es que se acaba, y la sexualidad está presente desde el minuto cero. Si no pensamos en ella hasta que nuestros hijos sean adolescentes, estaremos llegando tarde, y es que la sexualidad es mucho más que mantener relaciones sexuales. La sexualidad comprende desde las diferencias físicas de nuestros respectivos cuerpos a la forma en que nos relacionamos, pasando por las emociones, la bioquímica de nuestro cuerpo, nuestra identidad o la cultura en la que crecemos.

Hasta ahora, la estrategia era mantenerlo en la sombra hasta que no hay más remedio que dar «la gran charla», esa que tanto incomoda y a la que tanto se teme. Pero hay alternativas: la sexualidad forma parte de nuestro día a día y la gran charla puede sustituirse por numerosas pequeñas conversaciones que nacerán de forma espontánea durante las interacciones con nuestros hijos si optamos por ser honestos y abiertos. Nuestros hijos hacen preguntas y nosotros podemos armarnos de valor y responderlas sin restricciones. Evidentemente, vamos a usar siempre un lenguaje adecuado para el nivel de madurez de nuestro hijo, pero la necesidad de vocabulario y explicaciones simples no implica que no sean capaces de integrar la respuesta a lo que han preguntado.

Perder la vergüenza y relacionarnos con naturalidad

Cada día tenemos numerosas oportunidades para que nuestros hijos cuestionen la información y la integren, desde dar un beso a nuestra pareja hasta vestirse o cambiarse una compresa en el baño. Si queremos llegar a la adolescencia y poder hablar abiertamente de sexo con nuestros hijos, hace falta dejar de escondernos. Si nuestros hijos pueden ver nuestro cuerpo, podrán preguntarnos: «¿Por qué tú tienes pelo aquí/ahí y yo no?, ¿por qué los pechos de mamá y los de papá son diferentes?». Para ello, también es preciso que los adultos nombremos las cosas por su nombre, que no lleguen nuestros hijos a tercero de primaria y lean la palabra pene por primera vez.

Aparte de ver nuestro cuerpo, también pueden ver nuestros procesos. Como mujeres, la menstruación y todo lo que la rodea ha sido siempre, y sigue siendo, un gran tabú, pero si queremos que nuestras hijas e hijos entiendan la ciclicidad de las mujeres, deben poder observarla y nombrarla. Un acto tan simple como no esconderse cuando nos cambiamos la compresa/tampón/copa menstrual o practicamos el sangrado libre dará lugar, seguro, a muchas preguntas. En sus primeros años de vida, nuestra respuesta va a ser muy simple y es probable que tengamos que repetirla mes a mes, pues los niños viven en el presente y aunque les expliques algo en la línea de «cada mes, el cuerpo de mamá prepara una cama que puede dar cobijo a un bebé, pero si no hay bebé, la cama se desprende y baja por la vagina. Es esta sangre que ves», pasadas cuatro semanas va a hacer la misma pregunta porque el paso del tiempo es algo que aún se le escapa. Cuando decidimos no escondernos y lleguen las preguntas, las responderemos de forma simple, evitando juicios. Son procesos fisiológicos. Forman parte de la vida.

La intimidad

La forma en que nos relacionamos con nuestra pareja, si la tenemos, va a ser también una gran fuente de información para nuestros hijos, pues, como hemos dicho al principio, la sexualidad incluye la forma en que nos relacionamos, la intimidad, la sensualidad... ¿Ven vuestros hijos cómo os abrazáis? ¿Os besáis? Después de la pregunta sobre la menstruación, vendrá la pregunta sobre la reproducción: «¿Cómo se hace un bebé?». De nuevo, la responderemos de forma sencilla y podemos aprovechar la ocasión para hojear algún libro específico, adecuado a la edad, porque una imagen vale más que mil palabras y, aunque estamos hablando de no escondernos, para la gran mayoría el tener relaciones sexuales es un acto íntimo entre dos personas e igual que no lo compartimos con nuestros vecinos no tenemos por qué compartirlo con nuestros hijos. Eso no quiere decir que no podamos hablar de ello. En casa, en ocasiones les preguntamos a nuestros hijos si no les importa dejarnos media hora a solas (Nitdia). Implícito va el para «hacer fiesta de padres», y es que hemos tenido ya suficientes conversaciones espontáneas para que lo entiendan sin problemas. A veces nos dicen que mejor en otro momento, pero muchas otras no tienen problema alguno en hacernos este regalo. Y nosotros lo aprovechamos al máximo. Para que te hagas una idea, esta petición empezamos a hacerla cuando la más pequeña tenía sobre unos 5 años y el mayor unos 13 o 14. Una de las ventajas de tener cuatro hijos es que los hermanos se regalan presencia y conexión entre ellos y, a veces, los progenitores podemos «escaquearnos» durante un rato. En mi caso (Bei), mis hijas son más pequeñas y no es posible este truco, pero la sexualidad y el deseo es algo que está presente en muchas conversaciones, para sorpresa de algún amigo que se sonrojó cuando sacó delante de mis hijas el tema del Satisfyer (un juguete sexual) pensando que no era algo que ellas conocieran y ellas le expresaron su punto de vista.

Como saber hasta dónde contar es una gran preocupación, nosotras creemos que tenemos que contar exactamente lo que necesiten para satisfacer su curiosidad en ese momento, ni menos ni más, y una forma de ajustarlo es

a través de la observación y de las preguntas de curiosidad (véase p. 229).

Respecto de la masturbación infantil, un tema que suele preocupar mucho a los padres, creemos que es necesario no solo no coartarla, ni siquiera distraerlos, sino también normalizarla, permitirla, aceptarla. Por supuesto, si sentimos que puede estar tapando otras carencias, podemos contactar con un profesional especializado.

Respetando los espacios personales

Otro aspecto muy importante, cuyas bases se forman en casa durante los primeros años de vida, es respetar el cuerpo y los deseos propios y de los demás. En los últimos meses hemos hablado mucho del «no es no», de la importancia del consentimiento explícito, y puede que pensemos que es un tema que comienza a tratarse cuando se empieza a hablar de relaciones sexuales, pero ni mucho menos. El respeto del espacio personal empieza cuando tu hijo dice que no quiere un beso o un abrazo o cuando no quiere que le hagan cosquillas. Si los obligamos, les estamos mandando un mensaje muy claro: no importa lo que tú quieras, tu cuerpo no te pertenece, yo decido. Podemos hablar de por qué la abuela quiere un abrazo o por qué a la tía Pepa le gustaría tener una foto en que se te vea la cara o... podemos tener tantas conversaciones como creamos oportuno. Podemos hablarles de los diferentes lenguajes del amor (vistos en el apartado de relación de pareja), de cómo buscar un lenguaje común. Podemos hablar también con las abuelas que quieren besos y explicarles que nuestro hijo prefiere hacerle dibujos, que son sus muestras de cariño y amor. Hace falta conversar manteniendo el respeto, sin juicios, pero al final deben ser nuestros hijos quienes elijan lo que quieren hacer con su cuerpo. Y puede que durante años elijan no dar besos a vecinos y tíos lejanos. Una familia se inventó un saludo especial: «una chispita» (simular que lanzaba rayos con los dedos), que fue una solución respetuosa con las necesidades del niño (de elegir a quién quería besar), y de los padres (cansados de argumentar todo el tiempo que su hijo tenía derecho a hacerlo). Por supuesto, sería ideal que estas situaciones no existieran, pero mientras tanto, si es un juego con el que todos nos sentimos cómodos y nos da paz mental, bienvenido sea.

El entorno

Aparte de las relaciones dentro del hogar, están las relaciones fuera de este. Dentro del hogar, el niño experimentará un modelo de relación muy específico, el vuestro, pero fuera reina la diversidad. La forma en que nosotros nos relacionemos con la diversidad existente sentará las bases con las que nuestros hijos abordarán su propia sexualidad. Hace falta tener presente qué valores queremos transmitir.

Los ritos de pasaje

En casa, cada vez que tengo la menstruación (Nitdia), me pongo mi collar «de luna» (un collar que reservo especialmente para estos días, que solo me pongo mientras menstrúo). Es un pequeño ritual para mí (para recordarme que quiero escucharme y respetarme), pero, más importante, es una forma de visibilizar algo que de otro modo puede pasar inadvertido. Mi collar de luna ha abierto muchos diálogos con mis hijos y gracias a estos hemos podido llegar a la adolescencia rodeados de un ambiente de confianza mutua.

Antes, los rituales y ritos de pasaje eran algo común (y aún lo siguen siendo en muchas culturas) y eran un reflejo de los valores de cada sociedad en concreto. Hoy en día no tenemos por costumbre marcar momentos de cambio (más allá de las bodas y los bautizos), pero yo os animaría a crear vuestros propios ritos de pasaje, vuestra microcultura familiar. Un rito de pasaje no tiene por qué ser una gran celebración, hay a quien le gustan las multitudes y hay a quien no. Para mí, un rito de pasaje debe ser una celebración basada en el respeto. En casa, cuando mi segunda hija cumplió 10 u 11 años, le regalé un libro sobre feminidad que desató muchas conversaciones y pasado un tiempo, le preparé una pequeña caja con un collar «de luna» y unas compresas de tela. Fue un momento íntimo, un momento compartido que nos acompañará siempre. Ya hemos hablado muchas veces de que yo no tuve mi primera menstruación hasta los 15 años, igual que mi madre y mi abuela. Nuestro ritual de pasaje no iba atado a un cambio físico (la llegada de la menstruación), sino a un cambio en nuestra relación. Habíamos alcanzado un nivel de confianza más profundo y busqué una forma de celebrarlo. Con mi hijo mayor hemos tenido otros ritos, desde regalarle su primera máquina de afeitar a formularle y prepararle un jabón especial para el acné. Cada familia es única, cada hijo es único, así que hay innumerables formas de celebrarnos.

La muerte

No queremos pensar en ella. Hacemos como que no existe, pero el día que menos lo esperamos, se cruza en nuestro camino y nos arrasa... ¿Y si nos relacionáramos con la muerte de otra forma? De hecho, tenerla presente puede ayudarnos a tomar perspectiva y a valorar la vida aún más.

La naturaleza nos da la oportunidad de observar la muerte cada pocos meses. Experimentar los ciclos de la naturaleza (las estaciones) puede ser un primer contacto con la muerte. ¿Qué pasa con los insectos cuando llega el invierno? ¿Dónde están las mariposas? Y luego llega el renacimiento. ¿Qué pasa en primavera? Independientemente de nuestras creencias personales, de cómo vivimos la espiritualidad, muerte y vida van de la mano: unos se

van y otros llegan. Si nos fijamos en los procesos que ocurren en la naturaleza, tendremos unos fundamentos en los que apoyarnos si un día la muerte se lleva a un ser querido.

Cuidar de animales, ya sean mascotas o mediante el voluntariado en centros de recuperación, también nos acercará a las maravillas de la vida y a la muerte, y, un día, puede que toque despedirse de un familiar o amigo. Cuando se han tenido conversaciones y primeros contactos con la muerte, los duelos se hacen algo más fáciles.

En casa (Nitdia) nos despedimos de la bisabuela. Nos consideramos muy afortunados porque, aunque vivíamos a miles de kilómetros, pudimos viajar para estar a su lado durante sus últimas semanas. Hasta entonces nos habíamos despedido de alguna mascota (perdimos un pollito de gallina nada más nacer, después de haber incubado los huevos en casa durante tres semanas, y fue un proceso muy intenso para todos), pero nunca de un familiar cercano. La muerte es un proceso natural y no debemos esconderlo pensando que así «protegemos». Si los niños forman parte del proceso, les resulta mucho más fácil de entender e integrar. Después de acompañar a la bisabuela durante sus últimos días, de asistir a su funeral y de ir al cementerio, hemos seguido hablando de ella con naturalidad, y aunque ya no esté con nosotros, siempre estará en nuestro corazón. Incluso nuestra hija más pequeña, que tenía tan solo 3 años cuando la bisabuela murió, a menudo nos habla de la padrina, de lo que recuerda de ella, de los momentos que compartieron y de mucho más, porque su padre ha podido hablar también de sus recuerdos, de cuando él era un niño y un adolescente. Y yo de los míos, de cuando juntas le cosimos a mi hija mayor un vestido para su primer cumpleaños, de cuando, con más de 80 años, vino a visitarnos a Escocia. Si aceptamos la muerte como parte de la vida, el dolor y el duelo no desaparecen, pero sí se aligeran, porque nuestros seres queridos siguen formando parte de nuestra vida. Al poder hablar de ellos, en cierto modo siguen presentes y la pérdida es menos pérdida.

Incluso si nuestros hijos no han conocido a sus seres queridos ya fallecidos podemos darles espacio en nuestras conversaciones.

Mis hijas (Bei) tienen muy presente a su abuelo, que falleció mucho antes de que ellas nacieran e incluso con su curiosidad y cariño nos ayudan a nosotros a darle sentido a la experiencia del duelo y la pérdida. Hablan con naturalidad del bebé que perdimos a las pocas semanas de gestación e incluyen su recuerdo en nuestras vivencias. El duelo es asegurar la pertenencia de quienes ya no están y la tristeza en el fondo es dar valor a lo que compartimos, el peaje que pagamos por conservar sus recuerdos y que sigan siendo importantes para nosotros.

Las preguntas sobre la muerte en ocasiones empiezan antes de los 6 años y muchos padres se preguntan qué podemos decir al respecto. Parece que con los niños más mayores que ya tienen mente razonadora es más sencillo hablar de estos temas que en el primer plano del desarrollo. Sin embargo, si surge la necesidad de saber, no podemos posponer años la pregunta por nuestra confusión o dificultad, o peor, disfrazar o edulcorar la muerte usando eufemismos como que se quedan dormidos o se van de viaje. Los niños del primer plano son literales y necesitan información concreta y real; de lo contrario, podrían malinterpretar y acabar confusos o incluso asustados.

Cuando preguntaban qué pasaba cuando te morías, les solía decir que unas personas creen que vas al cielo, otras a una estrella y otras que te conviertes en otros animales o personas; que yo realmente no lo sabía (yo no soy creyente de ninguna religión) y que ellas algún día podrían encontrar respuestas. Un día, una de las niñas, divertida, me dijo: «Mamá, le he preguntado a la yaya y ella sí que sabe lo que pasa cuando te mueres, te vas a vivir al cielo, así que ahora por fin ya lo sabemos tú y yo». Sonreí y la abracé; la mente de los niños es maravillosa.

Otro tema espinoso es cuando preguntan si nosotros nos vamos a morir. Encontrar el equilibrio entre tranquilizar y ser sinceros no es fácil, una opción es decir «no tengo intención de morirme pronto» (que es verdad y me permitía ser sincera y no dar más información de la que me estuvieran pidiendo). Otro día algo hizo clic en una de mis hijas y se dio cuenta, por sí misma, de que tarde o temprano iba a morirme, de que, aunque ocurriera cuando fuera ya muy viejita, iba a pasar, y rompió en llanto. Acompañé su emoción, lloramos abrazadas, le dije que, aunque yo no estuviera, siempre tendrían mi recuerdo en el corazón, que todo el amor que hemos compartido lo recordarían justo ahí y que quizá les dolería recordar, pero que la tristeza es una emoción más y que tendría una función: permitirnos conectar con alguien a quien un día amamos tanto. En realidad, como ya sabemos que todos vamos a morir algún día, podríamos decir que se trata de muertes anunciadas y estas nos ofrecen una gran ventaja: la oportunidad de vivir un duelo compartido e incluso la oportunidad de despedirnos de forma consciente.

Cuando se produce una muerte sin avisar, el proceso de duelo (proceso de adaptación a una pérdida irreversible) suele ser algo más traumático precisamente porque no ha habido tiempo para despedidas. No se trata de que empecemos a despedirnos ya de familiares y amigos, pero sí de que seamos capaces de escuchar de forma activa a nuestros hijos y de responder con sinceridad a sus dudas y preguntas. De este modo, podremos integrar el concepto de muerte en nuestra vida. Este proceso puede resultar transformador y sanador, puesto que nos permite también valorar más lo que tenemos: nuestro momento presente.

Un lugar donde poder integrar de una forma orgánica y espontánea todas estas experiencias es en la naturaleza. En ella el ciclo de la vida sucede, simplemente es, sin enjuiciarlo, sin tener expectativas. Además, al ser posible poner distancia, puede que, si es un tema que nos cuesta tratar con nuestros peques porque todavía no lo hemos podido integrar, sea más sencillo dar pequeños pasos.

ADOLESCENCIA (12-18 años)

Nuevos retos

Hay quien considera la adolescencia como un segundo nacimiento incluso más intenso que el primero. Durante los primeros años de vida el niño ha establecido vínculos con su entorno y personas cercanas y ha ido acumulando información del mundo que lo rodea, datos con los que ha formulado su sistema de creencias y su lógica privada. Entonces llega la adolescencia y el cuerpo y el cerebro humano se transforman y reconstruyen de forma tan profunda que el individuo debe empezar de nuevo su proceso de individualización, de definir su identidad, pero esta vez se trata de una identidad separada de la de su núcleo familiar.

El adolescente debe descubrir quién es él como individuo separado de su familia. Qué siente, cuál es su sistema de valores, cuáles son sus intereses, sus virtudes, dónde «encaja»... Este proceso de «separación» es un preparativo necesario para dar el salto hacia una vida independiente. A menudo esta separación toma forma de rebelión, sobre todo porque la rebelión (hacer lo opuesto a lo que el núcleo familiar ha estado haciendo hasta el momento) les permite experimentar de forma intensa y les da la oportunidad de posicionarse a nivel personal, y es entonces cuando a las madres y padres nos entran todas las dudas: ¿Qué he hecho mal?

Como adultos, cuando nuestros hijos entran en la adolescencia, podemos tener un gran sentimiento de pérdida. La conexión que teníamos con nuestro hijo puede desaparecer de repente (ahora prefiere hablar con sus amigos y no con nosotros). Nuestra confianza se esfuma cuando nuestro hijo actúa de determinadas formas (¿por qué ha empezado a saltarse las clases?). Aunque llevamos años potenciando su autonomía, ahora que ya «prácticamente no nos necesitan» nos sentimos perdidos. Fíjate que usamos comillas, pues la realidad es que sus necesidades han cambiado; no necesitan que los ayudemos a calzarse o prepararse la comida, pero sí precisan nuestro apoyo para vivir la adolescencia y sacarle el máximo partido. Pero aún más grande que el sentimiento de pérdida: nos encontramos de nuevo con el miedo. Antes teníamos miedo a que se rompieran un hueso en una caída, ahora tenemos miedo de que pierdan la vida en un accidente de moto. De repente, cuando llega el momento de que nuestros hijos empiecen a volar, tomamos consciencia de todos los peligros con los que se pueden encontrar. Nos encontramos con una sociedad hipersexualizada, cruda, materialista, donde las redes sociales tienen una gran influencia y en la que el acceso a las drogas se ha popularizado. Si le sumamos los cambios de actitud que pueden experimentar nuestros hijos, podemos sentirnos desbordados. Si hasta ahora teníamos una mínima ilusión de control, esta se desvanece por completo.

Luchas de poder

Es posible que la rebelión de tus hijos te tome por sorpresa. Si has estado criando con respeto, cultivando relaciones horizontales, trabajando en soluciones conjuntas..., si has estado criando en línea con todo lo que hemos explicado hasta ahora, puede que pensaras que ibais a pasar por la adolescencia sin grandes retos, pero la realidad es que la gran mayoría de los adolescentes se rebelan de un modo u otro (a veces de forma más abierta o más encubierta, más pasiva o más agresiva) y es que, como hemos dicho, la rebelión es su gran herramienta de experimentación. Tomar la dirección opuesta permite experimentar el mayor rango de posibilidades. Como cuando eran pequeños y descubrieron el «no», nuestros hijos buscan reafirmarse; deberíamos sentirnos felices de que se atrevan a ser ellos mismos y pongan toda su energía en encontrar su camino y, en realidad, el hecho de que no se atrevan a llevar nunca la contraria debería hacer que nos planteáramos si realmente están creciendo en un ambiente de respeto y no en un ambiente demasiado coercitivo (que tengan tanto miedo que no se atrevan a ser ellos mismos o lo hagan únicamente a escondidas) o en el que reina la dependencia en lugar de la autonomía (y nuestros hijos ponen nuestra aprobación por delante de tener criterio propio).

El problema viene cuando ante un conflicto nos dejamos llevar por nuestros miedos. Cuando nuestros hijos no se ajustan a las normas sociales de nuestro entorno cercano o cuando se rebelan contra las cosas que son más importantes para nosotros, entramos en pánico. Creemos que la persona (adolescente) que tenemos delante va a ser así para toda la vida y no entendemos que se trata de una exploración, de un proceso temporal. Si logramos apoyarlos y no caer en luchas de poder, lo más probable es que en muy poco tiempo nuestros hijos encuentren su lugar.

¿A qué nos referimos con luchas de poder?

Si ante un conflicto con nuestro adolescente (él quiere/piensa A y nosotros B) intentamos tomar el control de la situación diciéndole qué debe hacer/cómo debe comportarse (debe hacer/pensar B, queremos imponer nuestra opinión), podemos entrar en una competición a ver quién tiene razón o quién se sale con la suya. Generalmente, cuando entramos en este tipo de luchas, la situación únicamente escala, empeora, pues la solución se encuentra en la cooperación y el diálogo, no en el enfrentamiento. Podéis revisar el cuadro de metas erradas (véase p. 49) para recordar en qué consiste esta meta errada de poder no contributivo.

Cuando entramos en luchas de poder, es fácil sentirse superado y recurrir a las amenazas y los castigos, pero las consecuencias de estos son similares a las de la infancia; vamos a recordarlas: cuando nos pasamos con el control podemos lograr:

- Incrementar la rebelión: al incrementar el resentimiento, nuestros hijos sienten que viven una injusticia.
- Distanciamiento: que pierdan la confianza que tenían depositada en nosotros. ¿Cómo van a confiar en nosotros si no los entendemos?
- Que nuestros hijos se rindan: se sentirán inadecuados, incapaces. ¿Para qué voy a intentarlo si seguro que lo hago mal?
- Inseguridad: nuestros hijos pasan a depender de la aprobación externa para tomar decisiones que deberían tomar por su cuenta.

• Madurez tardía: al sentirse inadecuados, nuestros hijos no logran tomar las riendas de su vida.

Por otro lado, cuando nos sentimos tan desbordados que nos rendimos (nos pasamos a la permisividad: «Haz lo que te parezca, hijo»), nuestros hijos no van a poder contar con nuestro apoyo si lo necesitan. No van a tener una guía, quizá encuentren dificultades con el compromiso y con cumplir acuerdos. La adolescencia, igual que el resto de la crianza, es una gran oportunidad para seguir con nuestro crecimiento personal y puede que nos permita revisar algunos aspectos de nuestra propia adolescencia que quedaron desatendidos, pero lo más importante es entender que se trata de un proceso, que es temporal. La persona que tenemos enfrente no va a ser así para siempre; se está encontrando y, si tienes dudas, piensa en cómo eras tú de adolescente. Como padres nuestro gran trabajo durante esta etapa consistirá en soltar el control de verdad, de una vez por todas. Aceptar que nuestros hijos deben tomar las riendas de su vida y acompañarlos desde la humildad.

También es importante recordar que todos estos cambios no acontecen porque sí, por capricho; hay una explicación fisiológica detrás. Vamos a estudiar los cambios que tienen lugar para poder entenderlo mejor.

Cambios hormonales
La pubertad

Hablamos de pubertad para describir todos los cambios físicos que culminarán en la maduración sexual de nuestros hijos; invariablemente, van unidos a cambios emocionales. Los cambios hormonales son los responsables de la transformación del cuerpo de nuestros hijos. Esta transformación suele empezar algo antes en las niñas que en los niños, pero el margen de variabilidad es muy grande, entre los 8 y los 15 años. Este amplio rango hace que, en un mismo grupo de adolescentes, encontremos una gran variabilidad de niveles de madurez física, con el impacto emocional que esto conlleva. Hay a quien le llegan los cambios temprano y se siente diferente al resto de los compañeros, hay a quien le llegan tardíos y se impacienta. Hay a quien le gustan, hay quien se siente un extraño en su propio cuerpo... Cada adolescente vive el proceso de cambio de forma única.

• En el caso de las niñas/mujeres, la transformación viene de la mano del estradiol, un tipo de estrógeno, que promueve cambios en los pechos, el útero, los ovarios, el vello corporal, la redistribución de la grasa corporal..., y culmina en la llegada de la menstruación.
• En el caso de los niños/hombres, la transformación viene de la mano de la testosterona, un tipo de andrógeno, que promueve cambios en la mus-

culatura, en el vello corporal, la voz, los testículos, el pene, el olor corporal, el aumento de la libido, de las secreciones de las glándulas sebáceas..., y alcanza la fertilidad con la primera eyección de semen, aunque los cambios seguirán avanzando después de esta.

Descrito así, parece un proceso simple, fisiológico, y lo es desde el punto de vista de la biología, la hormona A produce B, entonces la hormona C produce D... Pero las implicaciones a nivel psicológico y emocional son otro tema. Sin ir más lejos, nos gustaría que pararas de leer unos minutos y reflexionaras sobre tu propia pubertad. ¿Cómo viviste tus cambios?

Arquitectura del sueño

Alcanzar la madurez sexual no es el único cambio que va a experimentar el cuerpo de nuestros hijos; hay un par de transformaciones que nos parecen muy relevantes para entender a los adolescentes. Una es la remodelación del cerebro, de la que hablaremos en el siguiente apartado; la otra es la reestructuración de los patrones circadianos.

Los ritmos circadianos son nuestro reloj interno, aquel que nos indica cuándo necesitamos dormir y cuándo es momento para estar despierto. Simplificando mucho, lo podríamos describir como un reloj hormonal que se modula por la exposición a la luz solar: con la oscuridad, nuestro cuerpo produce melatonina, la hormona del sueño. Pues bien, durante la adolescencia este reloj se desajusta y los patrones del sueño de los jóvenes cambian, se produce un retraso de aproximadamente cuatro horas respecto a los adultos. Por un lado, el adolescente presenta una mayor sensibilidad a la luz, cosa que afecta a su producción de melatonina; por otro, parece que la pubertad hace que el reloj circadiano se retrase. El adolescente se siente activo hasta bien entrada la noche y esto representa un gran problema, porque cuando le suena el despertador a las siete o las ocho de la mañana, no ha podido dormir las ocho/diez horas que su cuerpo sigue necesitando para un correcto crecimiento, para recuperarse del día anterior, para consolidar aprendizajes y memorias...

Este es un gran problema, pues implica que nuestros adolescentes sufren de privación del sueño de forma crónica, y no se debe solo a factores sociales (quieren quedarse hablando con los amigos hasta tarde o disfrutar de unas cuantas horas de «libertad» después de que los padres nos vayamos a dormir), se trata de causas biológicas. Aunque tu hijo sea ahora un adolescente, seguro que recuerdas aún muy bien cómo te afectó a ti la falta de sueño durante sus primeros meses de vida: irritabilidad, agotamiento, vaivenes emocionales, dolores musculares... Existen varios movimientos para intentar ajustar los horarios escolares a los ritmos de los adolescentes, pero la realidad es que, por el momento, los institutos siguen empezando la jornada demasiado temprano para las necesidades de nuestros hijos. No lo olvidemos.

Cerebro efervescente

Hasta hace relativamente poco, pensábamos que el cerebro acababa de desarrollarse durante la infancia, pero, gracias a la neurociencia, hoy sabemos que la remodelación del cerebro no terminará hasta, aproximadamente, los 25 años. Al final del proceso, el resultado es un cerebro más eficaz, rápido y sofisticado, pero mientras dura, nos puede traer de cabeza.

Uno de los cambios que acontecen es el conocido como «poda neuronal». Las neuronas son los principales componentes del sistema nervioso y, por lo tanto, del cerebro. Tienen una «cola» larga, el axón, con la que entran en contacto con otras neuronas u órganos, y que permite el paso de información en forma de estímulo nervioso. Durante sus primeros años de vida, el niño establece más y más conexiones neuronales al integrar nueva información, pero al llegar a la adolescencia, se produce un proceso de «limpieza». Las conexiones que se usan menos se eliminan (se podan) para favorecer las que se usan más, las que representan respuestas más eficientes.

Este proceso de poda empieza por la parte posterior del cerebro, que alberga las estructuras más antiguas desde el punto de vista evolutivo, para acabar en la parte delantera, la corteza prefrontal, que representa la parte más evolucionada. En concreto es en la corteza prefrontal, involucrada en la planificación de comportamientos cognitivamente complejos, la expresión de la personalidad, los procesos de toma de decisiones y la adecuación del comportamiento social, donde se producirá una mayor poda de conexiones.

Como la corteza prefrontal se está remodelando, a menudo los adolescentes dependen de la amígdala para tomar decisiones, pero como os explicamos en la primera parte del libro (véanse pp. 56-57) la amígdala, situada en el cerebro irracional o cerebro emocional, procesa y expresa emociones, especialmente miedo o enfado, de forma intensa, impulsiva y repentina. Es lo que conocemos como respuesta instintiva o de «lucha o huida»: ante una situación que percibimos como amenazante, se activa la amígdala, que, en milisegundos, decidirá si echamos a correr o nos enfrentamos a la amenaza.

El problema viene cuando la amígdala se activa ante situaciones «normales» solo porque el cerebro racional está en modo remodelación. Así, esta maduración de «atrás adelante», que deja la parte frontal para el final, es una de las razones por la cual un adolescente puede comportarse de forma racional un día y de forma irracional al siguiente (o al minuto siguiente), pues no siempre tiene acceso a su cerebro racional. Hay quien le llama «torpeza neuronal».

Además, durante este período de tiempo el cerebro es más sensible a la falta de sueño, al estrés o a la mala alimentación, factores que generalmente abundan durante la adolescencia.

Teoría evolutiva y adaptativa

Como hemos visto, el cerebro en reconstrucción del adolescente tiene sus limitaciones, pero también puede entenderse desde otro punto de vista, el de la evolución y la adaptación. Desde esta perspectiva, el cerebro del adolescente no es solo una estructura en obras que incapacita a su portador, sino que también le confiere propiedades imprescindibles para la tarea que le acontece: abandonar la seguridad del nido e integrarse en la sociedad. Bien mirado, si todo fueran inconvenientes, la selección natural ya se habría encargado de extinguirnos.

Los rasgos como la impulsividad, la precipitación o la imprudencia nos suponen a los adultos un quebradero de cabeza porque hacen que sintamos que la vida de nuestros hijos está en peligro, pero tienen también su explicación y su función. Son en realidad lo que les hace falta en este momento de la vida.

Hemos hablado ya de la rebelión (llevar la contraria) y cómo esta permite que nuestros hijos experimenten con un amplio abanico de nuevas situaciones de forma rápida, pero podemos ir más allá:

¿La propensión a tomar riesgos? ¿??

Lidiar con nuevas situaciones siempre supone lidiar con nuevos riesgos. Nuestros hijos se enfrentan a un gran reto: definir su identidad individual y encontrar su lugar en el mundo. Para ello hace falta mucho valor y coraje. Sin este cerebro impulsivo, el adolescente se quedaría en casa escondido por miedo a lo que le espera fuera. Además, tienen la creencia de ser invulnerables, de que todo lo malo les va a pasar a los demás, nunca a ellos. Eso, unido a la necesidad de mimetizarse con su grupo social, puede darnos muchos quebraderos de cabeza.

¿Dejar de lado a la familia para centrarse en los amigos? ¿??

Si de «normal» lo que piensan los demás ya nos parece importante (pues, recordemos, queremos sentirnos aceptados, sentir que pertenecemos al grupo), en el caso de los adolescentes los amigos (grupo social) representan el futuro, mientras que nosotros (los progenitores) representamos el pasado. Probablemente, el día de mañana nuestros hijos formen sus propias familias y para ello no necesitan a papá y a mamá, necesitan relacionarse con otra gente. Lo mismo para desarrollar sus dones y encontrar, el día de mañana, un trabajo que les llene. Para un adolescente, la exclusión social activa de nuevo la amígdala. De forma inconsciente siente que su vida está en peligro. Su futuro depende de todas estas nuevas relaciones y por ello pondrá el foco en su grupo social. Es cierto que se encontrará a veces en situaciones de disonancia cognitiva: un conflicto de interés irresoluble entre lo que el adolescente quiere hacer realmente y lo que hará para sentirse incluido en su grupo social. La presión social puede ser muy grande y, aunque estas situaciones no parezcan *a priori* beneficiosas, a la larga son las que permitirán que nuestros hijos se vayan construyendo resolviendo dilema moral tras dilema moral.

Nuevas necesidades

En realidad, más que de nuevas necesidades podríamos hablar de nuevas formas de satisfacerlas. Detrás de las acciones de los adolescentes sigue habiendo la misma necesidad de aceptación incondicional, de pertenencia, de contribución, de ser amado..., solo que ahora su mundo se expande y la familia deja de ser su centro de referencia. El joven quiere encontrar su lugar en el mundo y para ello necesita identificar sus dones, aquello que se le da bien y con lo que podrá contribuir a la sociedad. Como hemos explicado ya, también necesita hallar su grupo social, un entorno en el que sienta que encaja, gente con la que comparta unos ideales y una visión del mundo, aunque hoy por hoy aún no la tenga clara (es otra de las cosas que tiene que redefinir).

Para poder encontrar respuestas, lo ideal sería que los adolescentes pudieran participar en la sociedad de forma activa. Tradicionalmente, en estos años, los jóvenes tenían sus primeros contactos con el mundo laboral, ya fuera ayudando al negocio familiar o como aprendices de algún oficio, y aunque no estamos diciendo que los niños deban ponerse a trabajar a los 12 años (estamos absolutamente en contra del trabajo infantil, salvo contextos determinados donde sí ha sido reconocido y está protegido y regulado, como, por ejemplo, en Bolivia), sí queremos remarcar que en la actualidad nuestros hijos han perdido esta oportunidad de aprender mediante la práctica y la experiencia. En una época en que su cerebro está de revolución total y les cuesta a veces encontrar la concentración para las tareas intelectuales, desaprovechamos la gran oportunidad que representan las tareas más «manuales». De hecho, el programa que Maria Montessori desarrolló para esta etapa consiste en escuelas-granja donde los jóvenes compaginan aprendizajes más intelectuales con el cuidado y el mantenimiento de la granja como modelo de negocio (desde estar al cuidado de los animales y los cultivos a la venta de los productos artesanales, además de la atención de una casa de huéspedes). A este programa lo llamó Erdkinder o «Niños de la Tierra». La realidad es que nosotros enviamos a nuestros adolescentes a los institutos, donde los aprendizajes prácticos son casi inexistentes, con horarios opuestos a los que su fisiología les pide y, muy a menudo, sin figuras de apoyo y soporte. En la escuela primaria, el niño tenía oportunidad de establecer vínculos con su maestro a maestra, pero en secundaria todo cambia, hay un profesor diferente para cada asignatura y, aunque cada clase tenga un tutor, la verdad es que hay pocas oportunidades para que el tutor pueda llegar a conocer cada alumno de forma individual (una hora a la semana de tutoría con más de veinte alumnos no dan para mucho).

Nuestros adolescentes quedan algo desprotegidos en un momento en que son muy vulnerables, por eso es de gran importancia que trabajemos en mantener nuestra influencia en lugar de perderla del todo. Los adolescentes quieren aprender sobre todo de sus amigos, pero no son estos su única fuente de inspiración: los padres tenemos también nuestro lugar. Para ello, es preciso soltar el control, las expectativas y los juicios, y ponerse de veras en el lugar de nuestros hijos. Hace falta que aprendamos a comunicarnos con ellos.

Como adultos, nos resulta difícil escuchar a nuestros hijos adolescentes cuando muestran su confusión, sus miedos o su descontento. No nos gusta verlos sufrir, queremos que se sientan bien y con nuestra mejor intención intentamos hacerles entender nuestra lógica «adulta» minimizando sus sentimientos. Por ejemplo, un día nuestro hijo está triste, decaído y de mal humor porque su novia lo ha dejado y, en lugar de validar sus emociones, le decimos que todo pasa y que va a tener otras parejas. Y, bien mirado, esta chica tampoco nos gustaba mucho... Otras veces, cuando sentimos que se comportan de forma irracional, emitimos juicios: un día tu hijo suspende un examen importante (para nosotros) y le respondemos con un: «¿Ves como debías quedarte estudiando en lugar de ir al cine?». Hace falta aprender a escuchar y comunicar de forma asertiva, de moda que nuestros hijos se sientan mejor y no peor.

EJERCICIO:
El impacto de la comunicación

- Cierra los ojos, haz tres inhalaciones profundas y vuelve a tu adolescencia.
- Repasa cómo te sentías, tus miedos, tus inquietudes, tus deseos...
- Ahora céntrate en la relación con tus padres. ¿Qué situaciones os traían de cabeza? Puede que algunas fueran situaciones que se repitieron varias veces, pero tal vez

otras fueran una situación puntual o excepcional. Identifica tres conflictos y anótalos.

Ejemplo: Cuando no volvía a casa a la hora que me habían dicho.

Conflicto 1:

Conflicto 2:

Conflicto 3:

- Piensa en cómo reaccionaron tus padres. ¿Qué te dijeron?

Ejemplo: ¿Dónde te habías metido? ¡Íbamos a llamar a la policía! Ya está bien, siempre haciéndonos sufrir. El próximo fin de semana te quedas sin salir.

Conflicto 1:

Conflicto 2:

Conflicto 3:

- Ahora piensa en cómo te sentiste ante su reacción.

Ejemplo: Sentimiento de culpa, yo no quería hacer sufrir a mis padres, solo me lo estaba pasando bien y se me fue el tiempo de las manos. Enfado, porque son unos exagerados, ¡no me ha pasado nada! Y la semana que viene he quedado con María. No me lo pienso perder.

Conflicto 1:

Conflicto 2:

Conflicto 3:

Puede que hayas descubierto que tus reacciones se parecen más de lo que te gustaría a las de tus padres. Puede que hayas identificado respuestas que hacen sentir mal al adolescente y otras que le hacen sentir bien. Que se sienta bien no quiere decir que ignore el problema, sino que este se aborda desde el respeto y la colaboración en lugar del enfrentamiento. Vamos a ver qué estrategias podemos adoptar para mantener el canal de comunicación abierto.

La comunicación

Si nuestras palabras hacen daño a nuestros hijos, lo más probable es que cierren las puertas a la comunicación y nosotros nos quedemos sin poder guiarlos en una época que puede ser de gran incerteza. Para que esto no suceda, podemos aprender un nuevo lenguaje. Pongamos algunos ejemplos:

EN LUGAR DE...	EJEMPLO	PODEMOS...	EJEMPLO
Juicios	Siempre estás igual con esos pelos.	Aceptación	Me gustas tal y como eres.
Comparaciones	El hijo de mi amiga ha sacado sobresaliente en todo.	Amor incondicional	Sé que sabrás encontrar el mejor camino para ti.
Advertencias	Como sigas sin recoger tu cuarto vas a estar castigado hasta que me acuerde.	Redirección	Necesito un poco de orden en casa, ¿qué te parece si acordamos algunas tareas mínimas?
Amenazas / castigos	Si no estudias, estarás castigado sin salir hasta que apruebes todas las asignaturas.	Muestra tus sentimientos. Ofrece alternativas. Describe tus expectativas. Buscad soluciones conjuntas	Estoy preocupada por tus notas, sé que no nos definen como personas y también que es importante de cara a tu futuro, ¿hablamos?
Lógica adulta	No puedes salir hasta tarde, algo horrible podría pasarte, como eres un crío no te enteras.	Empatía, validación	Estás molesto porque todos tus amigos salen de noche y nosotros no te hemos dejado.
Invalidar sentimientos	Menudo pavo tienes.	Validación	No te ha gustado lo que te he dicho y estás enfadado conmigo.

Dar órdenes	Que recojas la cocina de una vez.	Describir el problema. Ofrecer opciones	Cuando no colaboramos todos en las tareas yo me sobrecargo y dejo de cuidarme. ¿Te parece que elaboremos unos turnos de limpieza o prefieres que busquemos otra solución?
Atacar	Te crees que porque lo has buscado en Google ya lo sabes todo.	Describir nuestros sentimientos	Me siento molesto cuando no tienes en cuenta nuestro acuerdo.
Culpar	Te lo dije, siempre acabas estropeándolo todo.	Dar información y buscar soluciones conjuntas	Es habitual que cuando pasa X, después ocurra Y. ¿Qué te parece si buscamos una solución juntos?
Criticar	Todo el día hablando de youtubers, menuda panda de vagos, les hace falta una mili.	Compartir nuestros valores	Ah, estás viendo a ese youtuber, ¿te parece bien que nos sentemos juntos a verlo?
Quejarnos cuando no cumplen	Siempre estás igual, eres incapaz de cumplir los acuerdos.	Tener los acuerdos por escrito	Gracias por contarme cómo te sientes y abrirte para poder buscar una solución, ¿te parece que hagamos un cartel para que no se nos olvide a ninguno?

Ante la duda, también puedes recurrir al humor, al juego o a las herramientas que explicamos con mayor profundidad en la tercera sección del libro, pero esperamos que estos ejemplos te ayuden a establecer el tono.

A diario, tendremos oportunidades para poner en práctica este nuevo lenguaje de comunicación. No olvides que es precisamente nuestra manera de resolver los pequeños conflictos ordinarios, los pequeños roces del día a día, lo que definirá las bases de nuestra relación y nos permitirá un día hacer frente a problemas mayores si llegan.

En realidad, la comunicación con nuestros hijos no se basa en nuestras palabras, sino en nuestra escucha. Lo que os estamos proponiendo es que escuchemos lo que se cuece dentro de nuestros hijos, que nos pongamos en su lugar, que los entendamos para así buscar la cooperación en lugar de aleccionar. La escucha activa (véanse pp. 223-224) va a ser el principal ingrediente de la comunicación con nuestros hijos y, por desgracia, es una herramienta que a menudo hemos trabajado poco. Para poder escuchar activamente a nuestros hijos hace falta:

- Abrazar el silencio. Puede que nos entren ganas de ayudar, de arreglar la situación, de dar nuestra opinión, pero la realidad es que no podemos escuchar si hablamos. Hace falta morderse la lengua, abrazar el silencio y así es-cuchar todo lo que nuestros hijos tienen que decir.
- Escuchar desde el corazón, apagar la mente. Muy a menudo nuestra mente está al mando y nos satura con pensamientos varios, desde racionalizaciones a predicciones catastróficas pasando por juicios y opiniones varias. Para poder entender a los adolescentes hace falta desconectar la mente racional y escuchar desde el corazón. ¿Qué sentimientos se esconden tras las palabras de nuestra hija?
- Ponernos a su altura. Literalmente. Que podamos hacer contacto visual con los ojos de ambos al mismo nivel.

La mayoría de las veces, cuando los adolescentes deciden compartir algo con nosotras, no buscan que les arreglemos el problema, solo quieren compartirlo. Sentirse entendidos. Para ello, podemos validar (véase p. 220) y, si logramos conectar y queremos dar nuestra opinión/consejo, podemos preguntarles primero si quieren recibirlo. También podemos comunicar sin palabras, solo con nuestra expresión facial o nuestro lenguaje corporal.

Por ejemplo: Tu hija está llorando en la cama.

Tú: Ana, veo que estás triste.

Hija: Le conté a María que me gusta mucho Juan y ella se lo ha dicho a Julia.

Tú: Ahora entiendo por qué estás dolida.

Hija: Sí, yo confié en ella...

Otra opción para ayudar a que nuestra hija «lo saque todo» es usar el «¿algo más?» o alguna de sus variables para mostrar tu interés. «¿Hay algo más que te preocupa? ¿Puedes explicarme un poco más para que lo entienda mejor?» Para otros niños, la escucha activa funciona mejor que validar y preguntar.

Como ves, hay muchas formas de relacionarse y no hay varita mágica, no hay una única solución para una determinada situación, sino que toca probar y aprender mediante la experiencia. Si de verdad intentamos conectar de corazón a corazón, será más fácil que nos entendamos.

A veces puede que tengamos la necesidad de comunicar nosotros; si usamos la fórmula «yo me siento», será más probable que se muestren receptivos, pues ponemos el foco en nosotros en lugar de en ellos. La fórmula consiste en: «Yo me siento ... porque ... y me gustaría ...».

Por ejemplo: Habíais quedado en que tu hijo sacaría la basura, pero llegas de trabajar y sigue estando en el cubo.

«Me siento frustrada porque esperaba no tener que encargarme hoy de sacar la basura y poder dedicarme un rato a mí; me gustaría que volviéramos a hablar de nuestro trato.»

Como ves, con esta frase estamos comunicando descontento, y es que comunicar de corazón no quiere decir que siempre tengamos que estar de acuerdo con la situación, sino que nos relacionaremos de una forma honesta y horizontal. Podemos compartir nuestros sentimientos evitando hacer juicios.

La privacidad

Esta necesidad suele desconcertarnos al principio. Llevamos años acostumbrados a que nuestros hijos requieran nuestra presencia. De hecho, durante sus primeros años de vida puede que a ti te hubiera gustado disfrutar de algo de privacidad e ir al baño solo, disfrutar de una bañera en solitario..., pero tus hijos preferían hacerte compañía y, aunque ya sabías que todo son etapas, cuando las dejas atrás es inevitable no sentir la pérdida.

Nuestros hijos adolescentes necesitan de su espacio y tiempo privados para poder explorar y dar sentido a tanto cambio. Precisamente porque nos quieren y no desean hacernos daño necesitan un espacio seguro donde poder experimentar. Así, ellos se ahorran nuestra desaprobación y nosotros nos ahorramos sentirnos decepcionados.

También necesitan de su espacio privado para poner orden a sus pensamientos. Si en el hogar hay hermanos pequeños, es muy posible que los adolescentes escojan retirarse en determinados momentos y refugiarse en su mundo-habitación para encontrar la paz. Es una etapa en que, en un momento dado, pueden jugar como cuando tenían 7 años y al minuto siguiente cansarse del ruido y el movimiento y necesitar silencio y reclusión.

Por lo general los adolescentes vuelven a adoptar los valores que se desarrollaron a nivel de familia durante la infancia, pero deben hacerlo por elección propia. Y, seamos realistas, nosotros tampoco compartimos toda nuestra vida con ellos, así que no es realista esperar que nos lo expliquen absolutamente todo. Eso sí, siempre podemos escoger abrirnos nosotros y ser sinceros con nuestras experiencias pasadas. Al fin y al cabo, nosotros también fuimos adolescentes y compartirlo con nuestros hijos puede ayudarnos a entendernos mejor. Compartir desde la sinceridad algunas de mis experiencias pasadas con mis dos hijos mayores (Nitdia) me ha ayudado a acercarme a ellos en muchas ocasiones. Hablar de las consecuencias que tuvieron algunos de mis actos, de cómo me sentí en determinadas situaciones, de mis miedos, de mis pasiones ha permitido que mis hijos me sientan más cercana, más real. Una humana imperfecta que acepta sus errores y aprende de ellos, que se quiere y se trata con compasión.

El tiempo de conexión

Durante la infancia, queríamos cantidad de tiempo compartido y calidad, pero, al llegar la adolescencia, la cantidad de horas que compartimos con nuestros hijos se ve reducida a de forma drástica, pues es el momento de que pasen sus horas en sociedad, así que toca centrar-se en la segunda parte de la ecuación, la calidad; en aprovechar cada pequeño instante. Para nosotras, calidad es otra forma de decir «presencia».

Nuestros hijos han cambiado mucho física y emocionalmente. Sus gustos parecen haber evolucionado de un día para otro. Lo que antes les parecía de lo más interesante ahora les parece una banalidad…, así que toca que nos reciclemos. Que dejemos atrás todo lo que creíamos saber de nuestros hijos y nos centremos en redescubrirlos de nuevo. ¿Qué les gusta ahora? ¿Cuáles son sus pasiones? ¿Sus intereses? Si cuando tenían 2 años no tuvimos problema en convertirnos en expertos paleontólogos y aprendernos todos los nombres de los dinosaurios que camparon un día por la Tierra, ahora podemos descubrir cómo funciona *Minecraft* o cómo se llaman los diferentes saltos con monopatín. Si nos mostramos abiertos, podremos mantener la complicidad. No hace falta que exploremos y compartamos todos los intereses de nuestros hijos, pero sí que mantengamos algunos hilos de conexión. Mostrar respeto por los intereses de nuestros hijos es una forma de mostrar nuestro respeto hacia ellos.

Por otro lado, si queremos compartir el máximo de tiempo posible, hace falta que nos mostremos disponibles cuando a nuestros hijos les parezca. Son ellos quienes van a decidir cuándo se abren, aunque pueda resultar frustrante a veces. Sin ir más lejos, el noventa por ciento de las veces que llamo a la puerta de mi hijo mayor, de 16 años, para hablar un rato con él (Nitdia), me responde que no es un buen momento. El buen momento se produce siempre justo cuando todos sus hermanos están ya durmiendo y yo me dispongo a leer un rato. A veces me entra la frustración: con la de momentos «libres» que he tenido a lo largo del día y quiere hablar AHORA, que yo ya estoy KO. Pero entonces me pongo en su lugar: es justo ahora, cuando el resto de los hermanos están durmiendo, cuando él sabe que voy a poder prestarle atención sin interrupciones. Es justo ahora, cuando ya es muy tarde para mí, cuando su cuerpo se siente aún activo. Es justo ahora cuando mi hijo ha decidido compartir y yo voy a estar ahí, con la boca cerrada y las orejas abiertas. Voy a escuchar, voy a compartir su mundo. Voy a disfrutar de los pequeños instantes de conexión.

Insultos y otras muestras de violencia

A menudo recibimos consultas sobre qué hacer cuando los niños y las niñas dicen palabrotas, insultan o desprecian. Para nosotras las palabrotas son una forma más del lenguaje y aunque podemos preferir el uso de otras palabras, en realidad no dañan a nadie (puesto que, a diferencia de los insultos, no van dirigidas hacia un individuo). Si no queremos que nuestros hijos digan palabrotas, lo mejor es no decirlas nosotras y no sorprendernos mucho cuando las digan. Si aun así nos molestan y nos hacen reaccionar en vez de actuar, pueden ser una bonita oportunidad de autoconocimiento, ¿me permito yo decir palabrotas?, ¿cómo me siento cuando las digo?, ¿por qué a un adulto no le diríamos que no las dijera y a nuestros hijos se lo prohibimos? Preguntarnos para qué queremos controlar las formas de expresión de nuestros hijos puede proporcionarnos mucha información.

Aunque los insultos podrían calificarse también como palabrotas, para nosotras tienen una diferencia sustancial, y es que están encaminados a hacer daño a la otra persona, son una ofensa dirigida a otro individuo o individuos.

Es necesario entender por qué una persona insulta a otra. En la mayoría de las situaciones nos encontraremos, por un lado, con que el cerebro racional de la persona que insulta ha dejado de estar activo y, por otro lado, con que la persona que insulta busca herir al otro. Es decir, su estrategia de pertenencia es vengarse de la otra persona porque siente o piensa que se ha cometido una injusticia. Visto de este modo, el insulto podría entenderse también como un grito de ayuda.

Cuando alguien se encuentra en esta meta errada lo que necesita es que se restablezca la justicia y eso implica validar sus emociones. Validar su emoción no significa estar de acuerdo con sus actos ni mucho menos incentivar las faltas de respeto. Por ejemplo, cuando dos de nuestros hijos se insultan, podemos acudir a ellos y poner un límite: «No voy a permitir que os hagáis daño», y al tiempo escuchar qué sienten, piensan y deciden sobre sí mismos, sobre el mundo y sobre su hermano o hermana. Validar a uno: «Te ha molestado que cogiera tus pinturas sin permiso» y a otro: «Te ha dolido que te insultara», escuchar de forma activa (quizá para esto tengamos que separarlos y desde luego solo podemos hacerlo si nosotros hemos podido tomar distancia emocional para relativizar la situación) y, tal vez más adelante, cuando nos hayamos dado un tiempo o en una futura reunión familiar, debatir sobre ello.

Por otro lado, tampoco es una buena idea estar siempre gestionando sus conflictos, porque en el fondo los estamos privando de autonomía para hacerlo. Creemos que toca guiarse por la intuición; si hay igualdad de condiciones y no hay abuso ni excesiva violencia, podemos tomar una actitud de observación expectante, es decir, estar pendientes y listos para intervenir si se les va la situación de las manos.

En todo caso, lo importante no es realmente la crisis, sino lo que hacemos después con ella; podemos aprovecharlo como una oportunidad de reflexión o para crear rivalidad, vergüenza, culpa o miedo. En definitiva, con nuestra intervención podemos aumentar la conexión o la desconexión.

Por último, puede ser una lección muy importante que podemos enseñar a nuestros hijos e hijas: que el odio de los demás es suyo y que podemos a la vez ser firmes y amables en estas situaciones (poner límites y tomar distancia al tiempo que no nos lo tomamos como algo personal).

Una historia que usamos a veces para tratar este tema es la siguiente:

Cuentan que una vez Buda estaba con uno de sus discípulos y se dio esta conversación:

—Si yo te hago un regalo, pero tú no lo aceptas, ¿de quién es el regalo?

—Si yo no lo acepto, será tuyo todavía.

Así es. A veces las personas pueden insultarnos y nosotros podemos verlo de este modo. Yo puedo elegir aceptarlo o no aceptarlo.

Desde luego, este nivel de compasión no es fácil de alcanzar, pero sí puede dar pie a reflexiones muy ricas.

Para finalizar esta segunda parte del libro, os dejamos un pequeño resumen sobre el desarrollo de los niños y niñas.

Etapa	Necesidades de la etapa
De 0 a 12 meses	Necesidad de ser alimentados, dormidos, porteados de forma constante. A partir de los 9 meses aprox. puede empezar la angustia de separación y también el gateo. Necesitan estrecho contacto con sus figuras de referencia.
De 12 a 24 meses	Mucha actividad y mucha intensidad. Necesitan mucho movimiento y mucho sostén. Son compasivos, pero no se ha desarrollado la empatía ni la capacidad de ponerse en el lugar del otro. Necesitan ser acompañados y observados y un entorno seguro para explorar
De 24 a 36 meses	Físicamente son mucho más activos y emocionalmente necesitan separarse de sus adultos de referencia y lo harán a través de la negación. Necesitan seguridad y que el entorno físico y emocional permanezca constante. Los desbordes emocionales son habituales, necesitan ser sostenidos y validados, además de ser ayudados a ejercitar su poder de forma que puedan contribuir al grupo. Son capaces de tomar muchas decisiones por sí mismos.
3-6 años	Físicamente son mucho más hábiles, la necesidad de movimiento empieza a concentrarse en las manos, empiezan a construir su propio aprendizaje con un propósito. Su lenguaje es rico, pero si están cansados o desbordados pueden sentirse muy frustrados. El cerebro racional empieza a desarrollarse, al final de la etapa está lo suficientemente desarrollado para empezar a entender relaciones causa-efecto, a entender las consecuencias y a ponerse en el lugar del otro. En toda la etapa, necesitan ser acompañados en todas sus emociones y que redirijamos sus necesidades a acciones que sean respetuosas para todos, además de un entorno seguro en el que se puedan tomar decisiones, cometer errores y buscar soluciones.
6-9 años	Época de menos cambios a nivel físico y mental, pero siguen necesitando nuestro acompañamiento y presencia. Están desarrollando el sentido de la moral y es habitual escuchar «no es justo»; es necesario validar su emoción (sin minimizar) y buscar soluciones. Les encanta hacer preguntas, explorar sus intereses y desarrollar sus pasiones.
9-12 años	Los conflictos pueden aumentar, pueden empezar los cambios físicos de la pubertad y necesitan empezar a separarse de nosotros. Comienzan a reclamar espacio y autonomía y es necesario que empecemos a soltar el control.
12-15 años	Cambios físicos, mentales y emocionales acusados. Cambian los ritmos de sueño, es una época de mucha vulnerabilidad en la que están construyendo la persona en la que se van a convertir. Es importante seguir cultivando la conexión como el adolescente necesite, observando más que nunca cuándo necesitan presencia y cuándo distancia.
15-18 años	Los cambios físicos empiezan a terminar, son capaces de razonar mucho mejor que en la etapa anterior y las emociones empiezan a ser más calmadas. Es necesario seguir cultivando la conexión y confiar más que nunca en ellos y ellas.

Aspectos globales para cada plano del desarrollo	Tendencias comunes de los 0 a los 18 años
1.er plano (0-6 años) Desarrollo vertiginoso en el que los niños aprenden muy rápido a través de las vivencias, necesitan cuidados y mucha seguridad. Para descifrar sus comportamientos es necesario tener en cuenta que están enfocados en cuatro períodos sensibles: del orden, lenguaje, refinamiento del movimiento y refinamiento de las perfecciones sensoriales. Y que su cerebro racional, el encargado de la lógica, la empatía, la comprensión de las relaciones causa-efecto como las entendemos los adultos y la regulación emocional se encuentran en proceso de desarrollo. Necesita de un adulto que sostenga y acompañe estos procesos.	Las tendencias humanas son una serie de instintos que motivan a los seres humanos a comportarse de una cierta forma que es lo que les va a permitir adaptarse y sobrevivir. Están presentes en toda la vida, pero se manifiestan de diferente forma, al igual que las necesidades físicas, dependiendo de la edad (por ejemplo, en un bebé vemos claramente el movimiento, en un adolescente la abstracción, mientras que en una persona adulta quizás podamos identificar con más facilidad tendencias como la religión o la espiritualidad o la conceptualización). • Tendencias relacionadas con la exploración: Orientación, orden, exploración y movimiento. • Tendencias relacionadas con el trabajo: Autoperfección, manipulación, repetición y trabajo. • Tendencias relacionadas con el funcionamiento de nuestra mente: Abstracción, imaginación, conceptualización. • Tendencias relacionadas con la orientación grupal: Comunicación, sentido de pertenencia y significado. • Tendencias relacionadas con las necesidades espirituales: Arte, música, religión.
2.º plano (6-12 años) Es un período de mucha más calma que el período anterior y que el período siguiente. En este segundo período van a consolidar su desarrollo emocional y van a estar muy enfocados en el interés por la justicia, ya que este momento es el del desarrollo de la moral. Además, necesitan salir al exterior, relacionarse con su entorno y su mente empieza a poder pasar a la abstracción.	Jerarquía de las necesidades humanas: pirámide de Maslow. Se satisfacen de abajo (desde la base) hacia arriba (cúspide).
3.er plano (12-18 años) Es una etapa de transformación física (crecimiento, desarrollo sexual) y emocional (vulnerabilidad e inestabilidad). Necesitan actividad física y movimiento, independencia económica, trabajo productivo. A nivel psíquico, se va a producir un proceso de sociabilización enfocado en sus iguales (con quienes serán solidarios y se identificarán con ellos a todos los niveles). En definitiva, van a buscar su independencia y adaptación social, lo académico debería estar en un segundo plano.	AUTO-RREALIZACIÓN: sentido RECONOCIMIENTO: respeto, confianza SOCIALES: amor, amistad, aceptación SEGURIDAD: refugio, salud, recursos... FISIOLÓGICAS: alimentación, descanso...

TERCERA PARTE: LAS HERRAMIENTAS

No hay varitas mágicas, no tenemos la herramienta perfecta que sirva para todos los niños y en cualquier situación. Precisamente por esto lo que te ofrecemos son muchas propuestas para que llenes tu caja de herramientas de crianza.

Quizá hayas empezado el libro por esta parte; lo entendemos y compartimos, nosotras también hemos caído en los atajos. Y está bien, solo asegúrate de algo antes de poner en práctica estas estrategias: ser consciente de cuál es tu parte en el conflicto y tomar responsabilidad.

Enfoque en soluciones

Esta es la primera de las herramientas que vamos a plantearte, enfocarte en soluciones. Parece fácil, pero no siempre lo es, quizá porque estamos estresados o agobiados y no estamos usando la parte más racional de nuestro cerebro.

Una solución tiene que cumplir cuatro características:

- estar **relacionada** con el problema que se va a tratar;
- ser **respetuosa** para nosotros, para los otros y para las situaciones;
- ser **razonable** y no exigir de más;
- ser resolutiva o **útil,** que sirva para resolver el problema que la situación presente nos plantea y que satisfaga las necesidades de todos.

Para poder encontrar soluciones, te proponemos esta herramienta que consta de cuatro pasos para la resolución de problemas:

Dialogar: Desde la escucha activa (escuchar para entender, no para llevar razón, arreglar o rescatar los problemas de los demás, véanse pp. 223-224) es el primer paso para resolver un conflicto. Cuando expresemos nuestro sentimiento, lo haremos desde mensajes «yo» (yo siento, yo necesito…, en vez «tú me has», «siempre estáis») y teniendo muy en cuenta los pilares de nuestra relación: respeto mutuo, autonomía, vínculo y objetivo a largo plazo.

Dialogar también implica ser conscientes de cuál es nuestra responsabilidad en el conflicto:

- ¿Cómo me siento al respecto de este asunto? ¿Culpable o preocupada? ¿Retada y provocada? ¿Dolida o desesperada?
- ¿Tiene esto que ver con la persona —niño o adulto— que tengo delante o quizá es algo más profundo de mi infancia y de mi plantilla vital?
- ¿Cómo puedo incidir en el ambiente para paliar este conflicto? ¿Estoy ofreciendo la suficiente autonomía y acompañamiento?

Ignorar: Ignorar no desde el sentido negativo de la palabra, por supuesto nunca ignorar al otro, sino más bien tomar distancia. Un tiempo de pausa que nos permita tomar perspectiva y así volver a gestionar la situación desde nuestro cerebro racional y no desde la emoción. Las emociones están para vivirlas; todas son positivas, todas tienen una función y, sin embargo, si nos dejamos llevar por ellas, a veces nuestras acciones pueden no ser respetuosas para los demás. Darnos ese tiempo de calma puede ser la diferencia entre reaccionar y solucionar un problema.

Agendar: Hay situaciones que es necesario resolver en al instante. Hay otras que son susceptibles de ser resueltas en un momento en el que tanto nosotros como los demás estemos más calmados y receptivos. Cuando el conflicto haya reposado, podremos retomarlo. Podemos escribir el asunto en nuestro cuaderno de reuniones (véase «Reuniones familiares», pp. 231-233) para retomarlo; de este modo, le damos la importancia que merece: no queremos olvidarlo, no queremos minimizarlo. También podemos anotarlo en una pizarrita para tratarlo ese mismo día cuando sea un buen momento para todas las personas implicadas.

Solucionar: En todo caso, el objetivo es buscar una solución válida y útil para todas las personas de la familia. Podemos hacer preguntas de curiosidad (véase «El arte de preguntar», pp. 229-230) o una lluvia de ideas entre todos y escoger la que nos parezca, a todos, la mejor solución. En ocasiones no siempre es posible lograr estas soluciones tan fácilmente, aunque sí podemos comprometernos nosotros mismos a lo que estamos dispuestos a cambiar (o aceptar, que no significa resignarse).

Las cuatro palabras forman un acrónimo, DÍAS, para acordarnos de que relativizar es muy importante a la hora de gestionar un conflicto, porque los DÍAS son largos, pero la infancia es muy corta y no queremos pasar el escaso tiempo que tenemos juntos con conflictos latentes que empañan nuestra conexión y momentos juntos.

Dialogar
Ignorar
Agendar
Solucionar

Los DÍAS son largos pero los años son cortos, vamos a centrarnos en soluciones que nos permitan disfrutar al máximo.

Alentar

Como veíamos en los primeros capítulos, un niño con un comportamiento disruptivo puede ser un niño desalentado, así que las palabras de aliento pueden cambiarlo todo. Cuando los niños se sienten alentados y comprendidos, este comportamiento desaparece por sí solo.

De esta forma, los podemos acompañar ofreciendo una retroalimentación descriptiva en vez de una evaluativa. Es decir, es mejor ofrecer aliento antes que un juicio o un halago vacío:

«He visto lo mucho que te has esforzado en aprender a leer y lo mucho que te va a ayudar tu esfuerzo en el futuro», en vez de «muy bien, eres un niño muy listo».

«Necesito tu ayuda para recoger la casa» en lugar de «siempre estás igual, no conozco a ningún niño de 8 años más desordenado que tú».

Entonces, podemos:

- **Describir:** «Veo que...» o «te veo...». En ocasiones, lo único que buscan es asegurarse de que seguimos ahí. Necesitan sentirse vistos, sentirse sentidos, buscan conexión y no tanto alabanza. Por ejemplo, a veces nos llaman porque se han subido a un árbol, en vez de decir «muy bien», podemos decir «te veo» o algún gesto que nos permita conectar con ellos, como un beso al aire o un gesto de un corazón. Queremos decir te veo, te queremos incondicionalmente, me da igual lo que te guste mientras te guste a ti.
- **Preguntar:** «¿Estás orgulloso?», «¿Te has divertido?», «Cuéntame qué es», «Te has esforzado mucho, ¿verdad?», «¿Me enseñas?», «¿Qué parte fue más difícil de dibujar?», «¿En qué aspectos concretos quieres que te dé mi opinión?».
- **Enfocarnos en el futuro:** En el fondo, se trata de animar, ofrecerles palabras que los ayuden a tener confianza. Podemos enfocarnos en el futuro con frases como: «Antes no sabías hacerlo y cada vez lo haces mejor, veo lo mucho que te cuesta y creo que vas a conseguir lo que te propongas con tu esfuerzo».
- Y, por supuesto, **agradecer:** Agradecer su esfuerzo, apreciar lo que han hecho para contribuir a la familia y, cuando hacen algo para nosotros como una manualidad o un ramito de flores, sin duda, podemos agradecerlo.

Nota: Por otro lado, nos gustaría que os dierais permiso para alabar de vez en cuando los progresos de los niños y, a la vez, fuerais conscientes de vuestra influencia: si nos pasamos con las alabanzas, corremos el riesgo de que el niño sustituya la ejecución espontánea de su trabajo por aquellas cosas con las que logre nuestra atención.

Simplemente podemos prestar atención a que nuestra alabanza sea para acompañar su satisfacción, y no al revés, que hagan ciertas cosas para obtener nuestra aprobación. Si no podemos evitarlo, siempre es mejor alabar el proceso que el resultado y, en vez de centrarlo en nosotros (lo que nos gusta, lo que nos parece correcto, etc.), centrar la atención en el niño (lo que ha logrado, lo que ahora sabe y antes no sabía).

Jane Nelsen dice que los halagos son como el chocolate y el aliento, como la fruta fresca. Un poco de chocolate de vez en cuando no hace daño, y podemos tomar fruta bañada en chocolate y mezclar «muy bien» con «he visto lo mucho que te has esforzado», mientras encontremos nuestra «dieta» ideal. Simplemente hay que ser conscientes de que lo que necesitan nuestros niños es un tipo de retroalimentación que los empodere.

Recuerda: el aliento alimenta más que la alabanza.

A continuación, os mostramos dos gráficos, uno con frases de aliento para metas equivocadas (que surgieron de uno de nuestros talleres presenciales, y para las que lo más importante es la intención y no tanto el texto, es decir, no las uséis si vuestra intención en ese momento es controlar) y otro con alternativas a la alabanza enfocadas en el aliento (que una alumna de nuestro curso online, María, compiló para hacerse una chuleta).

FRASES DE ALIENTO - METAS EQUIVOCADAS

ATENCIÓN (RECONOCIMIENTO)
- Gracias por tu ayuda, la aprecio de verdad.
- Te veo y estoy deseando que luego tengamos nuestro tiempo especial.

- Estoy terminando esta llamada y charlaré contigo en cuanto pueda, ¿te hago cosquillitas mientras termino?
- Sé que echas de menos nuestros ratos especiales, yo también;

en cuanto se duerma el bebé, te contaré todos los cuentos que quieras.

PODER MAL DIRIGIDO (CONTROL)

- Necesito tu ayuda, ¿qué ideas se te ocurren para solucionar este problema?
- ¿Cuál fue nuestro acuerdo? ¿Cómo hacemos para cumplirlo? Me encantaría que pudiéramos resolverlo juntos.
- Creo que estamos en una lucha de poder. Tomémonos un tiempo y empecemos de nuevo.
- Entiendo tu argumento. En cuanto nos calmemos, será más fácil que nos escuchemos el uno al otro.
- Es cierto, estoy sermoneando. Lo siento. ¿Qué te ayudaría más, poner esto en la agenda de reuniones familiares o encontrar una solución con la rueda de opciones?

VENGANZA

- Veo que te sientes herido. Lo siento tanto... ¿Sabes que te quiero muchísimo?
- ¿Por qué no nos tomamos un descanso, nos calmamos y volvemos a intentarlo de nuevo?
- Siento haberte herido. ¿Quieres hablar de ello ahora o quizá más tarde? Parece que ahora mismo estás muy disgustado.

- Solo quiero que sepas que estoy a tu lado. Pase lo que pase.

INEPTITUD ASUMIDA

- ¿Te acuerdas la primera vez que intentaste atarte los zapatos y todo el tiempo que tardaste en dominarlo?
- ¿Qué tal si damos juntos un primer paso?
- Yo escribo la primera letra y tú el resto, ¿quieres?
- No recuerdo cómo se usaba esta app del móvil, ¿me ayudarías?
- Es normal cometer errores, así es como aprendemos, ¿te acuerdas?

PARA CUALQUIERA

- ¿Te gustaría que trabajáramos juntos para encontrar una solución a este problema?
- Vaya, pareces muy _____ (cansado, enfadado, triste...), ¿quieres que hablemos?
- Me siento _____ y me gustaría _____.
- Estoy segura de que esto es muy importante para ti.
- Veo lo difícil que es esto para ti y lo mucho que te has esforzado.
- Me doy cuenta de que era difícil para ti, ¿cómo te sientes ahora?
- Lo siento; gracias por aceptarme. Te quiero. (O podéis usar la filosofía hawaiana *ho'oponopono*.)

ALTERNATIVAS A LA ALABANZA ENFOCADAS EN EL ALIENTO

PREGUNTAR

- ¿Te gustaría hablarme de ello?
- ¿Por qué elegiste estos colores?
- ¿Estás orgulloso?
- ¿Te has divertido?
- Cuéntame, ¿qué es?
- Cuéntame, ¿qué colores has usado?
- Te has esforzado mucho, ¿verdad?
- ¿Me enseñas?
- ¿Qué parte fue más difícil de dibujar?
- ¿Estás orgulloso de tu trabajo?
- ¿Cómo podemos hacer para que no haya demasiado ruido en la biblioteca?
- ¿Me explicas algo que hayas aprendido?
- ¿Cómo te sientes al respecto?
- ¿Cuándo lo has aprendido?
- ¿Cómo crees que puedes hacerlo?

EXPRESAR LO QUE VEMOS

- Te has esforzado mucho en recoger los juguetes tan rápido.
- ¡Has conseguido acabar el circuito!
- Veo que cada vez ensucias menos a la hora de cocinar.
- Has terminado el puzle, ¿quieres uno más difícil?
- Veo que has pintado con témperas.
- Veo que tu cuarto está más ordenado.

- Ese edificio es enorme, la falda de la niña es turquesa.
- Muchas gracias por poner la mesa, ahora podemos cenar todos juntos.

ENFOCARSE EN EL ESFUERZO Y EL PROGRESO

- ¡Lo has hecho!
- ¡Lo has resuelto!
- ¡Lo has logrado!
- ¡Lo has conseguido!
- ¡Antes no podías hacerlo y ahora sí!
- Lo has hecho tú solo.
- Has trabajado duro, te lo mereces.
- Confío en tu criterio.
- Confío en tus decisiones.
- Puedes decidir lo que es mejor para ti.
- Confío en lo que creas tú.
- Puedes decidir tú mismo lo que creas conveniente.
- Puedes hacerlo.
- Has logrado lo que querías.
- Eres capaz.
- Has hecho tu mejor esfuerzo.
- Has trabajado muy duro.
- Lo has intentado, seguro que pronto lo consigues.
- Lo has resuelto por ti mismo.
- Estoy segura de que algún día verás este error como un aprendizaje.
- Veo que has hecho un gran esfuerzo por completar esta tarea.

- Habéis trabajado juntas y habéis llegado a un acuerdo.
- Es para estar muy orgullosa.
- Has trabajado mucho, seguro que estás muy orgulloso.
- Lo has seguido intentando aunque se te cayera varias veces.
- Seguro que aprendes a subir por la cuerda, ¡tú puedes!

VALIDAR Y ORDENAR SENTIMIENTOS

- ¿Cómo te has sentido?
- ¿Estás orgulloso?
- ¿Te sientes frustrado?

- Acepto tus disculpas.
- Cuéntame, te escucho.
- ¿Nos damos un abrazo?

AGRADECER

- Gracias, valoro mucho tu ayuda.
- Te quiero tal y como eres.
- Aprecio tu ayuda, me lo hizo más fácil.
- Me encanta pasar tiempo contigo.
- Valoro mucho tu opinión.
- Lo siento.
- Te quiero.
- Gracias.

Celebrar pequeños pasos

Cualquier pequeño cambio debería celebrarse con el mayor de los júbilos. Los de nuestros hijos y los nuestros.

Mostrar agradecimiento por aquellos cambios que sí estamos logrando es algo que nos va a permitir concentrarnos y avanzar en nuestro camino, pues nos aleja de lo que no hemos hecho, de lo que falta, para enfocarnos en lo que sí hemos llevado a cabo. Nos invita a reconocer lo andado. Por ejemplo, en vez de pensar que nuestros peques discuten a menudo, podemos pensar que antes llegaban a las manos y ahora empiezan a usar las palabras.

O tal vez nos molesten sus quejas (y puede que eso tenga que ver más con nuestra historia que con nuestros peques) y pensemos que antes lloraban y gritaban y ahora solo se quejan: están logrando desplegar nuevas habilidades.

Quizá seas tú la que consideras que vas despacio. Solo podemos mandarte ánimo. Tú ya eres valiosa, perfectamente imperfecta. Tu esfuerzo es muy importante. Ojalá puedas reconocerte que estás en proceso de cambio, porque, en general, nos cuestan los cambios. Son difíciles porque para poder mantener nuestra coherencia interna, para poder ser esa persona que querríamos ser y no estamos siendo, para poder salvar esa distancia, quizá empecemos a justificarnos. Si nos damos cuenta de ello, será el primer paso del proceso de cambio. El «pero es que...» y el «si tan solo...»

nos informan de que hay procesos que se están dando en nuestra mente.

Cambiar es difícil. Reconstruir el cerebro es cansado. Y posible. Y necesario. Gracias por tu esfuerzo.

Si celebramos cada paso, el camino se hace más ligero, más bonito.

Validar

Validar es el primer paso para acompañar la emoción o necesidad del otro. Significa reconocer, permitir e incluso alentar esa emoción. Supone dar valor a lo que el otro siente, piensa y decide. Que el otro se sienta escuchado, entendido y aceptado.

Validar es justo lo contrario que intentar animar al otro. No es aportar una solución ni minimizar o maximizar el problema. No es ayudar al que aún no quiere ayuda porque primero quiere expresar su emoción. No es justificarse ni arreglar. Conectar siempre va primero. Los momentos de conexión son esos en que los lazos que nos unen se hacen visibles, pueden palparse y se logran cuando nos relacionamos desde el corazón.

Validar no es jugar a los detectives con la emoción que siente el

otro, «te sientes... porque...». Validar es reconocer y aceptar, y cuando esto sucede, damos valor sin juicio al comportamiento del otro, estamos validando implícitamente su emoción. Validar una situación determinada valida de forma tácita la emoción que la provoca. (*Ejemplo:* No te ha gustado que te haya quitado el juguete de las manos.) Y eso vuelve a conectarnos, es el primer paso para buscar soluciones. Aunque estas vendrán después, pues no podemos acelerarlo, todo a su tiempo; no podemos apelar al cerebro racional cuando estamos en modo supervivencia.

Como siempre, lo importante de la herramienta es desde qué lugar la usamos, cuál es nuestra intención: validar es la herramienta para dar valor a su emoción, no para que deje de sentirla. Por ejemplo, a veces nos dicen: «Es que valido y no funciona, porque sigue enfadado». Y es que el objetivo no es que deje de estar enfadado, no perdamos el foco. Validar no puede ser la varita mágica para que la emoción de repente cambie; el objetivo es que sienta que su emoción es valiosa y que nosotros lo amamos incondicionalmente, lo que está muy alejado de nuestra necesidad de controlar.

Hay muchas formas de validar en función de la situación y las personas, pero te damos algunas ideas:

- Escucha activa (véanse pp. 223-224). A veces validar pasa por cerrar la boca y abrir los oídos y el corazón.
- Nombrar. A veces es buena idea ayudar a poner nombre a las emociones, pero debe hacerse con cautela. Desde fuera es fácil confundirnos y llamar «enfado» o «frustración» a la tristeza. Solo ellos saben lo que sienten. Lo tienen claro, aunque no puedan ponerle nombre. Lo mejor es nombrar las emociones en nuestro día a día con las ideas que os hemos propuesto en «Acompañar las emociones» (véanse pp. 158-167). Y si a la otra persona no le gusta que nombremos su emoción, siempre podemos reflejar lo que ha pasado: «No te ha gustado que te quite el juguete», «No querías que te partiera el plátano por la mitad». Validar la acción que provoca una emoción en vez de nombrarla es igual de efectivo.
- Contacto. A veces un abrazo o una caricia es todo lo que se necesita para decir: «Estoy aquí».
- Espacio. A veces, sobre todo con niños mayores, la mejor forma de acompañarlos y demostrarles nuestro respeto es respetar su necesidad de intimidad.
- Presencia. Hagas lo que hagas, hazlo regalándoles tu atención plena.

Una herramienta muy relacionada con validar es la que, en disciplina positiva, conocemos como REPESA: REconocer, PErmitir y buscar Soluciones Aceptables. Quizá te sea útil recordar el acrónimo:

- REconocer y PErmitir es todo lo que tiene que ver con validar: si la situación nos resulta incómoda, tomaremos la distancia necesaria para no ser reactivos, para poder hacer las paces con el presente y así ser capaces de conectar con nuestros hijos. Para acompañarlos en estos momentos que les superan.
- Buscar Soluciones Aceptables nos va a permitir satisfacer las necesidades de todos sin que nadie se sienta herido.

Es importante recalcar que la herramienta sigue funcionando (de hecho, en muchas ocasiones será indispensable), aunque dejemos un tiempo entre validar y buscar soluciones. Cuando una persona experimenta una emoción de forma muy intensa, su cerebro racional no está para buscar soluciones, así que dejar pasar un tiempo para después retomarlo con esta herramienta puede ser muy útil:

He visto que te ha molestado mucho cuando tu hermano no te ha dejado usar ese juguete; es normal sentirse *enfadado cuando sentimos que algo es injusto. (Les damos tiempo para expresarse y escuchamos activamente, sin interrumpirlos.)*

Te entiendo, ¿te parece que apuntemos esto en nuestra agenda de reuniones familiares o prefieres que os ayude a hacer turnos para que ambos podáis usar el juguete?

Recuerda: validar es dar valor a las emociones del otro y no significa estar de acuerdo, sino aceptarlas y aceptarlos en su perfecta imperfección.

Escucha activa

Una forma de validar sin hablar es la escucha activa. No puede haber escucha activa con nuestros hijos si no existen relaciones de horizontalidad; ese sería el paso indispensable para poder llevarla a cabo.

La escucha activa consiste en prestar toda nuestra atención a lo que el otro tiene que decirnos, centrándonos en el momento presente, sin enjuiciar, sin dar la razón, sin rescatar, sin consolar. Escuchar de forma efectiva es hacerlo desde la consciencia, desde nuestra esencia, que es justo lo contrario de lo que hacemos algunas veces, que escuchamos de forma superficial para tener razón, dar nuestra opinión sin que nos la pidan, defendernos, criticar o hasta despreciar al otro.

Escuchar al otro significa, al fin y al cabo, demostrarle nuestro amor incondicional; escuchar no tiene un objetivo claro, no puede usarse como herramienta. Y, al mismo tiempo, cuando logramos empatizar y escuchar de verdad lo que el otro, adulto o niño, tiene que decirnos, nos muestra toda su vulnerabilidad y, con ello, su autenticidad. Y esto solo puede suceder cuando se sienten amados, aceptados incondicionalmente.

La última parte de la escucha es reflejar el sentir del otro, reformular lo que nos ha dicho para comprobar que hemos entendido el mensaje.

Quizá antes de practicar la escucha activa, si no hemos desplegado la habilidad, deberíamos empezar por pequeños retos y escuchar sin más, algo que también falla a la hora de relacionarnos con nuestros niños y niñas. Imagina cuánto tiempo perdemos en interrumpir, explicar, sermonear, dar órdenes o defender nuestra postura frente al niño. Los niños solo te escucharán una vez que se sientan escuchados.

En muchas ocasiones no somos conscientes de que el niño quiere hablarnos y no nos paramos a escuchar. ¿Cómo queremos que los niños nos escuchen si nosotros no somos capaces de escucharlos a ellos? Detente, escucha, haz preguntas de curiosidad (véase p. 229), pide que te dé un ejemplo de lo que quiere decir, pregúntale si ha terminado y después ofrécete a ayudarlo si así te lo reclama.

- Es importante **no interrumpir** con tus consejos, explicaciones o poniéndote a la defensiva, especialmente en caso de conflicto.
- Aunque el niño no esté utilizando frases «yo...», sino frases «tú...», interprétalas como si lo que estuviera diciendo fuera sobre él mismo y no sobre ti, **no te lo tomes como algo personal**.
- **Escucha lo que te está diciendo, no CÓMO te lo está diciendo**, ya habrá tiempo de modelar cuál es la forma más efectiva y asertiva de expresarnos.
- **Evita** al máximo ofrecer **consejos no solicitados**.
- **Confía** en que el niño llegará a sus propias conclusiones y después de que termine de explicarse, anímalo a que lo apunte en la agenda de las reuniones de clase o de familia.

El arte de la escucha activa es algo que parece fácil, pero en realidad requiere de mucho esfuerzo. Antonio Guijarro, terapeuta humanista y gran referente de la escucha activa en nuestro país, concluye que existen trece barreras a la escucha.

13 BARRERAS DE LA COMUNICACIÓN

1. Ordenar, mandar o dirigir.
2. Promesas, amenazas, premios o castigos.
3. Sermonear.
4. Dar lecciones.
5. Dar consejos.
6. Consolar y animar.
7. A mí también o a mí más.
8. Estar de acuerdo.
9. Estar en desacuerdo.
10. Preguntas: cuestionar, juzgar o dirigir.
11. Cuestionar.
12. Interpretar.
13. Desviar.

Quizá te hayas sentido abrumado, ¿recuerdas la herramienta de decirles lo que SÍ pueden hacer? Para nuestra mente es más fácil enfocarse cuando nos dicen lo que sí podemos hacer que cuando nos «prohíben» ciertas acciones.

Como siempre, pequeños pasos; vamos a enfocarnos a escuchar desde el corazón y, poco a poco, podremos ir practicando y eliminando cada día más barreras.

Mediante la escucha activa se comunican mucho más que palabras, se regala presencia.

Empatizar

Empatizar es comprender lo que el otro piensa, ponernos en su lugar, en su piel, como suele decirse. La empatía nos lleva a la comprensión del otro, la comprensión a la compasión, y esta, a la paz.

La empatía es algo que tenemos que modelar los adultos, pues los niños y las niñas, sobre todo los pequeños, no pueden hacerlo. El cerebro infantil es tremendamente maravilloso, es un órgano increíble que le va a ayudar a pasar de la más absoluta dependencia a la independencia y en este proceso simplemente no está contemplado que ciertas habilidades y funciones ejecutivas como la empatía se desarrollen antes de los 5 años, más o menos.

Incluso en el caso de los adultos, hay momentos en los que no podemos ser empáticos. Cuando un adulto experimenta una situación que le supera, no es capaz de usar el cerebro racional para procesarla y así el cerebro emocional, donde se encuentra la amígdala, toma el control. Decimos que se produce un «secuestro amigdalar» y en estas situaciones la persona no está para escuchar nada. Como el cerebro racional se localiza físicamente en la parte más externa de nuestro cerebro, al desconectarse decimos que se «destapan» las estructuras que se encuentran por debajo, el cerebro emocional, y quedan al mando de la situación. De ahí que hablemos de «destape» cuando el cerebro racional, superior, se desconecta. Si el nivel de destape es muy elevado, su cerebro está absolutamente en modo supervivencia. De modo que le resulta imposible usar la lógica o la razón. Primero toca calmarse para poder acceder a las habilidades y funciones ejecutivas de nuestro cerebro racional. Recordemos que este no termina de desarrollarse hasta los 25 o 30 años y, además, antes de los 5 es aún muy inmaduro. Es decir, no, no tienen empatía, no podemos pedirles, incluso a veces exigirles, que nos expliquen cómo se sentirían ellos en una situación determinada.

Por supuesto, empatizar no significa permitirlo todo, eso sería dejar de respetarnos a nosotras mismas. Y sí significa proteger, ayudar, amar incondicionalmente, agradecer y, sin duda, informar de los límites. Es decir, en vez de quejarnos, sermonear, amenazar o chantajear, podemos decir: «Necesito protegeros, por eso no puedo dejar que os peguéis», o «vale, necesitas tu tiempo/espacio, gracias por decírmelo, estaré aquí para lo que necesites».

Que los niños y niñas peguen cuando están enfadados es muy habitual; en ese caso, toca validar y a la vez no consentir la agresión. Empatizar no significa dejar de proteger, igual que no permitir la agresión no supone no tolerar la emoción: «Pareces enfadada y quieres pegar a tu amigo y yo no te dejo porque tengo que protegeros a los dos».

Empatizar es conectar de corazón a corazón, la conexión más profunda.

Honestidad emocional

Ayudar a los niños a ser conscientes de sus sentimientos y demostrarlos de forma asertiva y respetuosa es una de las habilidades sociales y de vida más importantes que podemos ofrecerles. Que los niños sean capaces de entender cuando estén preparados que los demás pueden no sentirse de la misma manera que ellos respecto a una situación o que no tienen que cumplir todas sus expectativas es algo muy importante y valioso. También lo es la capacidad de expresar cómo se sienten sin hacer daño o culpar a los demás.

Es muy frecuente que los niños, y también los adultos, culpemos a los demás de nuestros sentimientos con frases tipo: «Me haces enfadar...», «Me haces ponerme triste...», «Me haces perder la paciencia». Además de incierto, ya que solo nosotros somos dueños de nuestros sentimientos, esto puede transmitir a los demás un mensaje de culpa y juicio que no deseamos.

Podemos sustituir estos mensajes «tú...» con mensajes «yo...» con una estructura como esta:

Me siento... por... y me gustaría.

Ejemplos:

Tú me has hecho enfadar porque nunca recoges los juguetes → **Me siento** *frustrada* **porque** *el desorden me agobia,* **me gustaría** *que hiciéramos un nuevo acuerdo al respecto.*

Tú me has hecho enfadar porque no dejas de hablar cuando no te toca → **Me siento** *frustrada* **porque** *quiero hablar y no hay el silencio que necesito,* **me gustaría** *que acordáramos cómo organizar el turno de palabra.*

Cuanto más pequeños son los niños, mayor acompañamiento emocional necesitan. Nuestra función es simplemente estar presentes y modelar, y, poco a poco, año a año, recordarles que solo nosotros somos dueños de nuestros sentimientos, que deberíamos expresarlos para que los demás los entiendan y que también deberíamos hacerlo de forma respetuosa, sin culpar ni enjuiciar a los demás. Podemos incluso ayudarlos a reformular los mensajes «tú» por los mensajes «yo».

Por otro lado, la honestidad emocional va más allá de cómo expresamos nuestras palabras. En ocasiones decimos sí cuando realmente queremos decir no por miedo al conflicto, al rechazo, a no ser suficientemente buenos o por no querer delegar, y esa falta de honestidad va a salir en algún momento. Por lo general en forma de grito.

Ese grito, ese estrés, también es un signo, en letras de neón, de que vas conduciendo en dirección contraria. Sin culpa —¿quién podría culparse de lo que hace en modo supervivencia?— y con responsabilidad —una vez recobrada la razón, es necesario aceptar qué energía hemos añadido a la situación, reparar nuestro error y, sin duda, buscar soluciones, por ti, por ellos, por todos.

«Cometer un error es mucho menos importante que lo que hacemos al respecto después», es una frase de Dreikurs. Errar es humano. Al disculparnos, estamos mostrando esa vulnerabilidad a nuestros hijos e hijas, y además los estamos liberando del miedo, de la vergüenza y de la culpa. En breve se harán mayores y, en situaciones de estrés, se hablarán a sí mismos de la forma en la que tú les hables hoy, así que cuídate y sé honesta con ellos y contigo.

Pasar de mensajes «TÚ» a mensajes «YO» es un primer paso para pasar del juicio a la honestidad emocional.

Abrazos y contacto físico

Cuando hablamos de los lenguajes del amor, uno de ellos es el contacto físico, y creemos que es el lenguaje más necesario en la crianza, sobre todo en la primera infancia.

Los niños construyen su vinculación en gran parte gracias a este contacto físico. Los *Homo sapiens* nacen inmaduros y, al contrario que otros mamíferos, como los marsupiales, no tienen una estructura corporal para terminar la exterogestación. La exterogestación de nuestra especie se hace en los brazos de nuestra madre, al abrigo de nuestra tribu.

Así, el contacto favorece el vínculo y puede ser una herramienta a la que volver cuando ellos (o nosotros) se vean desalentados, tengan la edad que tengan. Una caricia suave en el brazo o en la espalda son una invitación directa a comunicarnos de corazón a corazón, a comunicarnos incluso sin palabras.

Como siempre, lo importante es nuestra intención; el contacto físico y los abrazos no pueden exigirse ni mucho menos usarse para zanjar un conflicto. El único objetivo del abrazo debería ser comunicar un mensaje inequívoco de amor: «Te quiero incondicionalmente, te acepto en todas tus formas y pase lo que pase, estaré contigo». Lo usamos para fomentar la conexión o para recuperarla, no para manipular.

El contacto es un gran lenguaje de amor y vínculo. Deja que tus manos hablen.

El arte de preguntar

En muchas ocasiones, estamos acostumbrados a decidir y a pensar por los niños, lo que les resta capacidad y autonomía. Prueba de ello es que, a menudo, sentimos que debemos tener la respuesta a todo y respondemos a sus preguntas en milisegundos. Pero ¿qué pasaría si en lugar de darles una respuesta les diéramos una pregunta que los invite a buscar sus propias respuestas?: mantendríamos encendida la llama de la curiosidad.

Las situaciones cotidianas nos ofrecen también un gran marco para que nuestros hijos desarrollen su autonomía. Prueba a hacer preguntas abiertas (que no puedan responderse con sí/no), utilizando enunciados que empiecen por «qué» y «cómo». De esta forma animaremos al niño a desarrollar su propio pensamiento, ya que se verá obligado a argumentar su decisión,

Las preguntas de curiosidad pueden ser de dos tipos: las que buscan la motivación y las que buscan el diálogo.

Las preguntas motivadoras invitan a los niños a tener sentimientos de capacidad y cooperación, al contrario que las órdenes, que invitan a la resistencia y la rebelión. Veamos dos ejemplos:

Ponte el abrigo para salir a la calle → *¿Qué necesitas llevar para protegerte del frío en la calle?*

Lava tu ropa → *¿Cuál es tu propuesta para organizar los turnos de la colada?*

El niño pregunta: «¿De qué son estas huellas?» → *En lugar de responder con: «De tejón», podemos responder: «¿Qué animal crees que puede vivir por aquí cerca?», «¿Qué animal crees que tiene los pies de este tamaño?».*

Las **preguntas de diálogo** buscan, por su parte, que los niños se sientan escuchados. Solo podrán escucharnos si ellos mismos sienten pertenencia y que son importantes, que los escuchamos. Suele ocurrir que los niños escuchan una orden e inmediatamente el cerebro opone resistencia, pero cuando los niños perciben una pregunta respetuosa y asertiva, el cerebro empieza a pensar una respuesta. Además de ser una actitud más respetuosa con los niños, es más efectiva porque les transmitimos que los consideramos capaces y los invitamos a cooperar. *Ejemplo:*

Menudo desastre, no tires la leche → ¿Qué necesitamos para limpiar la leche que se ha derramado?

Recoge los juguetes → ¿Cómo podríamos recoger los juguetes para tener una cena tranquila?

Obviamente, lo importante, de nuevo, es nuestra actitud; si existe queja, desprecio o retintín, deja de ser una herramienta de cooperación para serlo de control y verticalidad.

La mejor forma para desarrollar el pensamiento propio es encontrar tus propias respuestas.

Cambiar el foco

A veces, sobre todo si estamos en modo supervivencia, cuando una conducta o acción del niño nos molesta o nos remueve, empezamos a sermonearlos, a criticar y enjuiciar, diciéndoles, por ejemplo: «Has dejado los juguetes tirados otra vez», «no has recogido tu plato después de comer, como siempre» o «no has entregado los deberes, tendrá consecuencias» (en el aula).

Estas frases, aunque se digan con un tono neutro, incluso sin coletillas, pueden hacer que el niño se sienta culpable. Sin embargo, si se reformulan para que cambie el sujeto, entonces invitamos a algo distinto: a que el niño piense cómo puede solucionar el problema; además, nos aseguramos de que no se sienta culpable.

Y es que resaltar de forma objetiva lo que se observa puede ser suficiente en la gran mayoría de los casos para detonar un cambio de actitud. Por ejemplo: «Veo que los juguetes están en el suelo» o «veo el plato sucio sobre la mesa». El simple hecho de hacer esta observación de forma objetiva le demuestra al niño que entendemos que es capaz, que lo amamos incondicionalmente, que los olvidos o los errores son parte de la vida y que estamos disponibles para ayudarlos a cumplir los acuerdos.

Por supuesto, además de cambiar el sujeto (del «tú has» al «yo veo»), lo más importante es nuestra intención.

Menos es más: Maria Montessori decía que las palabras nos distraían del ejemplo; cuanto más puro y simple sea el mensaje, mejor lo entenderán los niños.

Cuando empezamos a hablar sin parar sobre algo que nos molesta, se convierte en un sermón al llegar a la palabra número diez. En vez de eso, puede hacerse de forma más sencilla, objetiva y consensuada en un acuerdo familiar previo, en el que establezcáis una palabra que al mencionarla mueva al niño a la acción de forma voluntaria. Puede ser una palabra inventada previamente o puede ser una palabra que se refiera a la acción concreta: por ejemplo, «juguetes», «dientes», «pijamas».

De la misma forma, podemos utilizar el lenguaje no verbal para mover a los niños a la acción sin sermonear; por ejemplo, señalar el reloj cuando necesitamos que se apresuren, el gesto de dormir cuando remolonean en vez de irse a la cama o el de silencio cuando vamos a la biblioteca. Siempre con una sonrisa y una mirada amable: la actitud lo es todo. Queremos recordarles los acuerdos a los que hemos llegado juntos, no manipularlos, ni controlarlos.

Cuando cambiamos el foco, cambiamos la forma de mirar al otro y nos enfocamos en la responsabilidad, la confianza y el amor incondicional.

Reuniones familiares

Las reuniones de familia son una oportunidad estupenda que nos ofrece la disciplina positiva para resolver problemas de forma cooperativa, pero nos permiten mucho más: nos ayudan a desarrollar habilidades para la vida, como:

- La comunicación.
- El respeto mutuo.
- El enfoque en soluciones.
- La importancia de darnos un tiempo para calmar nuestro cerebro.
- Relativizar.
- La cooperación.
- La preocupación por los demás.

- La responsabilización en un ambiente seguro (es más fácil reconocer los errores cuando te sientes apoyado y no culpado o avergonzado).
- El sentido de pertenencia e importancia.
- El interés social (al participar dentro de la comunidad familiar).
- Los errores vistos como grandes oportunidades para aprender.

Y, antes de todo eso, son sobre todo una herramienta de conexión y de vinculación. Por eso, de nuevo, es importante el lugar desde donde las hacemos. Son todo lo contrario a una plataforma para dar sermones y moralizar, ni un pretexto para ejercer nuestro deseo de control.

El formato recomendado que podéis adaptar a vuestras circunstancias es el siguiente:

1. Agradecimientos y apreciaciones

La reunión comienza con una ronda de agradecimientos o apreciaciones de cada miembro de la familia al resto, mientras se pasa un objeto para gestionar los turnos de palabra. Que te reconozcan y agradezcan tu esfuerzo cambia radicalmente la predisposición hacia la reunión familiar. El efecto que tiene pensar algo positivo de cada miembro de la familia, verbalizarlo y agradecerlo actúa como un bálsamo sobre el clima de la reunión.

2. Evaluación de las soluciones anteriores

Es el momento de evaluar si los acuerdos a los que se llegó en reuniones anteriores han funcionado, en qué grado, si hay que buscar nuevas opciones o solo mejorar las ya acordadas. Los niños participan, por supuesto, en la medida de sus posibilidades.

3. Orden del día

A lo largo de la semana (o en el momento puntual si es extraordinaria) se establece una agenda/libreta con las peticiones de los miembros de la familia (en la agenda se van apuntando los conflictos/problemas que hayan ido surgiendo durante el día a día y queramos resolver). Si no saben escribir, pueden dibujar o pedir a un mayor que escriba por ellos en la agenda. La persona que ha hecho la petición sigue este orden:

a) Expresa sus sentimientos. No se trata de acusar, sino de compartir nuestras inquietudes, lo que nos preocupa o con lo que no nos sentimos cómodos. Siempre «yo me siento» en vez de «tú has hecho...».

b) Anima a los demás a aportar sus apreciaciones al asunto.

c) Busca soluciones. Aquí viene la lluvia de ideas, el *brainstorming* de las posibles soluciones; todas, TODAS se apuntan. Y después se pasa el filtro de las tres 3 R y la U (relacionada, respetuosa, razonable y útil), y se acuerda una, preferiblemente por consenso.

4. Planear una actividad divertida para esa semana (o incluso planificar logística dependiendo de edades y del contexto).

5. Cierre. El último paso es dedicarse un tiempo en familia: salir a dar un paseo, darse un masajito, una guerra de cosquillas o simplemente preparar la merienda entre todos. No como premio, sino como último momento de conexión.

Cuando hay niños pequeños es muy difícil que con menos de 3 años puedan participar en la reunión familiar. Quizá sea más útil esperar a que duerman la siesta o a que se acuesten para poder empezar con los diferentes temas que se vayan a tratar. Por otro lado, mis hijas pequeñas (Bei) siempre participan de las reuniones familiares, desde que nacieron, y poco a poco han interiorizado el proceso y lo han normalizado, por lo que estas edades siempre son orientativas.

Creemos que es mejor ir interiorizando la reunión en pequeños pasos y que al principio solo tenga tres: apreciaciones - planificación especial - cierre en familia. Una vez que todos hayamos aprendido que es una herramienta de conexión, podemos usarla también para resolver problemas.

Las reuniones familiares nos enseñan que los errores son grandes oportunidades de aprendizaje ¡y de conexión!

Observación

Tanto en Montessori como en Escuelas Bosque, la observación es esencial, pues es lo que permite a los guías acompañar el aprendizaje de los pequeños de forma efectiva y saber en qué período sensible están, qué necesitan practicar en cada momento y ofrecérselo para que desarrollen todo su potencial. Para los padres la observación tiene otras ventajas, como son:

- Descubrir sus gustos y habilidades.
- Ser testigos directos de sus pequeños progresos.
- Descubrir que hay otras formas de hacer las cosas (incluso a veces mejores que la nuestra).
- Empatizar y comprender sus dificultades.
- Comprender su motivación interior para realizar ciertas cosas.

Para que la observación sea científica, lo ideal es que se reproduzca por escrito, pero también podéis integrarla en vuestro día a día sin libreta, simplemente tomándoos un tiempo para observar a vuestros hijos en sus juegos y actividades diarias. Lo esencial es que sea lo más objetiva posible, sin juicios ni interpretaciones, y que sea respetuosa con el niño y su trabajo.

Antes de empezar a observarlos, tenemos que elegir un espacio de tiempo en el que vayamos a poder dedicarles toda nuestra atención. Puede ser cuando juegan, a la

hora del baño, en el parque, mientras comen, etc.

Observar a nuestros hijos es uno de los grandes placeres de la maternidad; podemos dedicarles toda nuestra atención y nos ayuda a conocerlos mejor, y, sobre todo, a conectar con ellos. A veces, en el día a día estamos estresados y la paternidad se convierte en algo que no nos gusta demasiado; viene bien sentarse a observar para relativizar y redescubrir lo maravillosos que son nuestros pequeños. Si en algún momento parece que nuestra relación no fluye o que están más irritables, podemos aumentar nuestra observación, a veces es suficiente con que noten nuestra atención y nuestra mirada amorosa. Cuando la desconexión es más profunda, mediante la observación podemos investigar qué hay detrás de esa conducta inadecuada.

Y, sobre todo, la autoobservación, ¿qué me pasa?, ¿por qué reacciono en vez de actuar?, ¿cómo me estoy tratando?, ¿cómo me estoy cuidando?, ¿cómo estoy satisfaciendo mis necesidades?

No hay libro ni curso alguno que pueda enseñarte más que la mera observación de tus hijos.

Reflexión

La mejor forma de aprender es mediante la experiencia, y con esta herramienta queremos invitarte a dar un paso más, un paso que a menudo damos sin darnos cuenta y que nos permite extraer aprendizajes extra, alcanzar una comprensión más profunda. Se trata de reflexionar o revisar, una herramienta olvidada que nos parece indispensable si queremos sacar el máximo partido de nuestras experiencias y, sobre todo, de nuestras observaciones.

La reflexión no deja de ser un intento de ganar un mayor conocimiento acerca de nosotros mismos, las personas, los acontecimientos y el mundo que nos rodea. A veces, estar expuestos a información no significa integrarla, y por eso a menudo tropezamos con la misma piedra una y otra vez. La experiencia es de lo más valioso, pero es la reflexión la que nos llevará a los aprendizajes más profundos. Si la experiencia es nuestro alimento, la reflexión es la digestión, nos ayuda a extraer información y a añadir significado a las situaciones, y nos permite tomar nuevas decisiones. Este proceso de digestión puede ser de lo más transformador, pues nos induce a romper con ideas y creencias, nos invita al cambio y a la novedad.

Como hemos dicho, se trata de un proceso que muchas veces ponemos en práctica de forma inconsciente, pero con esta herramienta te invitamos a traerlo a la consciencia. Te invitamos a que inicies diálogos individuales (contigo misma) o conversacionales (con tus hijos, tu pareja...) siguiendo el principio de las 5 R de la reflexión:[1]

1. RELATAR: breve descripción de la experiencia o el problema. Plantéate preguntas como:

- ¿Qué ha pasado?
- ¿Quién está involucrado?
- ¿Qué hice yo?

Vocabulario útil:
Estás relatando un hecho que ya ha pasado, así que usa el pasado e intenta ser descriptivo: «Yo vi...», «Él dijo...».

2. RESPUESTA: explorar tu respuesta emocional.

1. Nos basamos en J. D. Bain, R. Ballantyne, C. Mills y N. C. Lester, *Reflecting on Practice: Student Teachers' Perspectives*, Flaxton, Qlld, Post Pressed, 2002.

Plantéate preguntas como:

* ¿Cómo me siento o reacciono ante la situación o el problema?
* ¿Qué me hace sentir o reaccionar de esta manera?
* ¿Qué pienso?
* ¿Qué me hace pensar así?

Vocabulario útil:
Describe tus sentimientos y pensamientos en «orden»: «Primero...», «Después...».
En pasado (cuando ocurrió la situación) y en presente: «Yo sentí...», «Yo pensé...», «Yo creí...», «Yo siento...», «Yo pienso...».

3. RELACIONAR: explorar cómo se relaciona con tus experiencias pasadas y con los conocimientos que posees.
Plantéate preguntas como:

* ¿He visto esto antes?
* ¿Qué era similar o diferente entonces?
* ¿Tengo habilidades o conocimientos que puedan ayudar?

Vocabulario útil:
«Esto me recuerda a...», «Esto es como cuando...».

4. RAZONAR: dar sentido a la situación. Explorar diferentes perspectivas y determinar cuáles son los factores más significativos.
Plantéate preguntas como:

* ¿Cuál es el aspecto más importante de esta situación y por qué?
* ¿Cómo afectan las diferentes perspectivas a la forma en que entiendo la situación? ¿Cómo la viven el resto de las personas involucradas?
* ¿Cómo responderían Bei y Nitdia?

Vocabulario útil:
«Entiendo que...», «Me doy cuenta de...», «Para mí el aspecto más importante es...», «Creo que estoy actuando así para...».

5. RECONSTRUIR: identificar los aprendizajes concretos que puedes obtener de la situación y extraer conclusiones de las cuatro etapas anteriores. Replantarnos-(re)construir nuestras acciones futuras teniéndolas en cuenta.
Plantéate preguntas como:

* ¿Qué he aprendido sobre la situación o el problema?
* ¿Qué conclusiones puedo sacar? ¿Por qué?

Esta es una gran herramienta para los adultos, pero también para acompañar a los niños. Podemos crear espacios físicos que inviten a la reflexión y, sobre todo, espacios emocionales. Para poder reflexionar necesitamos sentir cierta calma, poder tomar algo de perspectiva; difícilmente podremos invitar a la reflexión en pleno conflicto, pero sí podemos hacerlo cada noche, antes de acostarnos, a modo de ritual de cierre del día. Podemos iniciar diálogos empezando con unos agradecimientos («Agradecer», véanse pp. 268-269), pues estos podrían considerarse también una herramienta de reflexión.

El truco para entablar diálogos reflexivos (y nos atreveríamos a extenderlo a cualquier tipo de conversación) es ponernos nuestras gafas de niños, reiniciar nuestro cerebro y presentarnos con «mente de principiante», como si no supiéramos nada y pudiéramos así asombrarnos con todo. Si, como una rutina, le preguntas a tu hijo por su día, probablemente obtengas escuetos «bien», pero si haces la misma pregunta con un interés genuino, con curiosidad auténtica, estarás abonando la tierra para que puedan crecer conversaciones espectaculares.

Como hemos dicho, podemos planear un tiempo de reflexión (antes de ir a dormir), pero las reflexiones más efectivas son las que no se planean, las que surgen de forma espontánea a lo largo del día, y la mejor forma de que nuestros hijos sumen la reflexión a su caja de herramientas es modelarla nosotros mismos: hacer nuestras reflexiones en voz alta.

Recuerda: experiencia + reflexión = aprendizajes profundos.

Ambiente preparado

Si queremos ofrecer al niño un ambiente basado en el respeto mutuo y la libertad, deberíamos adecuar el espacio en el que va a vivir. Esto es así por varios motivos: primero, porque queremos hacerle sentir parte de la comunidad, que pertenece a ella, que es importante; segundo, por respeto a su desarrollo, a su personalidad, a sus necesidades, y tercero, porque es lo que va a permitirle aprender a ser independiente y empezar a tomar decisiones (entre opciones que previamente los adultos hemos considerado seguras y apropiadas para ellos). Un ambiente preparado adecuado, junto con nuestra mirada de aliento, es lo que va a dejar que desarrollen su poder personal y su autonomía.

Si está habiendo dificultades de conexión, revisemos si se están cumpliendo todos los requisitos del ambiente preparado en el hogar:

• Es ordenado.
• Está estructurado.
• Es seguro.
• Permite la autonomía.
• Es rico y variado.
• Ofrece la estimulación justa.
• Es bonito, sencillo y con gran sentido estético.
• Crece con el niño, es decir, contiene objetos adaptados al desarrollo del niño.
• Armoniza con el resto de la casa y la familia.

El ambiente preparado es como un buen maestro, protege sin sobreproteger y da el aliento justo y necesario.

Trabajo con sentido

«El trabajo es amor hecho visible», es una cita de Kahlil Gibran. El trabajo normaliza, esto es una máxima montessoriana (si recordáis, el trabajo según lo entendía la doctora Montessori era muy similar al juego libre y espontáneo). El trabajo normaliza porque cuando es elegido, permite satisfacer los períodos sensibles y todas las tendencias humanas, en especial las de pertenencia y contribución.

Normalizar es un concepto tomado de la antropología, muy usado en la filosofía Montessori para definir el proceso por el que un niño se vincula con el espacio (haciéndolo suyo), con su grupo y consigo mismo, de forma que pueda fluir (trabajar con los materiales, relacionarse con otros niños y contribuir al mantenimiento del ambiente). Desde el punto de vista adleriano, sería el interés social, la necesidad de ser parte de algo y de cooperar en su entorno inmediato. ¿Cómo creéis que han llegado a ese estado de fluidez, vinculación y contribución? ¿A través del control o a través de la cooperación?

Aunque tenemos claro que lo mejor es la cooperación, lo que nos suele salir de forma automática es el control, pero controlar a los niños siempre se cobra un peaje enorme; el precio a pagar es dañar su autenticidad y, en ocasiones, su autoestima. ¿Por qué lo seguimos haciendo? Porque no tenemos otras herramientas. Por eso a veces pasamos de un extremo a otro, del libertinaje al orden excesivo, en un baile eterno entre la amabilidad y la firmeza. ¿Cómo salir de ese baile que nos atrapa entre el estrés y la culpa? La respuesta no está en este libro, está en ti, en el niño que fuiste y en el adulto que eres, que te gustaría que se pareciera más a esa persona que de pequeño te hubiera gustado tener cerca.

La cooperación nace también de la seguridad; sentirnos seguros en un espacio, con las personas con las que lo compartimos y sentirnos capaces y seguros de nosotros mismos. Esta vinculación internivel es clave y este trabajo con sentido solo puede surgir si hemos establecido buenos vínculos. Nace de nuestra autenticidad y parte hacia la colectividad, lo que puede significar cocinar o poner la mesa, pero también pintar o leer o construir o meditar. En definitiva, el trabajo con sentido es todo lo que nos permite enraizarnos y cumplir con nuestra tarea cósmica (encontramos las tareas con las que vamos a contribuir, sean cuales sean).

Volviendo a la herramienta, en definitiva, cuando tenemos la sensación de que hay una energía densa o desbocada, podemos reorientarla ofreciendo una tarea concreta en la que sepamos que la otra persona va a tener éxito sin aburrirse. Pueden ser bien roles semanales, útiles en el aula o en familias grandes, o bien tareas puntuales; el objetivo es que el niño se sienta importante y querido, y pueda ejercer el trabajo que necesite. Por ejemplo, una de nuestras peques tuvo una época en la que no quería contribuir en las tareas del hogar (recoger juguetes, quitar la mesa...), podríamos haber entrado en el reproche y la comparación, pero en vez de eso, nos enfocamos en lo que habíamos observado que podía ser la tarea en la que más le interesaba participar (por ejemplo, pelar zanahorias), haciendo hincapié en lo importante que era para los demás el trabajo que estaba haciendo, en vez de en lo injusto que era para los demás el trabajo que estaba dejando de hacer.

Y, por supuesto, no tiene por qué ser estrictamente un trabajo para los demás; cuando fluimos con nuestros verdaderos intereses ya estamos contribuyendo, porque de ese autoperfeccionamiento va a nacer nuestra mejor versión, la más auténtica, que es la que podrá aportar más energía a la colectividad.

En resumen, cuando las personas invertimos nuestra energía en un trabajo con sentido que nosotros hemos elegido, un trabajo que nos permita desarrollar nuestra concentración y autodisciplina y que, además, sirva a la colectividad (permitiéndonos satisfacer nuestra necesidad de pertenencia y valor), nos sentimos más conectados e importantes, y ello redunda en una mayor cooperación. Pero aún más importante que la cooperación es ayudar al otro a que logre maximizar su plenitud.

Cuando una persona no quiere cooperar, no se está sintiendo importante ni conectada. Sugerir tareas con un propósito encaminado al bien común puede marcar la diferencia no solo en la cooperación, sino en su autoconcepto.

Tiempo especial

Cuanto más pequeño es un niño, más tiempo necesita pasar con sus padres; por supuesto, hay mil realidades y, al mismo tiempo, es de suma importancia estar presente en la infancia de nuestros hijos e hijas a través de la presencia, del juego, del descubrimiento, de la sorpresa. Recordad que para que el juego del niño sea juego verdadero debe ser espontáneo, no dirigido; tienen que sentir que él o ella mandan. Esas horas de diversión permanecerán en su memoria para siempre, aumentarán la conexión y harán que los problemas se minimicen o incluso desaparezcan.

Del mismo modo, los niños son muy sensibles a la hora de apreciar si se les está prestando la suficiente atención. No vale con leerles un cuento si estamos mirando constantemente el móvil o jugar con ellos mientras trabajamos con el ordenador. Desconecta de todo aquello que estés haciendo y céntrate única y exclusivamente en el niño. Acuerda con él cuándo será el momento de pasar ese tiempo especial juntos y cuánto tiempo durará. Además, puede ser muy útil a la par que divertido hacer una lluvia de ideas para elaborar una lista de posibles actividades.

Con el tiempo especial se recupera la conexión y eso hace que los conflictos se suavicen al sentirnos comprendidos y queridos por el otro.

El tiempo especial es el gran bálsamo multiusos. Lo cura todo.

Autocuidado

Ya hemos hablado largo y tendido sobre la importancia del autocuidado (véanse pp. 85 y sigs.). Cuando existan dificultades en la crianza, evaluaremos qué puede estar pasando en nuestro interior. Autocuidado, en realidad, es pasar tiempo especial con la persona más importante de nuestra vida: nosotros mismos.

¿Por qué no lo estás haciendo?

- No tener en quién delegar: falta de apoyo, de tribu, o no querer delegar porque no estamos aún preparadas para soltar esa necesidad de control.
- Sentirse culpable: como los cuidados no se remuneran ni se RECONOCEN, quizá yo pienso que lo que hago es invisible y no es importante. Por eso no me permito SER y, además, como se nos ha educado en la exigencia, no nos

permitimos sentirnos vulnerables y reconocernos imperfectas.
- Picos de actividad: virus, fechas límite de trabajo, mudanzas, dolencias...

Para la primera razón, aparte de un cambio social y político, que es lento, tenemos dos posibilidades: centrarnos en la queja constante o en las soluciones, que pueden ir desde tomar decisiones que nos hagan la vida más fácil (desde reducciones de jornada hasta practicar el *batch cooking*) hasta creer que la conciliación también pasa por entender que el autocuidado puede ser CON los peques (y puede ser desde tomar algo en un sitio donde estén a gusto hasta compartir nuestras aficiones con ellos y ellas o incluso buscar nuevas aficiones comunes).

Para la segunda razón, te invitamos a releer la página 97 sobre la culpa, que en el fondo es algo que nos incapacita. Te animamos a que la culpa sea un impulso para poner en práctica algunos cambios y no una invitación a mantenerte en la inacción.

Para la tercera causa/razón, la mirada de la gratitud puede ayudarnos mucho. Cambiar el foco, pensar que es un privilegio poder acompañar su enfermedad, que sean dolencias leves, tener un trabajo que te permita vivir, tener una casa que convertir en un hogar...

EJERCICIO:

Te invitamos a hacer un círculo y dividirlo en tres partes: CUERPO, MENTE y ESPÍRITU.

Escribe qué necesidades precisas cubrir. Por ejemplo:

- CUERPO: Cansancio, salud débil, falta de forma física...
- MENTE: Finanzas, estrés laboral, carga mental...
- ESPÍRITU: Ira, tristeza, duelo, desaliento...

Dibuja un nuevo círculo y ahora piensa en cómo podrías cubrirlas:

- CUERPO: Dormir más, comer más sano, hacer deporte.
- MENTE: Leer libros, hacer un curso sobre finanzas, meditación, reequilibrar el reparto de tareas, contratar ayuda.
- ESPÍRITU: Meditar, autocompadecerte, quedar con amigos, asistir a terapia, escuchar o tocar música, conectar con la naturaleza.

Intenta incluir ideas que puedas poner en práctica fuera de casa y otras usando solo la mente (ideas y pensamientos que te reconforten). Piensa también ideas que puedas llevar a cabo mientras estás con tus hijos: prepararte una infusión, poner tu canción favorita y bailar como locos, hacer una llamada rápida a esa amiga que siempre te hace llorar de la risa, pensar en ese viaje especial que hiciste hace dos años, repasar ese álbum de fotos...

Escribe tu lista en una tarjetita y llévala siempre contigo. Cuando empieces a sentirte superada, recurre a tu tarjeta de autocuidado y escoge la idea que mejor encaja con el momento.

Ahora que ya tienes una noción de lo que necesitas, esperamos que, desde el equilibrio entre responsabilidad con los demás y contigo misma te pongas también en primer lugar para convertirte en lo más importante de TU vida.

Cuando te dedicas tiempo, te reconoces importante, valiosa, y cuando eso sucede, todo puede ser diferente, como decía Adler.

Autorregulación

La autorregulación es el proceso por el que una persona es capaz de hacerse cargo de lo que necesita en cada uno de los momentos de su vida. Con los peques lo vamos a ver en distintos aspectos; ahora en concreto vamos a hablar de sus emociones.

La autorregulación es un proceso largo y complejo que los niños y las niñas atraviesan durante un tiempo, unos 25 o 30 años. Antes de los 5 o 6 años, el acompañamiento adulto es indispensable. En todo caso, es una habilidad que irán adquiriendo poco a poco; no se puede forzar porque sale de dentro hacia fuera.

Y, por supuesto, podemos modelarla. Si nosotros estamos relajados y nos sentimos tranquilos, les estaremos transmitiendo a nuestros hijos un mensaje de calma que sus neuronas espejo, un tipo de neuronas que se activan por imitación, absorberán. Si, por el contrario, nos sentimos irritados o estresados, el mensaje que reciben sus neuronas espejo será distinto y se contagiarán de esas emociones intensas, especialmente los niños pequeños que están en una etapa preverbal (aún no hablan con fluidez) y son pura emoción; da igual lo que les digamos, lo que absorben es cómo nos sentimos.

¿Qué podemos hacer para tener nuestro cerebro racional activo y poder mandar mensajes tranquilizadores a través de las neuronas espejo? Ya te lo imaginarás, ¡autocuidado! No olvides que la autorregulación empieza por la heterorregulación del adulto de referencia; si el adulto no está conectado con el niño por creencias y expectativas, no va a poder hacerlo. Si no está conectado con el niño por la prisa y la falta de autocuidado, tampoco va a poder hacerlo, porque va a vivir tomando como punto de partida su sistema de creencias en piloto automático, no desde el amor. Empieza por ti y por creerte de verdad que para poder cuidar tienes que cuidarte; no es egoísmo, es generosidad. Y lo otro que podemos hacer es justo lo que hemos intentado explicar en este libro: rebajar las expectativas y la exigencia sobre la infancia.

Por otro lado, es importante saber que, si no hubo una vinculación adecuada, sobre todo cuando hubo maltrato en nuestra infancia, puede que esta autorregulación nos resulte muy difícil, así que te animamos a buscar ayuda. No fue culpa tuya entonces, no lo es ahora y, al mismo tiempo, te mereces sanar.

El camino hacia la independencia empieza en la completa dependencia. Para alcanzar la autorregulación, primero hay que pasar por la modulación externa y la corregulación.

Tiempo fuera (de reconexión)

Desde la disciplina positiva, sabiendo cómo funciona el cerebro, se creó en las aulas una herramienta, el espacio de tiempo fuera positivo, como una forma de enfrentarnos a los conflictos. Este lugar es un ámbito de paz, un refugio.

No se trata de castigar ni de ignorar, por supuesto, sino más bien de dar un paso atrás, tomar perspectiva, volver a centrarnos, a tapar la parte superior de nuestro cerebro, según el modelo del cerebro en la palma de la mano, para resolver los conflictos con nuestro cerebro racional y no solo con la parte emocional. Esta parte emocional del cerebro es muy importante también, pues es lo que permite la supervivencia gracias a comportamientos instintivos como son la lucha, la huida o la paralización, ¡pero nuestros hijos no van a comernos! Al menos no como lo haría un león con una gacela.

El espacio de tiempo fuera positivo también puede ser una herramienta más en la familia, aunque no siempre funciona de la forma que esperábamos y solo lo recomendamos a partir de los 6 años. Por supuesto, cada familia es un mundo. Antes de los 6 años, necesitan acompañamiento uno a uno a ser posible, ya que los niños pequeños necesitan de otro adulto de referencia para pasar de la heterorregulación a la autorregulación.

Si decidimos probar, es importante que los niños participen en este proceso y que le den un nombre especial para hacerse suyo el espacio. El tiempo fuera positivo nunca va a ser obligatorio; todos en la familia podrán utilizarlo de forma voluntaria, pues recordemos que se trata de un refugio, un lugar que nos haga sentir bien. Por supuesto, los niños son quienes deciden cuándo quieren volver de la zona de tiempo fuera.

Del mismo modo, si se aprecia que el niño o los niños o algún adulto de la familia se encuentra en una situación de estrés, se puede sugerir la utilización de este espacio. Sugerir, nunca obligar. Se les pueden ofrecer, en todo caso, dos alternativas: «¿Te apetece ir a la mesa de la paz o prefieres salir a dar unos saltos fuera?», o simplemente preguntar: «¿Qué necesitas?». Para algunos niños y niñas será una opción, pero para otros serán mejor otras como jugar, saltar, salir a la naturaleza, un abrazo...

En el caso de los adultos, es exactamente igual; el tiempo fuera es un tiempo de pausa, de detener nuestra urgencia para atravesar la emoción, permitir que fluya. Y, por supuesto, también es nuestra responsabilidad no herir a nuestros hijos e hijas.

A veces, la mejor forma para avanzar es detenerse para tomar perspectiva. El tiempo fuera puede ayudarnos a mirar hacia dentro para lograrlo.

Funcionamiento cerebral

Para que los peques puedan entender por qué en ocasiones necesitamos un tiempo fuera, primero es necesario informar sobre cómo funciona el cerebro y cómo surgen las emociones.

Siempre podemos transmitir que todas, TODAS las emociones son válidas y todas tienen una función. Después les podemos explicar que el problema es que, a veces, estas emociones nos hacen entrar en modo supervivencia y que por eso hacemos daño a los demás.

Podemos utilizar varias analogías:

- La de los tres cerebros (reptil, mamífero y ser humano): el concepto de cerebro triuno está un poquito desfasado ya. Sabemos que el cerebro funciona de una forma más holística, pero es sencillo para explicárselo a los peques; podéis verlo en las páginas 55-57 («El cerebro en la palma de la mano») y asociar cada parte del cerebro a un tipo de animal.

- La del volcán. Siegel nos propone esta analogía en la que imagina un volcán en erupción; la base del volcán sería el lugar donde tenemos sentimientos de insuficiencia; el cono del volcán es por donde nuestras emociones explotan. Hasta ahora, quizá solo habíamos aprendido a vivir así las emociones. La propuesta de Siegel es caminar por la ladera del volcán, tomar perspectiva, experimentar la emoción sin reprimirla, solo observando lo que nos tiene que decir. Por supuesto, no siempre podemos delegar o tenemos niños muy pequeños a nuestro cargo que nos impiden vivir así la ira; entonces recurriremos al movimiento, la música, el baile, saltar, salir a la calle, pasear... todo lo que implique que nuestro cerebro vuelva a integrarse, pero no a controlar la ira. Reprimir la ira es como un cóctel Molotov, va a acabar explotando hacia fuera o hacia dentro y va a destruir lo que más amas.

- La de la bola de ira. Es una analogía de una bola de ira roja enorme que se va haciendo más pequeñita y pasa por todos los colores del arcoíris hasta llegar al color morado gracias a la respiración, no para reprimir la ira, ojo, sino para evitar hacer daño a las personas que amamos. Ser consciente de esto es propio del cerebro superior; los niños y niñas pequeños no tienen freno y entonces solo podemos protegerlos, no controlarlos. Se la hemos tomado prestada a Anna Morato, autora de *De mayor quiero ser feliz*. En ocasiones también hemos jugado al juego de hablar con la emoción. Le preguntamos para qué está aquí, qué quiere, qué necesita, cómo se siente y a qué solución llegar. Esta idea nos la regaló Raquel Mor, terapeuta Gestalt.

Entender cómo funciona nuestro cerebro nos ayuda a tener más comprensión de nosotros mismos y de los demás, y, por lo tanto, más compasión.

Intervenir sin juzgar ni tomar partido

Cuando hay un conflicto, parece que es poco responsable no intervenir a la primera de cambio; sin embargo, si hemos observado a nuestros hijos y los conocemos, la herramienta no puede ser otra que el manejo expectante y, si es necesario intervenir para protegerlos, hacerlo sin juicio y poniendo a todos los niños en el mismo barco.

Los conflictos suelen disminuir cuando invitas a los niños a cooperar en la búsqueda de una solución en vez de intentar averiguar quién hizo qué y a quién debemos culpar. No somos jueces en las relaciones de nuestros hijos o alumnos, solo somos sus iguales, un modelo a seguir, facilitadores del desarrollo de sus habilidades sociales y de vida; nuestra misión no es ni culpar ni enjuiciar. No tomemos partido bajo ningún concepto, ni siquiera cuando se dé una situación de violencia que debamos subsanar. Solo deberíamos intervenir para animarlos a buscar soluciones, siempre atendiendo primero al agredido, pero sin tomar partido.

El proceso es el siguiente:

1. Iguales: Trata a los niños de la misma forma, como iguales, refiriéndote a ellos como «vosotros» y ofreciendo las mismas opciones a todos los implicados: «¿Qué necesitáis?», o dándoles dos opciones: «¿Preferís tomaros un tiempo fuera positivo o discutir ahora mismo este asunto?», «¿Preferís hacerlo solos o que medie?», «¿Preferís ir a la mesa de la paz o usar la rueda de elecciones?».

2. Confiar: Este quizá sea el punto más difícil, porque estamos acostumbrados a intervenir para ayudar. No obstante, hay que hacerse a un lado y creer, confiar en que los niños hayan identificado el problema y tengan una idea clara para solucionarlo. «Llamadme cuando hayáis llegado a una solución que a ambos os satisfaga u os apetezca intentar», «Confío en que podréis llegar a un acuerdo para solucionarlo. Estaré aquí si me necesitáis».

3. No involucrarse y animarlos a anotarlo en la agenda de reunión familiar o aplazarlo a otro momento en que todos estemos calmados y, sobre todo, estar disponible para acompañar la emoción que pueda surgir.

Evidentemente, estamos hablando de niños en el segundo plano del desarrollo o adolescentes. Durante la primera infancia los niños aún no han desplegado las habilidades necesarias para resolver según qué situaciones por su cuenta y necesitarán mucha más supervisión, que nos anticipemos y, sobre todo, que modelemos resoluciones de conflictos sin perderle el respeto a nadie. Aunque también hemos sido testigos de momentos que sí lo han hecho, así que ¡observa y sigue a los niños!

Si queremos intervenir en lugar de interferir, lo haremos siempre de forma neutra, sin buscar culpables.

Ver el comportamiento como signo

En los primeros capítulos hablábamos de que el comportamiento expresa siempre una necesidad (véase p. 50). La pregunta es: ¿cómo podemos ver qué esconde el iceberg bajo el agua? Y es que muchas veces no parece tan claro. La secuencia podría ser esta.

1. Obtener información (conocimiento para prevenir y actuar): todos los comportamientos tienen una motivación, son una petición de ayuda o la expresión de una necesidad. Desde el punto de vista de los períodos sensibles, también podemos tener mucha más información: ¿orden, lenguaje, refinamiento del movimiento o las percepciones sensoriales? Este conocimiento nos lleva a la conexión con los niños y niñas, que es lo que nos va a permitir pasar del orgullo a la humildad.

2. Observación (sin juicios, para ver qué está pasando, sin ningún tipo de interpretación, lo más objetiva posible): cuando observamos sin interpretar es más fácil conectarnos a lo que en realidad nos está pidiendo el niño o niña. Es francamente difícil observar de forma objetiva, la buena noticia es que podemos entrenarnos.

3. Autocuidado (para que el cerebro racional pueda ver lo anterior y pasar de la ira a la empatía, y no nos tomemos su intento de petición de ayuda como algo personal) de lo que ya hemos hablado largo y tendido y que no debería ser un elemento más que añadir a nuestra lista eterna de tareas, sino más bien un «voy a hacer lo que me surja», es ponerse en primer lugar, y esto puede consistir en salir de marcha un viernes sin pensar si los niños estarán bien o tumbarse a ver una peli con los niños un viernes sin pensar en si está bien o no. Básicamente, autocuidado es ignorar todas esas expectativas impuestas por la sociedad que caen sobre nosotros y nosotras todo el tiempo.

El comportamiento es una forma más de comunicarse. Aprender a leer entre líneas nos permitirá cultivar la conexión.

Consecuencias naturales

Las consecuencias naturales son una buena herramienta para que el niño aprenda de sus acciones. Es importante confiar en ellos y evitar rescatarlos. Por supuesto, su seguridad y la de los demás está por encima de todo.

Hay que recordar que las consecuencias naturales son aquellas en las que el adulto no interviene. Por ejemplo, si el niño decide salir a la calle con sandalias en vez de botas y llueve, la consecuencia natural es que se moje y puede que pase frío. No obstante, los adultos muchas veces obstaculizamos el proceso de aprendizaje del niño y sermoneamos con la famosa frase «te lo dije». En vez de ello, podemos hacer lo siguiente:

- Mostrar empatía: «Te entiendo».
- Validar sus sentimientos: «Debes de estar muy frustrado por no tener el paraguas».
- Consolar sin rescatar: «¿Qué crees que podemos hacer para solucionarlo?».

Como no siempre es posible aprender mediante las consecuencias naturales, Dreikurs, discípulo de Adler, abogaba por las consecuencias lógicas —solo para la meta de atención— que, a diferencia de las consecuencias naturales, tienen la peculiaridad de que el adulto sí interviene en ellas. Para no ser castigos, deberían ir acompañadas del siguiente esquema de las cuatro R: Relacionadas-Respetuosas-Razonables-Reveladas con anterioridad. En todo caso, la línea entre consecuencia lógica y castigo es muy delgada (un simple tono desagradable o una mirada de desaprobación, un «te lo dije» pueden convertirlo en un castigo, aunque cumpla lo anterior). Y, además, puede que no solucione el problema, que en el fondo es nuestro objetivo.

Os proponemos evitarlas lo máximo posible y sustituirlas por el enfoque en soluciones.

Nos costaba encontrar algún ejemplo de consecuencia lógica en casa, así que les preguntamos a nuestros peques y nos dijeron lo siguiente: «Cuando nos embadurnamos con barro, antes de volver a entrar nos damos un manguerazo». Esta es una norma estipulada por las mayores, las pequeñas aún no pueden llegar a ello por madurez cerebral, así que solo nos queda supervisar (o solicitar ayuda para limpiar el barro cuando hemos dejado de supervisar, que, por supuesto, sucede a veces). En la página 257 («Conocer tus límites») os mostraremos otro ejemplo, este relacionado con la comida.

Si una consecuencia lógica no es respetuosa conmigo, con el otro o con la situación, no es consecuencia, es castigo.

Recordatorios

Una vez que hemos empezado a establecer acuerdos, es importante tenerlos visibles para que todos podamos llevarlos a cabo. Los procesos de cambio y de creación de nuevos hábitos no son fáciles y muchas veces los niños, o nosotros, nos despistamos, y eso no quiere decir que no queramos cumplirlos, sino que tenemos que buscar soluciones para no olvidarlos. Los recordatorios pueden ser no verbales (un gesto especial, una cara divertida consensuada, un baile loco) o verbales (una palabra acordada, una broma —broma es cuando todos nos reímos; si no, es humillación—, una palabra inventada o alocada, todo lo que nos permita la conexión). También pueden estar en algún soporte físico, estos dos tipos de soluciones los tomamos de la disciplina positiva:

CUADRO DE RUTINAS

Un cuadro de rutinas, acompañado por los adultos y elegido por los niños, es una muy buena idea para que los acuerdos queden plasmados por escrito (o con imágenes o pictogramas). Son ellos los que tienen que elegir de qué forma quieren llevar a la práctica estas tareas, satisfaciendo su necesidad de autonomía, y nosotros los que velemos por su protección.

Para muchas familias, las rutinas son algo indispensable, mientras que para otras no lo son, y ambas opciones son igual de respetables si hay armonía y seguridad para los niños y las niñas. Si sentimos que necesitamos más estructura, quizá podamos probar a llevarlas a cabo para evitar el caos. Establecer un cuadro de rutinas evita muchos desacuerdos (a la hora de dormir, por las mañanas...) y luchas de poder («Mira lo que dice el cuadro de rutinas que viene ahora, ¿te acuerdas de lo que acordamos?»).

LISTA DE TAREAS

Al igual que con las rutinas, los niños pueden aprender importantes habilidades sociales y descubrir sus capacidades si ellos mismos ayudan a elaborar una lista de quehaceres domésticos y los llevan a cabo.

Con todo, se necesita mucha práctica. Muestra al niño cómo se hace mientras se lo explicas con las mínimas palabras posibles y acompáñalo en el proceso. Durante los primeros años estaremos sentando las bases de la cooperación, cuando el niño o niña tiene realmente interés en imitar las tareas que en Montessori llamamos «de vida práctica»; después, cuando ya no existe ese interés, el abordaje es distinto. Quizá ya no fluya de forma natural; entonces es el momento de solicitar cooperación para que la carga no recaiga solo en los adultos y, por supuesto, es necesario ajustar el reparto a las edades y circunstancias, para que todos nos sintamos respetados.

En el caso de que alguna de estas tareas no se ejecute de forma correcta, siempre puede trasladarse el problema a una reunión familiar, donde nos enfocaremos únicamente en soluciones.

RUEDAS DE OPCIONES

Las ruedas de opciones ante un conflicto recurrente son una forma muy creativa de enseñar resolución de problemas. Consisten en un disco dividido en porciones, desde una hasta las que necesitemos, en cuyo interior van a colocarse posibles soluciones a conflictos comunes. Haz una lluvia de ideas en la que participéis todos y elaboréis una lista de conflictos y soluciones. Después, tomaos un tiempo para ubicar todas las soluciones dentro de la rueda de la forma más creativa posible. De esta forma, los niños participarán y será mucho más visual y atractiva a la hora de elegir la solución que les puede parecer más óptima.

Hay un tipo de rueda especial: la rueda de las opciones para la ira, que puede ser muy útil para, en momentos de tensión, elegir soluciones que hemos plasmado previamente. Es muy visual, lo que resulta de gran ayuda cuando nuestro cerebro primitivo está a punto de tomar el control, y va a proporcionarnos, a los adultos y a los niños, elecciones para ayudarlos a fluir con las emociones y, si fuera necesario, expresar las emociones sin perjudicar a los demás. La mejor forma de explorar con el niño posibles alternativas para expresar su ira es siendo modelo y ejemplo. Es decir, crea una rueda para ti, tenla visible y úsala. En la primera infancia los niños necesitan acompañamiento y acompañar no quiere decir estar encima de ellos. Cuando baje la intensidad y no antes, podemos usar la rueda, podemos recordarles las alternativas que pueden (o no) servir en ese momento. No es obligatorio que elijan una, ni siquiera que les echen un vistazo; pasaría de ser una herramienta de cooperación a una de control. Durante todo el tiempo, dile a tu hijo que sentir estas emociones es algo normal; reconoce, permite, valida sus sentimientos. En este caso, la rueda de las opciones para la ira puede contener diferentes acciones que irían desde expresar verbalmente lo que el niño siente hasta golpear un cojín, pedir un abrazo, jugar, aplastar plastilina o dibujar lo que siente, pasando por el uso de muñecos o marionetas para expresar su enfado.

Es una herramienta muy valiosa y os animamos a usarla de forma consciente, para ayudarlos a autorregularse y no para reprimir su emoción. No es momento de adoctrinar ni reprochar. Nuestro objetivo cuando un niño se encuentra inmerso en un ataque de ira es proteger, sin más.

Podemos tener una rueda para toda la familia, una por persona o una por pareja... Puede ser una rueda o el formato que más te guste: un cuadrado, un triángulo o cualquier polígono, incluso una espiral. Lo más importante es entender que es un recordatorio de opciones y que, aunque creamos que tenemos que dar ejemplo, podemos no elegir ninguna en ciertas situaciones.

Si usamos recordatorios, los acuerdos son más fáciles de cumplir.

Ofrecer opciones

Una herramienta muy útil de la disciplina positiva es ofrecer opciones, que puede tener dos variantes según la edad y las circunstancias. Lo que para los más pequeñitos se traduce en «da dos opciones», en niños más mayores sería una pregunta más abierta. Por ejemplo:

Veo que quieres salir a la calle con sandalias y ha estado lloviendo mucho. Aunque tengas frío, no vamos a poder volver a casa, ¿te parece que metas las botas de agua en tu mochila o prefieres llevar las botas puestas y las sandalias en la mochila para cuando llegues al cole? ¿Se te ocurre algo mejor?

«Yo necesito..., tú necesitas..., ¿qué opciones podemos pensar para que los dos nos sintamos respetados?».

En todos los casos las opciones tienen que estar relacionadas —con la situación que queremos resolver—, ser respetuosas —para todos—, ser razonables —para el momento de desarrollo del niño— y resolutivas —útiles—, y tienen que cumplir con todos los criterios que citamos en los primeros capítulos (respeto mutuo, autonomía, enfocarnos en el largo plazo y valorar la necesidad de pertenecer y contribuir).

Debemos tener cuidado de que no sea una herramienta de control adulto. Decir «voy a dividirte este plato de guisantes que odias en dos mitades desiguales y te voy a decir que elijas la que tú quieras» es una herramienta de control, decir «voy a tener una conversación con mi hijo o hija para buscar una solución» es una herramienta de cooperación. Una solución puede ser que cada vez que haya guisantes para cenar, juntos cocinemos un plan B que le guste y que incluya las mismas propiedades nutricionales que los guisantes. Como haríamos con otro adulto, ¿no? Cuando invitamos a gente a comer a nuestra casa, no la obligamos a comer, no le insistimos para que pruebe y no controlamos las cantidades que come. Lo que no haríamos con adultos no podemos exigírselo a los niños.

Y siempre podemos verlo como una oportunidad de mejorar; quizá podemos tener una reunión familiar en la que vamos a decidir que en casa no hay ninguna comida obligatoria y siempre hay fruta y verdura disponible para quien no quiera la comida que toca.

Al ofrecer opciones buscamos la cooperación, no el control.

Relativizar

Dentro de un par de años, ¿cuánta importancia va a tener este conflicto que tengo ahora?, ¿hay alguna posibilidad de que se resuelva solo?, ¿estoy gestionando este reto desde un lugar de miedo o lucha de poder, o realmente mi preocupación es legítima? Quizá estoy manejando este conflicto desde mi necesidad de control, exigencia o comodidad en vez de estar enfocado en el momento presente.

Usar «ahora», «al menos» y «todavía» nos puede ayudar a poner perspectiva y relativizar las situaciones.

Ejemplo: en lugar de «la casa está hecha un desastre», podemos usar «ahora la casa está hecha un desastre»; nos ayuda a darnos cuenta de que la situación es temporal. Invita a confiar y a tener esperanza.

Ejemplo: «¡Se ha pinchado la rueda del coche! Al menos es solo una y tengo la de repuesto».

Ejemplo: «Todavía no he conseguido tener el ambiente preparado como me gustaría» en vez de «soy lo peor y esta casa es un desastre».

Modelar (ser ejemplo)

Los niños y las niñas nacen sabiendo cooperar, porque algunas de las tendencias humanas son las que permiten la adaptación a un grupo social. Cooperar es algo indispensable para que los *Homo sapiens*, que nacemos inmaduros y necesitamos cuidados directos y continuos de nuestros padres durante la infancia (neotenia), podamos sobrevivir.

Por otro lado, una cría de *Homo sapiens* no sabe si va a nacer en Madrid, en Escocia, en Siberia o en Egipto, no sabe si va a nacer en una ciudad con todos los servicios o en una zona rural donde ni siquiera hay agua potable. Nace con todas las potencialidades y desarrollará, para adaptarse, las que decida que son más necesarias para su supervivencia.

De igual forma, aunque los niños y las niñas están programados para cooperar, se encuentran al nacer con adultos que ya no saben hacerlo, con adultos que controlan, que ordenan, que exigen, que manipulan... Y van a interiorizar, porque su mente es absorbente, que eso es lo necesario para sobrevivir de la mejor forma posible.

Por eso, ya que educamos con nuestro ejemplo más que con nuestras palabras, creemos que lo más necesario es que trabajemos en nosotros mismos para ser el adulto que nos prometimos ser, el que nuestros niños y niñas necesitan.

Y, por supuesto, el objetivo no es ser un ejemplo de perfección total y absoluta, eso crearía incluso demasiada exigencia en nuestros pequeños. El objetivo es ser un ejemplo de honestidad cuando cometemos errores, lo reconocemos, nos responsabilizamos, lo reparamos y lo resolvemos buscando soluciones. Estas son las cuatro erres del error:

- Reconocemos
- Responsabilizamos
- Reparamos (nos disculpamos si es adecuado)
- Resolvemos (buscamos soluciones)

«Te he gritado, todos merecemos que nos traten con respeto y no lo he hecho, lo siento. Voy a buscar una solución para que no ocurra más.»

Y, por supuesto, forma parte de nuestra responsabilidad reflexionar sobre cómo podemos seguir mejorando.

Nuestro ejemplo vale más que mil palabras.

Sentido del humor

El humor es una herramienta maravillosa para ayudarnos a gestionar situaciones y retos diarios. Por supuesto, no es buena idea forzarlo; si no nos sale natural, mejor no usarlo; si el otro lo recibe desde un lugar que no sea la conexión, también es mejor no utilizarlo.

Esta herramienta está muy relacionada con relativizar y los niños y niñas suelen utilizarla desde muy pequeñitos para volver a conectar con nosotros: pedorretas, palabras como «culo» o «pedo», bromas...

El humor muchas veces nos ayuda a integrar de nuevo el cerebro y volver a concentrarnos en el momento presente.

Por ejemplo, una vez en medio del agobio posmudanza (Bei), en plena hora dorada (a punto de iniciar las rutinas de irnos a la cama) y con dos pequeñas un poco irascibles de sueño y cansancio, perdí el foco y empecé a agobiarme, incluso grité, lloré y acabé sintiendo la necesidad de evadirme, y dije: «Me voy, que estoy al borde del colapso».

La solución la aportó una de mis peques, que, en plena situación dramática, empezó a reversionar una canción que sabe que me gusta mucho con la letra: «Un, dos, tres, ¡colapso!». Todos empezamos a bailar muertos de risa y nos dormimos con una sonrisa en la boca.

Por supuesto, para que esto suceda tiene que existir un clima de seguridad, que los niños sepan que pueden hacer bromas y «reírse» de sus padres, desde la horizontalidad y desde la conexión, y siempre que existan principios sobre cómo esto va a llevarse a cabo: «Si no nos reímos todos, no es una broma».

Si nos la tomamos con humor, la vida se disfruta más.

Redirigir (decir lo que sí pueden hacer)

Un ambiente Montessori es un límite en sí mismo. Las opciones que ya se les ofrecen a los niños y niñas se han evaluado previamente como útiles y seguras. El «no» es algo excepcional que se dice solo cuando está en peligro su integridad física, la de los demás o la del ambiente.

Sobre todo con niños muy pequeños es mejor evitarlo y decirles lo que sí pueden hacer, porque cada vez que les decimos que no a algo, en el fondo les estamos diciendo que sí a otro aspecto.

Por ejemplo:

En vez de decir: «no juegues con agua en el salón», podemos decir: «veo que tienes ganas de jugar con el agua, gracias por hacérmelo saber. ¿Te apetece regar las plantas o prefieres jugar en tu cocina de exterior?».

En vez de decir: «no cruces solo», podemos tomarlo de la mano y decirle: «puedes cruzar de mi mano».

Quizá eso no evite que se enfade, pero nuestro objetivo no era que no estuviera enfadado, sino protegerlo. Para ello, podrían ser útiles las siguientes ideas cuando los niños hacen lo que no les estamos pidiendo o lo que esperamos de ellos:

- Repensar si lo que estamos pidiendo es adecuado a la situación, a su edad y a su desarrollo madurativo y emocional.
- Establecer expectativas claras.
- Responder con una pregunta.
- Establecer algo como un hecho, una norma o un principio.
- Comprobar su percepción.
- Invitarlo a cooperar.
- Expresar lo que queremos o necesitamos y llega a un acuerdo.

Si miramos desde el amor y la confianza, descubriremos que detrás de cada no también nos están diciendo que sí a otra cosa, aunque no sea lo que nosotros quisiéramos.

Conocer tus límites

En ocasiones, no podemos respetar la voluntad de nuestros hijos e hijas. Si nos toca imponer un límite, podemos hacerlo siempre desde el respeto, desde su necesidad de ser protegidos, desde nuestra necesidad de respetarnos y validando su emoción al no estar de acuerdo con este límite.

Es necesario tener mucho cuidado con esta herramienta, que lo que propongamos sea en todo caso relacionado con la situación, respetuoso, razonable y útil, y, por supuesto, que permita la dignidad, la autonomía, el equilibrio y el respeto mutuo; de lo contrario, podría ser terriblemente manipuladora.

Conocer dónde están tus límites e informar de ellos, «decidir lo que yo voy a hacer», puede ser «voy a decidir que en esta casa se come a estas horas y quien no esté en la mesa, no podrá comer porque estoy harta de la situación» (esto es control, manipulación) o puede ser «voy a aceptar que este conflicto que tengo con mi hijo o hija me está afectando demasiado, voy a pensar por qué me remueve tanto, si quizá tiene que ver con algo de mi infancia... Y voy a relajarme y relativizar para poder usar un planteamiento más suave».

Desde este lugar sí se pueden buscar soluciones, como por ejemplo «las personas que no estén en la mesa a la hora de comer podrán comer lo que sobre o lo que haya en la nevera cuando tengan hambre». Esto está directamente relacionado con el problema/situación (las comidas, yo quiero cocinar x veces al día, no todo el tiempo), respetuoso (para mí y para los demás, nadie se queda sin comer), razonable (si los peques aún no pueden calentarse la comida, siempre habrá fruta y verdura a su disposición) y revelado con anterioridad (lo hemos avisado y actuaremos de forma consecuente). Si, además, es útil, es una solución que nos puede ahorrar conflictos innecesarios.

Respeto mutuo significa que todas las personas implicadas en una situación conservan su dignidad íntegra. Informar de nuestros límites sin reprochar, enjuiciar o victimizarnos es el primer paso para ser un modelo de coherencia.

Capacitar (dar tiempo)

Las nuevas habilidades no se aprenden de un día para otro; como todos los procesos, llevan tiempo. Capacitar es mostrar fe y confianza en el niño y ayudarlo a desempeñar una nueva tarea, y, sobre todo, aceptar que su forma y la nuestra son distintas, pero eso no tiene que significar que no sirve.

Una forma sencilla de hacerlo es esta:

- Dividir las tareas en pasos para facilitarlas, para encontrar el término medio entre habilidad y reto. El proceso es el siguiente: tú observas y yo lo hago; yo lo hago y tú me ayudas; tú lo haces y yo te ayudo; tú lo haces y yo observo. También podemos ejecutar un paso determinado que les cueste o mostrarles cómo se hace, pero no hacer el trabajo por el niño. Si el niño acaba por dominar esos pequeños pasos, comenzará a generar la conciencia de que puede hacerlo y es capaz.
- Simplificar: Para llevar a cabo la tarea es muy útil explicarla con el menor número posible de palabras a la vez que la llevamos a cabo; seguidamente, podemos hacer la tarea los dos juntos y, en tercer lugar, observar cómo el niño la pone en práctica solo. Después de un tiempo de entrenamiento, el niño se sentirá listo para realizar diferentes tareas sin la supervisión de un adulto.
- Alentarlos a practicarlas todo el tiempo que necesiten. La base para dominar cualquier habilidad es siempre el entrenamiento; no hay que esperar que el niño desarrolle una tarea de forma correcta si antes no ha tenido el tiempo suficiente para practicar y no ha podido ver cómo se hace esa tarea. Algunas habilidades se adquirirán en un par de días, otras nos llevarán semanas, meses o incluso años. Seamos pacientes y empáticos; a nosotros aprender a educar de esta forma también nos está llevando nuestro tiempo. Es importante recordar siempre que el error es el motor del aprendizaje y tenemos que animar a los niños a que expresen lo que han aprendido de él.

Ejemplo: Tomemos como muestra la tarea de poner la mesa. No podemos esperar que el niño ponga la mesa sin que le hayamos ofrecido previamente unas pautas y un tiempo para la práctica. En Montessori usamos unos mantelitos con las formas de los platos y vasos bordados o pintados para ayudarles a hacerlo. También les ofrecemos trasvases en seco antes de que se enfrenten al reto «real» de servirse agua.

Esta secuencia va a permitir que los niños y las niñas se sientan capaces. Capacitar es exactamente lo contrario a rescatar a los niños y niñas, es lo que motiva el empoderamiento. Rescatar es entrometerse entre los niños y jóvenes y sus experiencias de vida para minimizar las consecuencias de lo que eligen. Empoderar, en cambio, es darles a tus hijos el control para que tengan el poder sobre sus propias vidas y para que puedan aprender de sus errores.

Capacitar es facilitar el aprendizaje paso a paso.

Responsabilizarnos de nuestros actos

En la vida (y en la crianza) tenemos tendencia a echar pelotas fuera: cuando algo pasa, señalamos a alguien enseguida y le echamos la culpa de la situación. Llegamos tarde a una cita pero, mira, la culpa es del coche que teníamos delante, que iba a velocidad de caracol.

Este impulso de culpabilizar al otro empieza siempre por un sentimiento «negativo» hacia nosotros mismos. Este sentimiento negativo puede deberse al miedo a que nos juzguen, al miedo al error o simplemente a la frustración (no aceptamos las condiciones presentes) y, en lugar de mirar hacia dentro, miramos hacia fuera: ¿a ver a quién le podemos pasar la bomba-culpa? A menudo, en nuestro interior, saltamos del «me he equivocado» al «soy un fracaso».

Cuando buscamos culpas fuera, perdemos la oportunidad de sanar algo en nosotros, de mejorar y, lo que es peor, cuando al echar pelotas fuera estas caen sobre nuestros hijos no solo no mejoramos nosotros, sino que los perjudicamos a ellos.

Nuestros hijos no tienen la capacidad de pasarle la culpa a otro, con lo que acaban interiorizando que el problema son ellos. Por ejemplo, si les gritamos, en vez de pensar que les estamos faltando al respeto, pueden pensar que han hecho algo terriblemente horrible como para que las personas más importantes de su vida los traten así, lo que generará en ellos miedo, vergüenza o culpa.

Para romper con el juego hace falta responsabilizarse, cortar la resistencia. Responsabilizarse no quiere decir machacarse. Culparnos a nosotros mismos tampoco sirve, pues nos mantiene en una postura pasiva, anclados en acciones que ya han pasado, y nosotros queremos ir hacia delante. Responsabilizarse no es más que escoger cómo respondemos ante una situación. Responsabilizarse es mantener la presencia: aceptar los sentimientos desagradables en lugar de reaccionar ante ellos. Si nos mantenemos presentes el tiempo suficiente, podemos incluso transformarlos en algo beneficioso. Podemos aprender algo más sobre nosotros mismos.

El truco para mantenernos presentes ante sentimientos desagradables es simple y a la vez complicado; consiste en tomar consciencia

y ser valientes. Cuando sientas que quieres echar pelotas fuera, toma consciencia de tus sentimientos y ten el coraje de mirarlos de frente, aunque asusten.

Responsabilizarse es aprender a sentirse cómodo ante la incomodidad.

Pedir ayuda

Hoy en día todos hemos oído lo de «hace falta un pueblo para criar a un niño». Sabemos que lo ideal es criar en tribu, que la crianza no debería gestionarse en solitario y, aun así, nos cuesta pedir ayuda.

Es cierto que vivimos en una sociedad muy individualista, pero si queremos pasar de una sociedad que alaba la competición a una que busca la cooperación, debemos estar dispuestos a cooperar; un primer paso para lograrlo es pedir y aceptar ayuda cuando la necesitemos. Mostrarnos vulnerables no

nos resta valor, si acaso nos hace más humanos, y esta vulnerabilidad puede incluso ayudarnos a crear vínculos, a crear nuestra propia tribu. Si nos atrevemos a dar el primer paso, puede que nos sorprendamos de la cantidad de gente a nuestro alrededor que estará encantada de poder echar una mano, y es que, al final, por muy individualista que sea la sociedad, los individuos, las personas, seguimos siendo seres sociales y ayudar al prójimo es una gran forma de satisfacer nuestro deseo de pertenencia y contribución.

Tu mano amiga: piensa en cinco personas (una para cada dedo de la mano) que puedan ayudarte en diferentes momentos. Desde la persona a quien puedas explicarle tus penas a la que pueda echarte una mano para lavar los platos.

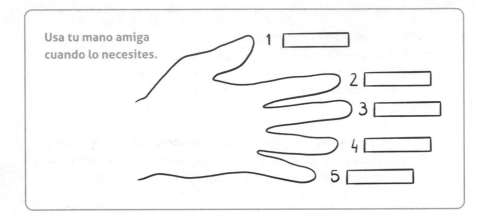

Usa tu mano amiga cuando lo necesites.

1 ⬜
2 ⬜
3 ⬜
4 ⬜
5 ⬜

Aceptación

En «Aquí y ahora. Relativizar para tomar perspectiva» (véanse pp. 80 y sigs.) hemos hablado ya sobre aceptación y decíamos que aceptar no conlleva tolerar; aceptar significa estar en paz con la situación presente, queramos cambiarla o no.

Cuando no aceptamos una situación, creamos resistencia y nuestra atención se desplaza desde lo que queremos hacia lo que NO queremos. Si tenemos en cuenta que dicen que donde pones tu atención, pones tu energía, y la vida tiende a traerte mucho más de eso, vamos a buscarle el lado positivo.

La aceptación es más fácil de lograr cuando te replanteas la situación. Vamos a pensar algo radical, vamos a imaginar que todo está bien, que nada está mal. Por un día eliminaremos el vocablo «mal» de nuestro diccionario y, sobre todo, de nuestra mente. Si nuestra hija hace algo que nos incomoda/no nos gusta, nos recordaremos que no hay nada de malo en ello, igual que no hay nada de malo en que no nos guste la situación. E iremos un paso más allá, buscaremos el lado bueno preguntándonos: ¿qué hay de bueno en esta situación?

¿Estamos bajo cero y mi hija quiere salir a la calle sin chaqueta? Está bien, así experimentará el frío y, probablemente, el próximo día (o el siguiente o el otro) comprobará la temperatura antes de salir sin chaqueta. Yo se la cojo por si luego la necesita («Anticiparse», véase p. 270).

Practicando la aceptación nos daremos cuenta de que las situaciones no son buenas o malas, simplemente son.

Aceptación *vs.* tolerancia

Queremos vivir en el presente, apreciar la belleza de cada instante, pero, seamos realistas, nadie disfruta cuando su hijo de 2 años tiene una «rabieta» (a nosotras no nos gusta el término, preferimos entenderlo como lo que es: una situación en que nuestro hijo está enfadado, lo que muchas personas consideran perder el control de sus emociones, como si una emoción pudiera controlarse ante una situación que nos supera) en medio del supermercado. Cuando te hablábamos del amor incondicional, te decíamos que en todo momento puedes elegir sentirte en paz. Puedes aceptar tu situación presente (tu hijo llorando, arrastrándose por el suelo del súper). Ahora bien, podemos aceptar una situación sin tolerarla, es decir, podemos desear cambiarla. La aceptación conlleva poner la conexión por delante, ser proactivos en lugar de reactivos. Es lo contrario a la pasividad o la resignación.

ACEPTACIÓN
en paz con la situación presente

Soluciones creativas

Apreciación

INTOLERANCIA
queremos cambiar la situación

TOLERANCIA
nos parece bien que la situación continúe

Conflicto

Resentimiento

RESISTENCIA
la situación presente nos roba la paz

- Si no aceptamos ni toleramos la situación, entramos en conflicto (en «rabieta», exactamente igual que nuestro hijo). La situación nos supera, igual que a ellos.
- Si no aceptamos pero toleramos (no hacemos nada para cambiar la situación que no nos gusta, ni en el momento ni más adelante), nos sentimos frustrados o resentidos.
- Si aceptamos (es decir, escogemos sentirnos en paz en lugar de dejar que nuestras emociones nos superen) y no toleramos, podremos aplicar soluciones creativas.
- Cuando aceptamos y toleramos, somos capaces de apreciar al otro (nuestro hijo), aun cuando nos muestre sus limitaciones.

En situaciones de conflicto, recuerda: puedes escoger tolerar o no tolerar la situación, pero siempre vamos a aceptarla. Escogemos la paz. Tu hijo lo hace lo mejor que puede. Y tú también.

Naturaleza

Pasar tiempo en la naturaleza debería estar en todos los botiquines familiares, pues podríamos considerarla la teriaca, la panacea para todos los males. Si vas acelerado y necesitas recuperar un ritmo más lento, la naturaleza te permite entrar en sintonía con sus ritmos; la naturaleza no tiene prisa. Si tienes necesidad de movimiento porque has pasado demasiadas horas sentado en una silla, la naturaleza te proporciona todos los retos motrices que necesitas: correr, trepar, saltar... Si tienes la mente tan llena de pensamientos que no puedes conectar con el momento presente, la naturaleza te abre el corazón de golpe. La naturaleza nos proporciona un gran sentimiento de bienestar, de ahí que cada vez más médicos «receten» ecoterapia en sus distintas modalidades.

Si necesitas algo de aliento para superar algunas de las barreras más comunes (el desconocimiento, el cansancio, la distancia, la falta de tiempo...), vuelve de nuevo a las páginas 117-120, pero si estás ya mentalmente preparada, te dejamos aquí una lista de básicos para la organización práctica.

- Decide dónde vais a ir. Recuerda, ¡póntelo fácil!
- Comprueba qué tiempo va a hacer.
- Vestíos con ropa y calzado adecua-

dos a la climatología (si necesitas consejo, vuelve a las pp. 121-123).

- Si no tienes batería, pon el móvil a cargar (después lo desconectaremos para conectar con la naturaleza, pero es bueno tenerlo disponible en caso de emergencias).
- Prepara la mochila:
  - Agua
  - Comida (¡simplifica! Fruta, frutos secos...)
  - Botiquín con manta térmica
  - Ropa de recambio (si vais en coche, deja ahí el máximo y llévate lo mínimo)
  - Silbatos (si a tus hijos les gusta mucho alejarte y a ti te hace sufrir)
  - Lupa (ocupa poquísimo espacio y da mucho juego. Te puede salvar de alguna crisis)
  - Invierno: accesorios extra para el frío (gorros y guantes)
  - Verano: protección solar (crema, gorros, toldos...)

- Antes de salir, comparte tus planes con alguien que no vaya a acompañaros (como medida de seguridad).
- Al llegar, recuerda que tienes la meditación en las páginas 72-73.

Te animamos a que te atrevas a pasar más tiempo al aire libre y que te permitas una buena curva de aprendizaje. Puede que las primeras salidas no sean lo que tú esperabas, pero con la práctica encontrarás lo que funciona para vosotros. Y si salir solos se te hace cuesta arriba, recuerda que la unión hace la fuerza. En la web de Escuelas Bosque hemos preparado la Red de Naturaleza en Familia[1] para que puedas encontrar familias cerca de ti.

No se trata de reconectar con la naturaleza, pues las conexiones siempre están ahí; se trata de aprender a sentirlas de nuevo.

1. <http://escuelasbosque.com/naturalezaenfamilia>.

Juego compartido

El juego no solo es el trabajo del niño, es también su mejor herramienta de aprendizaje y puede ser, además, una gran herramienta de crianza, una herramienta que nos puede permitir conectar y superar incluso los momentos más difíciles.

Como adultos, a muchos nos cuesta jugar y puede que la idea nos resulte incluso estresante (ju gar requiere de nuestra atención plena y no siempre nos sentimos dispuestos a darla), pero vale la pena intentarlo, pues el juego es una vía ideal para entrar en el mundo de nuestros hijos. Con esto no queremos decir que siempre tengamos que compartir sus juegos, pero os animamos a que lo intentéis de vez en cuando. Puede que incluso reconectéis con vuestro niño interior y le cojáis el gustillo. Además, es una gran estrategia para superar momentos conflictivos. Si tu hijo no lleva bien las transiciones, ¿por qué no convertirlas en un juego? Haz del juego tu aliado.

El juego es una puerta de acceso directo al mundo de tu hijo.

Autonomía

El camino hacia la independencia del adulto empieza con la dependencia total del bebé, pero nuestra función como padres y madres es hacernos cada día más y más prescindibles. Para ello, prepararemos un ambiente adecuado, que les permita explorar su autonomía al máximo; pero hay otra gran barrera que muy a menudo impide que nuestros hijos demuestren sus capacidades de forma útil: nosotros. Muy a menudo, boicoteamos aprendizajes con nuestra ayuda no solicitada o con nuestras prisas, y es que existe una delgada línea entre intervenir e interferir.

Recuerda que, como dijo Maria Montessori:

«Cualquier ayuda innecesaria es un obstáculo en el desarrollo del niño».

Amor incondicional

En la primera parte del libro hemos hablado mucho sobre amor incondicional (véanse pp. 20 y sigs.) y te explicábamos que consiste en amar a nuestros hijos con independencia de las condiciones externas, sin que importe lo que hagan. Esto es más sencillo cuando todo va bien, pero cuando nuestros hijos se comportan de una forma que nos parece inadecuada, a veces nos resulta más complicado seguir demostrándoles nuestro amor. Por lo general, este sentimiento de inadecuación viene del miedo al «qué dirán» (miedo al juicio externo) o es una reacción con origen en nuestro bagaje emocional (la forma en que nos criaron a nosotros).

Hace unos meses, se nos estropeó la báscula de la Thermomix. Yo (Nitdia) pesaba los ingredientes, pero al instante me daba cuenta de que algo no estaba bien. Aun así, le hacía caso a la máquina. Después de un par de recetas desastrosas, me permití escucharme y empecé a echar los ingredientes a ojo. No más desastres culinarios. Del mismo modo, te invitamos a que cuando tengas que lidiar con un conflicto y decidas elegir la acción que te parece correcta, pero que te hace sentir mal, te plantees usar la báscula de tu corazón en lugar de la de tu mente. Tu corazón te mostrará tus sentimientos y, si los atiendes, te será más fácil reevaluar tus creencias y tus expectativas, y dejar los juicios de lado.

Cuando tu sentimiento de inadecuación no se deba al comportamiento de tu hijo, sino a que este está desencadenando sentimientos de tu pasado; cuando te encuentras reaccionando de forma desproporcionada ante una situación, te invitamos a que te lo tomes como una oportunidad para maternarte (o paternarte). Aunque no sepas exactamente a qué se deben tus sentimientos, permítete sentirlos sin juicios. Tomar consciencia es el primer paso para sanar(te).

En nuestro día a día tomamos decisión tras decisión, pero, al final, si miramos al núcleo, al corazón de cualquier situación, todo se reduce a algo muy simple. Tenemos dos opciones: actuar desde el miedo o actuar desde el amor. ¿Qué vas a escoger?

Si tu hijo se comporta de una forma que te incomoda, tómatelo como una oportunidad para crecer como persona y escoge el amor. Mucho amor.

Presencia

¿Cuántas veces has oído aquello de «qué paciencia hay que tener»? Antes también pensábamos que la paciencia era algo imprescindible en la crianza. Hasta la pedíamos en la carta a los Reyes Magos, y es que un par de kilos de paciencia no le harán daño a nadie, ¿o sí? Pues después de pasarnos por el diccionario de la Real Academia de la Lengua y leer la definición de «paciencia», nos dimos cuenta de que no: lo que hace falta no es paciencia, lo que hace falta es presencia.

> Paciencia: Capacidad de padecer o soportar algo sin alterarse.

> Presencia de ánimo: Serenidad o tranquilidad que conserva el ánimo, tanto en los sucesos adversos como en los prósperos.

Como nuestro objetivo es la crianza sostenible, aquella que nos nutre a todos, de lo de padecer y soportar mejor pasamos. En su lugar, vamos a enraizarnos en el presente y a mantener la serenidad y la paz de forma inamovible, sean cuales sean las circunstancias que nos rodean. Cual árbol centenario.

No obstante, presencia no quiere decir estar de cuerpo presente pero con nuestra mente en todo lo que nos queda por hacer. La presencia que necesitan nuestros hijos es la presencia de corazón. Muy a menudo es lo único que necesitan. Ni palabras de aliento ni preguntas de curiosidad ni nada, solo nuestra atención plena en el presente. Con el corazón abierto. Ni más ni menos.

Hoy te invitamos a que te olvides de tener paciencia y tengas mucha presencia (de corazón).

Agradecer

En cierto modo, los agradecimientos son una forma de revisión, de reflexión. Cuando mostramos gratitud estamos recordando nuestro lugar en el mundo, cómo nos relacionamos con el resto de los seres vivos y con nuestro entorno. Al agradecer estamos celebrando aquello que nos une. Además, los agradecimientos nos anclan en el presente, pues nos invitan a vivir de forma plena, consciente.

Podemos mostrar nuestra gratitud de forma espontánea, cuando nos nazca del corazón, pero os invitamos también a encontrar momentos específicos para ello, pues sentimos que se trata de una gran herramienta para modelar. Podéis hacer una ronda de agradecimientos cada noche al acostaros, para acabar el día de forma positiva, o por la mañana, cuando la vida nos regala un nuevo día del que disfrutar, o cuando os reunís alrededor de la mesa para comer o cenar. Cada familia es única y creemos que no hay nada más bonito que crear vuestros propios rituales, aquellos que acabarán formando parte de vuestra microcultura familiar y que puede que el día de mañana acaben heredando vuestros nietos y bisnietos.

Pero no solo te invitamos a revisar tu vida en los buenos momentos; los agradecimientos son también una herramienta excepcional para darles la vuelta a las situaciones difíciles. ¿Que estáis en pleno invierno, llueve a cántaros y tu peque quiere salir a la calle en manga corta? Podemos entrar en una lucha de poder o puedes reevaluar la situación y agradecer el poder de voluntad que tiene tu hijo. Agradecer sus ganas de experimentar, su curiosidad. Agradecer que la vida le ofrece constantemente nuevas oportunidades de aprendizaje; así, con los ánimos renovados, podrás salir a la calle chaqueta en mano para cuando tu peque se dé cuenta de que la necesita y te agradezca a ti que la hayas cogido por si acaso.

Al agradecer tomamos consciencia de todo lo bueno que nos rodea, incluso en los malos momentos.

Ver el error como oportunidad

Seguro que ya habrás leído muchas veces lo de que el error es el motor del aprendizaje. No es una frase bonita, es una gran verdad. Los humanos podemos ser de lo más perseverantes siempre y cuando no convirtamos el error en el gran villano. A la gran mayoría nos han puntuado desde bien pequeños, nos han penalizado si nos equivocábamos y, sin quererlo, hemos adoptado la creencia limitante de que nuestro valor reside en nuestros resultados, de que el error nos resta valor. Puede que incluso hayamos integrado la creencia de que cometer errores nos convierte en un fracaso; puede que, al equivocarnos, nos avergoncemos, o puede que suframos un perfeccionismo limitante, del que nos bloquea y nos impide avanzar por miedo. Miedo al error. Queremos que puedas acabar con esta creencia errónea y te permitas entender el error como una gran oportunidad para comprender mejor tu entorno, para recopilar más información que te ayudará en futuras tomas de decisiones. Y es que puede que el error incluso te traiga grandes regalos; en su interior se esconde el progreso.

La penicilina, la Coca-Cola, el microondas, la sacarina, el pegamento de los pósits... Todos estos inventos tienen algo en común: su origen fue un error. Sus inventores trataban de encontrar respuestas a otro tipo de problemas cuando los descubrieron por accidente.

Pero aún hay más. ¿Cómo crees que sonó la primera vez que Beethoven tocó el piano? Probablemente mal. ¿Crees que Carl Lewis no se cayó unas cuantas veces cuando empezó a andar y a correr? Todas las grandes habilidades que hemos desarrollado fueron errores en sus inicios. Si nos reconciliamos con el error, podremos desplegar todas nuestras capacidades.

Cuando creas que te has equivocado, reflexiona sobre la situación e identifica lo que has aprendido con esta experiencia. Si te cuesta encontrar algo, puedes usar las 5 R de la reflexión (véanse pp. 235-236) para extraer información. Puede que no ganes el próximo Premio Nobel por accidente (o sí), pero estamos seguras de que, al menos, te conocerás un poco mejor.

Somos humanos. Somos imperfectos. Los errores son las semillas del progreso.

Anticiparse

Todos sabemos que la noche antes del día de Reyes los comercios abren hasta tarde para las compras de último minuto, pero también sabemos que, para entonces, lo que buscamos lleva días agotado, así que intentamos hacer las compras importantes con tiempo. Nos anticipamos, y es que anticiparse es una gran estrategia. Nos permite ser proactivos en lugar de reactivos. Para ello, nos fijaremos en los patrones que se repiten. Si alargamos demasiado las tardes en el parque, ¿acabamos volviendo a casa entre lloros? Pues aprendemos a reconocer aquel instante preciso en que, si nos vamos, nos ahorraremos el drama.

Está claro que siempre podemos ver las necesidades de nuestros hijos y atenderlas, pero vamos a intentar también PREverlas. Para ello intentaremos estar en sintonía con nuestros hijos y así evitar problemas anticipándonos a ellos.

Anticiparse consiste en estar en sintonía con nuestros hijos y PREver necesidades antes de que surjan.

Gestión de riesgos

Queremos potenciar la seguridad activa de nuestros hijos, es decir, que aprendan a cuidar de ellos mismos. Esto implica que se vean expuestos a riesgos controlados, riesgos que supongan un nivel adecuado de reto para sus capacidades, pero ¿cómo los controlamos?

Cuando se te plantee una situación en que sientas que la integridad física o emocional de tu hijo corre peligro y no tengas claro qué camino tomar, te invitamos a hacer esta valoración de riesgos:

- Por un lado, determina la gravedad de la situación. ¿Es alta, media o baja?

    Por ejemplo, si estamos hablando de un niño de 2 años que echa a correr cuando aún no tie- *nen un gran control del cuerpo, el peligro es que se caiga, y si esto pasa, las lesiones muy probablemente serán leves (gravedad baja): algún moretón o arañazo.*

    En cambio, si estamos hablando de un niño de 10 años que quiere usar un hacha, la gravedad será alta, pues puede fácilmente amputarse un dedo o seccionarse alguna vena o arteria, lo que causará una hemorragia grave.

- Por otro lado, determina la probabilidad de que se produzcan lesiones. ¿Es muy probable? ¿Poco? Que el niño de 2 años tropiece o caiga mientras corre es muy muy probable. Que el niño de 10 se lesione gravemente será también muy probable o medianamente probable, en función de sus capacidades.

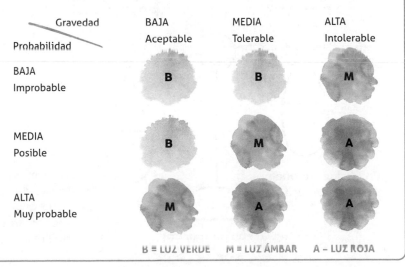

Gravedad / Probabilidad	BAJA Aceptable	MEDIA Tolerable	ALTA Intolerable
BAJA Improbable	B	B	M
MEDIA Posible	B	M	A
ALTA Muy probable	M	A	A

B = LUZ VERDE   M = LUZ ÁMBAR   A = LUZ ROJA

En la tabla de la página anterior se muestran los riesgos en modo semáforo. Cuando nos da luz verde (B) o luz roja (A), es fácil; con los primeros no intervenimos y con los segundos sí. Los que nos cuestan más son los términos medios, cuando el semáforo se pone en ámbar (M).

- Si la gravedad es baja o el accidente es improbable, el semáforo nos marca luz verde: vamos a intentar aceptar el riesgo, entendiendo que forma parte del aprendizaje y es necesario para el correcto desarrollo de nuestros hijos.
- Si el semáforo nos marca luz roja, vamos a tomar acciones para transformar el riesgo en aceptable/tolerable. Vamos a reducir el riesgo.

Por ejemplo, en el caso del niño de 10 años que quiere usar el hacha, trazaremos unas normas de seguridad y la usará bajo nuestra supervisión. En otras ocasiones, reducir el riesgo pasa directamente por evitar situaciones. Para que un peque de pocos meses no rompa un objeto preciado, lo dejaremos fuera de su alcance. En este sentido, el ambiente preparado es aquel que ofrece a nuestro hijo la seguridad necesaria al tiempo que lo expone a riesgos que puede manejar.

- Si el semáforo se pone en ámbar, llega el dilema. ¿Podemos tolerar? En estas situaciones ayuda hacer un balance de riesgos y beneficios.

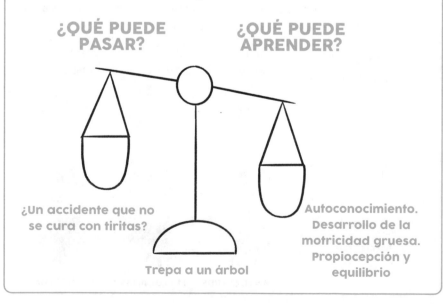

¿QUÉ PUEDE PASAR?

¿QUÉ PUEDE APRENDER?

¿Un accidente que no se cura con tiritas?

Autoconocimiento. Desarrollo de la motricidad gruesa. Propiocepción y equilibrio

Trepa a un árbol

Nos daremos cuenta de que si repasamos todos los beneficios que nos puede traer una situación, nos es más fácil lidiar con riesgos medios. Puede que ahora la idea de hacer una evaluación de riesgos te parezca algo abrumadora, pero si lo intentas, te darás cuenta de que es cuestión de práctica y, en breve, habrás integrado el semáforo y la balanza, y tomarás decisiones en décimas de segundo.

Nuestro papel consiste en ofrecer a nuestros hijos la protección que necesiten, no la máxima protección.

Idealismo *vs.* perfeccionismo

Podemos ser idealistas sin caer en la trampa del perfeccionismo. Tener presentes nuestros ideales, nuestra ética y nuestros valores personales es algo positivo. Nos servirán de referencia y nos darán un sentido de dirección durante la vida. Nuestros ideales son nuestra brújula. Por el contrario, el perfeccionismo nos bloqueará, pues pide lo imposible: llegar al destino sin andar primero.

- Errar no nos resta valor, suma nueva información.
- Todos los grandes logros fueron equivocaciones en sus inicios.
- Más vale hecho que perfecto.

Durante nuestra infancia nos enseñaron que suficiente no bastaba. Debíamos sacar sobresalientes o notables al menos. Del mismo modo creemos que debemos dárselo todo a nuestros hijos, pero, en realidad, debemos darles suficiente. Suficiente amor, suficiente presencia, suficiente escucha... La Real Academia Española lo tiene claro, define suficiente como apto o idóneo. Tratar de ofrecer más es caer en la sobreexigencia. Permitámonos ser perfectamente imperfectas.

Mis ideales son mi brújula. Soy perfectamente imperfecta. Yo soy suficiente. Soy idónea.

La vida caracol

Una de las mayores barreras que nos impide centrarnos en el presente son las prisas. ¿Cuántas veces al día les metemos prisa a nuestros hijos? Si nos dieran un euro por cada vez, probablemente no arrastraríamos hipotecas...

Vamos a compartir una cita de Thoreau con la que estamos del todo de acuerdo: «Cuanto más despacio crezca un árbol al principio, más robusto será su núcleo, y creo que lo mismo pasa con los seres humanos».

Vivir sin prisas es posible. Por un lado, hace falta confiar en nuestros hijos (en que andarán cuando llegue el momento, hablarán cuando estén preparados) y, por el otro, planificar de forma adecuada. Algunos consejos para no tener que ir corriendo de un lugar a otro:

- Reserva siempre el doble de tiempo. Si por las mañanas podéis estar listos para ir al colegio en 40 minutos, reserva hora y media. Así podréis jugar antes de salir de casa, de camino a la escuela podréis parar a recoger esa florecilla que crece entre los adoquines...
- Queda a horas aproximadas. Cuando quedes con familia y amigos, usa un rango horario en lugar de una hora concreta. Queda entre las 10.00 h y las 10.30 h (y, en tu mente, quédate con las 10.00 h).
- Anticípate. Aplica el «no dejes para mañana lo que puedas hacer hoy» y prepara todo lo que puedas el día anterior. Nosotros (Nitdia) pasamos dos días a la semana en el bosque con otras familias. Son los días que salimos de casa más temprano y para hacerlo con una sonrisa en la boca, preparamos las mochilas la noche anterior.
- Sé flexible. Siempre que se pueda (cuando no se trate de una cita con el médico o de una reunión de trabajo), olvídate de los planes y los horarios y sigue al niño. Si de vuelta a casa decide pisar solo el centro de cada adoquín, esquivando las «líneas», afloja el ritmo y ve despacio. Está practicando la motricidad gruesa, el equilibrio, la propiocepción... al tiempo que te da una oportunidad de conexión y acompañamiento. Y aunque probablemente lleguéis a casa diez minutos más tarde, lo haréis de mejor humor y el resto de la tarde será más fácil.
- Sé realista. Rebaja tus expectativas. En 20 minutos no podéis desayunar, asearos, vestiros y llegar al colegio.

Vísteme despacio que tengo prisa. Si quieres avanzar en tu camino, despídete de las prisas.

Sé termostato, no termómetro

Tenemos tendencia a ser termómetros y reaccionar ante las condiciones presentes, pero hay otra opción: podemos ser termostatos y encargarnos de modular la temperatura de nuestro entorno. Como adultos, tenemos la oportunidad de modificar el ambiente que se respira en nuestro hogar. Como hemos dicho antes, nuestros hijos viven en sintonía con nuestras emociones: si estamos nerviosos, se ponen nerviosos; si estamos calmados, se calman. Actúan como espejo para lo desagradable, pero también para lo agradable. Aprovechémoslo.

Cuando adultos o niños experimentamos culpa, preocupación, miedo, enfado, frustración... estamos desconectados del momento presente, nuestra atención está encallada en el pasado (una situación que no nos gustó, por ejemplo) o en el futuro (en un ¿y si...?). Para devolvernos al presente, podemos jugar al juego del ahora.

El juego es simple, invita a tus hijos a jugar. Tenéis que usar vuestros sentidos para describir vuestro entorno empezando con un «ahora»:

- Ahora veo una pelota.
- Ahora oigo un pájaro.
- Ahora huelo los macarrones de la cena.
- ...
- ¡Ahora todos nos sentimos mejor!

Recuerda: usa tu capacidad termorreguladora para modular el ambiente de vuestro hogar.

¿Y por qué?

Se abre el telón: un adulto con cara de circunstancias y un niño preguntando «¿y por qué?» con una sonrisa en la cara. ¿Te resulta familiar?

Aprendamos de los niños y juguemos al juego del porqué para solucionar problemas. Este método lo aprendimos de Nuria Pérez (de *Sparks and Rockets*) y es bien sencillo. Ante un problema que no sabes cómo solucionar, pregúntate: «¿Por qué pasa esto?», y repítete la pregunta una vez tras otra hasta desgranar la situación y encontrar una posible solución.

En casa nunca teníamos platos limpios para poner la mesa (y esto me frustraba mucho). Cada comida y cada cena lo mismo, fregando vasos y tenedores deprisa para poder comer... Hasta que dejé los bloqueos y las emociones difíciles de lado y me pregunté por qué estaba pasando. Los platos estaban sucios porque no los habíamos puesto en el lavavajillas, porque estaba aún con platos limpios, porque no habíamos acabado de vaciarlo. Ahora, cuando ponemos la mesa, usamos los platos limpios del lavaplatos y lo que no usamos, acabamos de guardarlo en su lugar; así dejamos el lavaplatos vacío. Cuando acabamos de comer, en lugar de dejarlos en el fregadero, podemos meterlos directamente en el lavaplatos y ponerlo en marcha para tenerlos limpios para la comida siguiente (nuestro lavaplatos es muy muy pequeño y en la mesa siempre somos entre seis y nueve personas comiendo...). Círculo cerrado, problema solucionado.

¿Atascada en una situación sin solución? La respuesta está a cinco o seis porqués. ¿Por qué está pasando esto? ¿Y por qué? ¿Y por qué?...

Cinco minutos

Seguro que te habrá pasado alguna vez: quieres hacer algo con urgencia, rápidamente, y justo entonces tu hijo reclama tu atención y no hay manera de que puedas avanzar. Los minutos pasan, tu hijo está cada vez más frustrado y tú empiezas a sentirte enfadada y notas que la situación se descontrola: «¡Si solo necesito cinco minutos para acabar!».

Te invitamos a que pongas el «vísteme despacio que tengo prisa» en práctica. Recuerda que su necesidad es tan válida como la tuya y date cinco minutos, pero no para seguir con tu tarea, sino para atender a tu hijo. Léele un libro, juega con algo que le guste o simplemente escucha aquello que quería decirte. La presencia es un gran bálsamo. Hazlo con ternura, con amor; olvida por completo aquello que estabas haciendo. Si lo haces, te sorprenderás cuando, pasados los cinco minutos, tu hijo esté tranquilo y feliz, y tú hayas disfrutado de un tiempo de reconexión de esos que recargan baterías. Además, es muy posible que entonces puedas seguir con tu tarea sin que nadie te interrumpa durante un buen rato.

A veces, cinco minutos de atención pueden salvarte de una mañana de frustración.

Espiritualidad

Puede que te pase como a nosotras y te cueste incorporar el término «espiritualidad» en tu vida. A menudo tenemos la creencia (errónea) de que espiritualidad va unido a religión y si no sentimos afinidad por ninguna, creemos que en nuestra vida no hay lugar para ella.

El término en sí es muy elusivo. ¿Cómo lo definimos? A menudo hablamos de cuerpo, mente y espíritu/alma, y de la necesidad de cuidar la tríada para tener buena salud en todos los sentidos: física, mental, emocional... Pero, así como no tenemos grandes problemas con los dos primeros términos, el tercero se nos escapa. El cuerpo es fácil, es algo tangible, algo que podemos acariciar y que alimentamos con comida de calidad, que cuidamos con horas de sueño y ejercicio moderado, etc. Cuando hablamos de mente, lo relacionamos con la forma en que experimentamos el mundo, con cómo absorbemos información mediante los sentidos y cómo la procesamos: los pensamientos, las creencias y las emociones que se desprenden de nuestras experiencias. Pero cuando llegamos a la parte de espíritu o alma, la cosa empieza a estar más confusa. Vamos a intentar simplificarlo. Haciendo revisión de diferentes estudios, iden-

tificamos cinco aspectos clave en las definiciones de espiritualidad. Estos son:

- **Significado:** nuestro propósito vital. Dar sentido al mundo que nos rodea, a cómo funcionan las cosas.
- **Valores:** nuestra ética personal.
- **Trascendencia:** tomar consciencia de algo más allá de uno mismo.
- **Conexión:** con nosotros mismos, con otros y con el entorno.
- **Desarrollo:** crecimiento personal (autodescubrimiento, cambio/evolución)

Como ves, estos aspectos no tienen nada de esotérico, son una mezcla de:

- **Creencias** (significado, valores, desarrollo): temas filosóficos que podemos considerar sin entrar en religiones.
- **Experiencias psicológicas** (conexión, transcendencia)

¿Por qué añadimos la espiritualidad como herramienta de crianza? Pues porque al hacerle un lugar en tu vida, reconocerla y explorar TU espiritualidad te ayudará de mil maneras, sobre todo proporcionándote calma y confianza. Maria Montessori nos hablaba de «educación cósmica» y creemos que se refiere precisamente a esto. El adjetivo «cósmi-co» hace referencia a cómo estamos conectados, a que hay mucho más allá de uno mismo, y hace falta integrarlo para tener una educación global. Te invitamos a que descubras tu espiritualidad (tome la forma que tome) y la celebres.

La espiritualidad nos acompaña a diario en forma de experiencias transpersonales. Sucede cada vez que vemos más allá de nosotros mismos.

EJERCICIO:
Crea tu propia caja de herramientas.

Nosotras te hemos explicado algunas de las herramientas que mejor nos funcionan. Algunas estarán con nosotras siempre, otras irán variando a lo largo del tiempo porque las necesidades de la familia son distintas.

Este es el momento de crear tu propia caja de herramientas, que no puede ser enlatada, porque, si no, no seguirías al niño o a la niña, ni a ti mismo.

Criar desde el corazón, desde el aliento y el amor incondicional, implica una profunda revisión de una misma, y seguramente también encontrar el equilibrio entre la coherencia y la flexibilidad.

Es el momento de elegir diez herramientas (o el número que tú quieras), de dibujarlas o escribirlas

con letra bonita y de ponerlas en un lugar muy visible.

Te damos algunas sugerencias más que hemos ido tratando a lo largo del libro:

Revisar nuestra forma de alentar la autonomía: ¿Qué tal volver a revisar no solo el ambiente, sino también nuestras interacciones para impulsar la autonomía? ¿Qué podemos hacer o no hacer para que todos podamos tener más libertad, más responsabilidad, más compromiso y más pertenencia a la vez?

Crear un anclaje: Algo que nos recuerde que somos sus *influencers*, desde una canción hasta un tatuaje, pasando por un gesto concreto como una mirada —mirar sus manitas (y acordarnos de cuando eran bebés)—, un toque —que quizá hayamos trabajado en alguna meditación—, un olor que nos conecte o recordatorios visuales. Lo que sea que nos funcione para volver al momento presente. Irene, una compañera de Bei de la formación Maitri (compasión) guiada por Eva Candela, se tatuó en una mano la frase YOU CAN (tú puedes) y en la otra LOVE (amor, amar). Al juntarlas formando una flor de loto, se leía «Tú puedes amar», haciendo referencia a la tan importante autocompasión de la que hemos hablado a lo largo del libro.

Recuerdos esenciales: En el libro hemos hablado mucho sobre cómo gestionar conflictos y también sobre cómo encontrar equilibrio entre ser firme y amable, y, sobre todo, respecto a primar la conexión sobre la corrección. Cuando pasamos tiempo de plena presencia con las personas a las que queremos, estamos invirtiendo en nuestra relación; por supuesto, habrá momentos en los que también tengamos pérdidas (una crisis de pareja, una situación que agrave la rivalidad entre hermanos, una mudanza, una crisis laboral, una pandemia...). Creemos que lo más importante para criar desde el corazón es tener un balance positivo, que las ganancias (vinculación) superen a las pérdidas (desconexión). Invertir en tiempo juntos para construir recuerdos esenciales juntos es una garantía de tener saldo positivo en la conexión familiar.

Lista de fortalezas: Cuando pensamos que estamos en un callejón sin salida, enfocados en la autoexigencia o la insuficiencia, una forma de parar esta autocrítica puede ser enfocarnos en las fortalezas que tenemos como personas, como madre o padre, como familia o pareja. Podemos dibujarlas y tenerlas en un lugar bien visible.

Burbuja emocional: En ocasiones, puede que nos sintamos abrumados ante las miradas o acciones de otros extraños que nos juzgan; a veces pueden ser nuestros amigos o familiares. Desde luego, lo ideal sería informar de nuestros límites desde la asertividad y la compasión, pero si no es posible, una estrategia que nos parece poderosa es evocar la imagen mental de una burbuja que acoge a nuestra familia, imaginarla del color que queramos, en el lugar que queramos y de la textura que queramos, y pensar que es un escudo protector que repele el daño que pueden hacernos los demás.

Supervisar: No se trata de tener todo controlado al milímetro, sino más bien de prever posibles escenarios con diferentes soluciones que nos harán la vida más fácil. No es necesario que tú los pienses todos, podemos hacer lluvias de ideas en familia para tener un inventario común de soluciones. En el caso de los pequeños, es una herramienta indispensable para velar por su seguridad, y en el caso de los más mayores, aunque también es importante su seguridad, nos referimos más bien a hacer seguimiento de rutinas, compromisos, acuerdos y, en general, de cómo fluye nuestra familia.

Y, por supuesto, por mucho que hayamos pensado mil antídotos para mil futuribles, en el momento en el que ya los tenemos pensados, creemos que lo mejor es olvidarse de ello y fluir. Cuando sueltas tus expectativas, sueltas tu necesidad de control y con ello es más fácil que te conectes con el momento presente. Dejar de pensar en el pasado y dejar de tener ataques de futuro (miedos) nos puede dar mucha serenidad.

Confiar: La confianza es lo contrario del miedo, por eso no siempre es fácil para muchas personas hacerlo. El miedo nos mantiene a salvo, la confianza nos permite explorar. Nuestra función como adultas es mantenerlos a salvo; la de los peques es explorar. Solo tenemos que supervisar para que se sientan seguros, no se hagan daño, como haría un guardián en el centeno:

Muchas veces me imagino que hay un montón de niños jugando en un campo de centeno. Miles de niños, y están solos, quiero decir que no hay nadie mayor vigilándolos. Solo yo. Estoy al borde del precipicio y mi trabajo consiste en evitar que los niños caigan en él. En cuanto empiezan a correr sin mirar adónde van, yo salgo de donde esté y los cojo. Eso es lo que me gustaría hacer todo el tiempo. Yo sería el guardián entre el centeno.

J. D. SALINGER

CONCLUSIONES

Desde que nacemos, vivimos condicionados por el entorno en el que crecemos, tomando, desde nuestra lógica privada, decisiones que van a permitirnos sobrevivir de la mejor forma posible. Cuando nace un bebé, de forma inconsciente, estamos poniendo sobre él una serie de expectativas. Ser conscientes de esto es lo que nos va a permitir poner el foco en nosotros y no en ellos. Cada vez que tengas un conflicto con tus peques te invitamos a reflexionar sobre si se están viendo implicadas tus expectativas:

- ¿Estás pretendiendo controlar en vez de cooperar?
- ¿Tienes presente qué comportamientos son naturales y esperables para un niño o una niña de su edad?
- ¿Eres una persona con una tendencia autoexigente?
- ¿Estás transitando el conflicto desde la serenidad o desde alguna emoción intensa como el miedo, la ira o la tristeza?

Seguramente, más que el conflicto con los peques, el problema va a ser luchar contra nosotros mismos, contra las expectativas que nos han impuesto o nos hemos autoimpuesto de forma consciente o inconsciente. Nos molestan los juicios ajenos porque nos han enseñado que el error es un fracaso absoluto y que si no cumplimos las expectativas de los demás, no somos valiosos. Sin embargo, lo que piensen los demás es suyo, no nuestro. Olvidarnos de las miradas de los otros y centrarnos en la del ser que tenemos el privilegio de cuidar nos permite conectar. Educar no es luchar contra los niños, sino contra las expectativas. Ellos no se portan mal, somos los adultos los que les fallamos porque aun teniendo nuestras necesidades básicas cubiertas, seguimos en modo supervivencia, por el ruido y la prisa, y cuando estamos en modo supervivencia, tiramos de los patrones aprendidos que nos impiden conectar con el niño que tenemos delante. En su lugar, conectamos con el niño o niña que fuimos, que en (pocas o muchas) ocasiones no fue amorosamente acompañado, y nos desconectamos del adulto que nos prometimos ser. Se nos ha olvidado *ver* a los niños y las niñas, se nos pasa sentarnos a *observar* a la infancia y no tenemos tiempo para nada que no sea la *prisa*.

Cuando un niño tiene un comportamiento determinado es porque hay una necesidad detrás; puede ser una necesidad de conexión y pertenencia (tendencia humana) que no vemos o un período sensible que su maestro interior lucha por satisfacer. Por ejemplo, una lucha de poder por jugar con el agua puede ser consecuencia de lo primero o de lo segundo. El origen del comportamiento es importante, conocerlo es vital para poder satisfacer la necesidad y siempre podemos descubrirlo a través de la observación y el enfoque en soluciones. Si dejamos la ira y el orgullo a un lado, si vemos a los niños como son en su esencia, si los «vemos» en el sentido de verlos en su conjunto, de forma integral (su iceberg completo), podremos entender el origen de sus comportamientos. Queremos conectar de corazón a corazón, ver quiénes son, su identidad y no solo quienes creen que tienen que ser para encajar.

Cuando dejamos el ego al lado podemos ver; mientras nos escudamos en este estamos ciegos. Por eso no nos gustan las palabras «rabieta», «berrinche» o «pollo», porque son la forma que tenemos los adultos de hacer apología de nuestra ceguera. Sin culpas, sin juicios, con fuerza y con amor, tú puedes dejar de ser el adulto que prometiste que nunca serías cuando eras pequeño. Incluso cuando parece que el proceso de cambio está ya instalado y hay mucho recorrido, los niños y las niñas nos pueden dar grandes lecciones, lecciones de vida. Y con esta nueva perspectiva llega la aceptación, y con la aceptación, el reenfoque, el replanteamiento. Y en vez de pensar: «No me podía haber tocado la niña normal, la que duerme por la noche, la que entiende que no se puede andar con un zapato de tacón en un pie y una playera en otro, que saluda y es simpática con todo el mundo», empezamos a pensar en sus gloriosas virtudes y sus fortalezas.

Cuando dejas de creer que los niños y las niñas hacen lo que hacen para molestarte o porque no saben cooperar o porque no saben (inserta aquí tu prejuicio infundado), comienzas a ver la luz que desprenden. Cuando empiezas a practicar la autocrítica, comienzas a evaluar lo que quizá no estás haciendo o lo que deberías no hacer y haces, y, entonces, das gracias a los niños por mostrártelo con su intensidad.

Piensa en la última vez que observaste a tu hijo dormir. Esa carita tan dulce, tan relajada, tan achuchable. Esa cara de placidez y plenitud. Esa cara que todos tenemos cuando dormimos, porque todos somos un poco niños cuando vivimos nuestros sueños. Cada vez que tengas miedo de los «y si», piensa en esa cara. Esa expresión serena por fuera y a la vez capaz de enfrentarse en sus sueños a dragones, monstruos, leones y todo lo que se proponga. Esa sensación de que, pase lo que pase, su mamá (o su papá) estarán ahí en mitad de la noche (o la vida) para decirle: «Estoy contigo, tú puedes».

Miradlos, dormidos o despiertos; mirad sus manitas y sus preciosos pies. Sí, esos con los que dieron los primeros pasos de bebé y mañana darán sus primeros pasos para alejarse. Mirad a vuestros niños y niñas más mayores. Miradlos. Conmoveos. Y decidles que los queréis con toda vuestra alma, aunque volteen los ojos u os llamen pesados, porque al final, lo único que importa es la conexión que logramos reparar y el amor que conseguimos transmitir. Nadie se arrepiente de los «te quiero» que dijo, sino de los que quedaron por decir. Nada es tan tan importante como para negar un abrazo, una sonrisa, un te quiero. Y dadles las gracias porque cada conflicto, cada pelea, cada crisis, y cada trastada representa una oportunidad para crecer como personas. ¿Cómo recordarás dentro de veinte años ese día en el que tu niño interior condujo tu vida? ¿Cómo lo recordarán tus hijos? Da igual lo que hayas podido decir, lo que no olvidarán nunca es cómo les hiciste sentir. Dan igual tus palabras, lo que importa es tu intención, tu emoción, tu lenguaje no verbal; pues estos no engañan.

Por eso nuestro enfoque no busca herramientas nuevas, busca integrar la información para así tener una nueva perspectiva, para cambiar tu visión y no tus palabras. Al revés no funciona, no es honesto. Mediante la comprensión, la información se transforma en conocimiento. Mediante la experiencia, el conocimiento madura a sabiduría.

Puede que las cosas que hemos contado sean obviedades, pero por desgracia a menudo no las vemos. Puede que nos cueste verlas precisamente porque cuando tuvimos la edad para integrarlas y normalizarlas, no había suficiente luz, pero tú puedes elegir ahora en qué enfocarte. Tienes los mejores ayudantes del mundo, no necesitas este libro; los tienes a ellos y ellas, que te enseñan quién eres de verdad. Todo lo demás es accesorio. Todo.

Por eso nuestra última sugerencia es que trabajes en ti mismo. Puedes hacerlo a través de lecturas, de trabajo en grupo, de cursos y autorreflexiones, o directamente mediante terapia. Cuando te trabajas a ti mismo, la crianza fluye mejor. Al mismo tiempo, la crianza es una gran oportunidad para trabajar en ti mismo.

El trabajo personal es la clave para cambiar creencias y patrones que ya no nos sirven, que nos limitan, pero lo primero es amarnos de forma incondicional. Está muy bien buscar la mejora en ciertos aspectos siempre y cuando nos amemos primero. Hoy. Ahora. Con todas nuestras imperfecciones. Amarnos y cuidarnos es el primer paso. Practicar autocuidado para que nuestro cerebro esté tranquilo y no viva tanto en modo supervivencia. Necesitamos tiempo y trabajo, que no son más que presencia y amor en el lenguaje de los niños y las niñas.

¡Que no pase un día sin que vuestros peques se sientan queridos, valiosos y alentados! ¡Que no pase un día sin que vosotros os améis incondicionalmente, reconozcáis lo valiosos que sois y os autoalentéis para conseguir lo que esperáis de la vida!

La respuesta está en ti. En este libro hemos tratado de ayudarte a hacer el viaje más acompañado, más ligero. Quizá incluso más bonito. Pero no te olvides de que TÚ eres luz para los niños a los que acompañas. A veces penumbra, a veces un sol cegador y la mayoría del tiempo la luz que necesitan para que sus raíces crezcan fuertes en la tierra, luz que pronto los impulsará a salir volando con las alas bien desplegadas.

Eres su luz, que no se te olvide. Eres luz para la niña o el niño que fuiste; ojalá lo tengas siempre presente.

Tu hijo es capaz. Tú eres valioso, eres lo más valioso que tienes. Él es de lo más valioso que tienes tú. Que en el tiempo que pasáis juntos ese vínculo, esa conexión, no se vean empañados por el miedo y las expectativas. Que esa luz no sea para olvidarte de tus miedos, fundados o infundados, no; que la luz te sirva para amarlos y verlos como oportunidades.

Luz para cambiar estas creencias limitantes, lo que está haciendo que te desconectes de tu pequeñín y de lo que te está diciendo tu corazón.

Luz para que escuches tu intuición y disfrutes el escaso tiempo que nos los presta la vida.

Luz para que disfrutes de su autenticidad y de la tuya.

Y sombras, porque no valoraríamos la luz si de vez en cuando no nos faltara. No valoraríamos tanto el verano si no hubiera invierno. Igual que la naturaleza es cíclica, las relaciones con las personas, incluso con nosotros mismos, también lo son.

Quizá sientas que estás renaciendo y floreciendo como la naturaleza en primavera, o recogiéndote y mirando hacia dentro como en el otoño. Quizá estés disfrutando de los frutos cosechados como en verano o tal vez estés pasando por un duro invierno del que te está costando salir. Si es así, tenemos una historia para ti.

Se trata de un relato que se ha atribuido a diferentes tribus africanas y, realidad o ficción, creemos que comunica algo muy importante. Dice que en esta tribu, la edad de los niños y las niñas no se cuenta desde el día en que nacen, sino desde el día en que su madre los visualiza y el momento en que a ella le llega «su canción».

Cuando una mujer siente que ha llegado el momento de tener un bebé, «medita» y lo llama hasta que se le revela la canción del niño o niña que va a nacer. La madre se la enseña al padre del niño y la cantan mientras tratan de concebirlo. Se la enseña a las mujeres de la aldea para que la canten en el parto. Cuando el pequeño alcanza hitos como gatear, andar, saltar, le cantan su canción. Cuando se cae, se hace daño o se siente triste, le cantan su canción.

Cuando alguien comete un error, algo que va en contra de sus leyes y costumbres, todas las personas de la aldea se reúnen para cantarle su canción. Esta tribu no entiende el castigo como forma de reparar los errores, sino que cree que cuando alguien recuerda quién es, recuerda su verdadera identidad y propósito; cuando vuelve a pertenecer y contribuir, ya no tiene necesidad de hacer daño a nadie.

Cuando hablamos de conexión antes que de corrección en disciplina positiva, nos referimos a esto, a volver a conectar corazón con corazón, hemisferio con hemisferio, alma con alma. Cuando eso pasa, la corrección en el sentido tradicional ya no tiene sentido; no hay necesidad de castigos o consecuencias. Cuando llegas al fondo del iceberg, dejas de tener la necesidad de buscar culpables y empiezas a buscar soluciones.

Piensa en ese error, ese día en que fuiste tan horrible, en que pensaste que eras un fracaso de madre (o padre o docente o abuelo o tío o cualquiera que tenemos el privilegio de cuidar lo más preciado: la infancia). Ese día. Ese que te gustaría borrar de tu memoria. Ese día. Hay dos caminos.

Uno en el que te gritan, te castigan a pensar, te retiran privilegios como madre o aplican consecuencias sobre ti. Para que aprendas, porque quieren lo mejor para ti.

Otro en el que te abrazan, te limpian las lágrimas y te cantan tu canción para que aprendas que te quieren de forma incondicional y que juntos podéis resolver todos los problemas. Sin rescatarte, sino impulsándote.

¿Cuál elegirías?

Seguramente el segundo, pero quizá pienses que claro, que no podemos controlar lo que hagan los demás, no podemos cambiar lo que sucedió durante nuestra infancia.

Cierto.

Y ahora hay dos caminos.

Uno en el que te castigas, te haces daño, te culpas o culpas a los demás.

Otro en el que te haces responsable, tomas las riendas de tu vida y te dices: «Me he confundido hoy, lo acepto, YO me sigo amando incondicionalmente y esta sensación de culpa me va a impulsar a buscar una solución».

Nunca ha estado en los demás. Está en ti. En la niña que fuiste, que eres y que serás.

Si nadie te canta tu canción, cántala tú. Enseña a los demás a cantarla.

Dicen que cuando muere un individuo de esta tribu, cantan su canción por última vez. Esta es la historia que nos contaron, pero nosotras añadimos algo más. Esa canción sigue escuchándose; a veces se escapa entre los labios, a veces se escapa entre las lágrimas de los ojos. Las personas que los quieren la seguirán cantando hasta que ellos mismos dejen de existir.

Nuestro impacto, nuestra influencia, va a ser vital para nuestros hijos e hijas. En caso de duda, solo tienes que parar, conectar con tu esencia y actuar siendo lo más coherente posible con aquella persona adulta que prometiste ser en los días más vulnerables de tu infancia y adolescencia.

Cada día es un nuevo día y nos trae una oportunidad nueva. Lo tienes todo a tu favor. Todo lo que necesitas ya lo tienes contigo. Estáis juntos y estáis aquí. Seguís respirando.

Gracias por dejarnos acompañarte en un trocito de tu camino.

BEI Y NITDIA

AGRADECIMIENTOS

Queremos agradecer a nuestros compañeros de vida que hiciesen malabares para que pudiéramos escribir este libro.

Agradecer a nuestros hijos e hijas todas las horas de juego y presencia que les hemos robado y que tan estoicamente han soportado.

Agradecer a Miguel su aportación al libro y por leer algunas partes con «ojos de *hater*» para que pudiéramos pulirlo.

Agradecer a nuestra editora, Teresa, que nos dejara hacer y nos alentara, y a todo su equipo su paciencia con nuestra terrible combinación de perfeccionismo y vida de madres de familia numerosa.

Agradecer a nuestra agente Isabel que apostase por nosotras, nos liberase de la parte aburrida de escribir libros y hacerlos volar alto.

Agradecer a Marisa Moya su prólogo, su esencia y su confianza; recibirla de quien admiras es absolutamente alentador.

Agradecer a todas las personas que han revisado todo o parte del manuscrito el tiempo dedicado para darnos su opinión.

Agradecer a todos los participantes de cursos que nos hayan regalado las historias, las preguntas, las ideas y las risas. Y las ganas de servir al interés social.

Agradecer a todos nuestros maestros y maestras, en definitiva.

Agradecerte a ti que estés leyendo este libro y, con este acto, cambiando un poquito el mundo.

Agradecer a todos los niños y niñas que vayan a cambiarlo.

GRACIAS.

Os honramos.

En el siguiente enlace y en el código QR podéis encontrar bibliografía recomendada y contenido adicional (visualizaciones, descargables...):

https://montessorizate.es/libro-criar-desde-el-corazon/